广州大学广州发展研究院文库

徐维 陈东平＼著

珠江模式及其发展前景

广东民营经济发展路径研究

全国百佳出版社
中央编译出版社
Central Compilation & Translation Press

图书在版编目(CIP)数据

珠江模式及其发展前景:广东民营经济发展路径研究/徐维,陈东平著.
—北京:中央编译出版社,2011.12
ISBN 978 – 7 – 5117 – 1178 – 6

Ⅰ.①珠…

Ⅱ.①徐… ②陈…

Ⅲ.①民营经济 – 经济发展 – 研究 – 广东省

Ⅳ.①F127.65

中国版本图书馆 CIP 数据核字(2011)第 252328 号

珠江模式及其发展前景:广东民营经济发展路径研究

出 版 人	和 龑
责任编辑	邓永标
责任印制	尹 珺
出版发行	中央编译出版社
地　　址	北京西城区车公庄大街乙 5 号鸿儒大厦 B 座(100044)
电　　话	(010)52612345(总编室)　　(010)52612371(编辑室)
	(010)66161011(团购部)　　(010)52612332(网络销售)
	(010)66130345(发行部)　　(010)66509618(读者服务部)
网　　址	www.cctphome.com
经　　销	全国新华书店
印　　刷	北京中印联印务有限公司
开　　本	787 毫米×1092 毫米　1/16
字　　数	260 千字
印　　张	19.25
版　　次	2011 年 12 月第 1 版第 1 次印刷
定　　价	58.00 元

本社常年法律顾问:北京大成律师事务所首席顾问律师　鲁哈达
凡有印装质量问题,本社负责调换,电话:(010)66509618

广东省普通高校人文社会科学重点研究基地研究成果
广州大学广州发展研究院文库

目录
CONTENTS

序　言 ·· 周镇宏/1

摘　要 ·· 5

第一章　绪论 ·· 1
　　第一节　研究的意义与目的 ·· 2
　　第二节　文献综述 ·· 5
　　第三节　研究方法与内容框架 ·· 12

第二章　民营经济发展模式研究的理论基础 ··································· 25
　　第一节　马克思政治经济学提供的理论基础 ································ 27
　　第二节　当代中国市场经济学提供的理论基础 ······························ 33

第三节　制度经济学提供的理论基础 …………………………… 41
　　第四节　增长与发展经济学提供的理论基础 …………………… 52

第三章　中国各地民营经济发展模式评述 ……………………………… 55
　　第一节　中国民营经济发展模式的主要类型 …………………… 56
　　第二节　各种模式的自身缺陷 …………………………………… 70
　　第三节　中国民营经济发展模式的动态演变 …………………… 78

第四章　广东民营经济发展的历史和现状 ……………………………… 89
　　第一节　广东民营经济发展轨迹 ………………………………… 90
　　第二节　广东民营经济发展概况 ………………………………… 95
　　第三节　广东民营经济进入二次创业的新阶段 ………………… 110

第五章　广东民营经济发展模式 ………………………………………… 117
　　第一节　珠江模式的形成及特点 ………………………………… 118
　　第二节　珠江模式的优劣势分析 ………………………………… 124
　　第三节　广东民营经济发展模式的效率评价 …………………… 129
　　第四节　珠江三角洲模式的衍生子模式 ………………………… 132

第六章　广东民营经济的主体：民营企业发展状况 …………………… 151
　　第一节　民营企业发展概况 ……………………………………… 152
　　第二节　家族特色的民营企业 …………………………………… 155
　　第三节　中小型规模特色的民营企业 …………………………… 169

第七章　广东民营经济发展模式的走向 ………………………………… 177
　　第一节　选择广东民营经济发展模式要解决的关键问题 ……… 178
　　第二节　推动广东民营经济发展模式演进升级的原则 ………… 186

第三节　广东民营经济发展模式的基本构想 …………………… 194

第八章　影响广东民营经济模式转型的环境因素 ………………… 203
　　第一节　法制和政策环境 …………………………………………… 205
　　第二节　经济环境 …………………………………………………… 210
　　第三节　服务环境 …………………………………………………… 215
　　第四节　社会文化环境 ……………………………………………… 219

第九章　推动广东民营经济模式变动的内部因素 ………………… 227
　　第一节　企业制度建设 ……………………………………………… 228
　　第二节　企业家和经理人素质开发 ………………………………… 232
　　第三节　人力资源建设 ……………………………………………… 244
　　第四节　战略管理 …………………………………………………… 249

第十章　广东民营经济发展前景展望 ……………………………… 265
　　第一节　广东民营经济机遇 ………………………………………… 266
　　第二节　广东民营经济面临的挑战 ………………………………… 270
　　第三节　广东民营经济未来预测 …………………………………… 275

参考文献 ……………………………………………………………… 283

序 言

在我国改革开放的历程中,民营经济地迅猛发展是一个独特的经济景观,值得深入研究。这不仅是因为民营经济在改革开放初期艰难地冲破计划经济的藩篱,为社会主义市场经济体系地建立做出了重要贡献,更是因为在当今我国的经济结构中,民营经济已占据我国经济的"半壁江山",展现出勃勃生机和茂盛活力,势将成为我国未来经济发展的一支越来越重要的力量。

"民营经济"一词,是从经营主体角度表述的具有中国特色的经济概念,但并不是我国所独有的经济形式。在西方发达国家,民营经济(私营经济)已存在于国民经济的所有领域,甚至主宰着国家的经济发展命脉。在我国,民营经济的春天始于1978年召开的中共十一届三中全会。民营经济借着改革开放的东风,凭着其顽强的生命力,从无到有,破茧而出,栉风沐雨，不断发展壮大。目前，我国民营经济无论在经济比重上、在企业数量上、在增长规模上、在吸纳劳动力能力上、在行业分布上，都得到了很大地发展和突破，成为我国社会主义市场经济体系中重要的组成部分，成为中国经济发展中最活跃的市场力量。

广东地处我国的南大门，是我国改革开放的实验田、试验区、桥头堡、排头兵和前沿阵地。广东民营经济的发展，沐浴着改革开放的春风，呈现出起步早、发展快、总量大等基本特征，在广东乃至中国经济发展格局中都占有重要地位。

自上世纪80年代初以来，广东民营经济就初步形成了全国著名的"珠江模式"，与后来的"温州模式"、"苏南模式"等并驾齐驱，各领风骚。关于广东民营经济的发展乃至"珠江模式"的形成，我们经常能听到媒体和大众许多感性的描述和表达，但理性研究和理论概括却稍显不足。

令人欣慰的是，我手头这本《珠江模式及其发展前景》在一定程度上填补了这种不足。该书作者之一徐维先生尽管是医学专业背景，但从事管理工作近20年，具有较为扎实的理论功底、研究能力和实践感悟，且爱好广泛、善于思考、敏于观察，与广东许多民营企业家有深度的交往，对民营经济的发展模式、制度设计以及融资方式都有独到的见解。本书的另一位作者陈东平先生本身就是一位民营企业家，亲身经历过民营企业从艰苦创业到完善管理的全过程，有丰富的实践经验，其思考和见地具有较强的说服力。两位作者掌握了大量的第一手资料，阅读了大量的文献书籍，使该书既具有资料的丰富性也具有理论的厚重性，这是很值得赞赏的。当然，广东民营经济发展作为一种改革开放年代独特的发展景观，其模式的研究和探讨不可能毕其功于一役，不可能通过一本书就能探究其奥秘与机理。同时该书中的某些观点作为一家之言还需要仔细斟酌，一些问题有待进一步研究和探讨。

序 言

有哲人说过:"任何一本书都只是写了一半,另一半在读者心中。"对本书评价的权利,还是留给此书的广大读者吧。

(作者系中共广东省委常委、省委统战部部长)

摘 要

本研究以经济学特别是制度经济学、增长与发展经济学等现代经济学理论等为理论基础，采用实证研究的方法，对广东民营经济模式——珠江模式产生的原因、发展现状、动态特征和未来发展动向等方面进行了研究。

本研究的主要观点是：

本研究以翔实的经验数据论证了广东民营经济在广东乃至整个中国经济中所占据的重要地位、所作出的重大贡献，认为广东民营经济过去、现在乃至将来都是或将是中国经济发展的先头兵之一。

本研究认为，广东民营经济的发展水平取决于运营主体——民营企业的内在成长动力。30多年来，广东民营企业在总量和规模、产业结构、管理架构和企业文化等方面都取得了长足进步。虽然家族企业存在诸多缺陷，但仍是许多民营企业选择的主要企业模式；尽管广东有一批大型民营企业在成长，但大多数民营企业仍属中小型规模企业。

"珠江模式"是广东民营经济在其成长过程中逐渐形成的颇具区域特色的发展模式。本研究认为，珠江模式既具有显著的优势，也有某些劣势，这可以通过对该模式效率的纵向评价和横向评价得到验证。经过多年来的发展，珠江模式又衍生出东莞模式、顺德模式、佛山模式等多个不同的子模式。在中国民营经济模式发展过程中，与著名的温州模式、苏南模式、中关村模式等互相借鉴，相互影响，相互作用，获得共存与发展。

本研究认为，在新的形势下，推动广东民营经济发展模式演进升级的是三个关键性问题：政府主导与市场主导的问题，家族企业制度与现代企业制度的取舍问题，内源发展与外源发展的问题。同时要坚持四项原则：借鉴发展的原则、民本经济的原则、适应环境的原则、模式创新的原则。

本研究提出的总构想是：广东民营经济的发展应当由政府主导走向、政府和市场两"手"配合互补，由"外源性"走向"内外源"结合，由粗放型增长走向集约型增长，由以家族企业制度为主走向理性选择家族企业制度与现代企业制度。广东应当努力营造有利于民营经济模式转型的法制和政策环境、经济环境、服务环境和社会文化环境；应当加快现代企业制度建设、强化企业家和经理人素质开发、推进人力资源建设、优化战略管理等。

中国经济发展之所以令世人瞩目，与民营经济发展的珠江模式和其他各种模式是分不开的。本研究从广东民营经济发展外生变量（制度背景、文化环境和历史渊源等）来解释广东民营经济发展的动力机制、基本特征和内在规律，对广东民营经济发展模式提出了合理而富有创新的解释，必将推进和丰富对广东民营经济的进一步研究。

第一章

绪 论

第一节　研究的意义与目的

改革开放以来,民营经济在中国的迅猛发展是中国经济的一大特色。说它"特",并不是因为民营经济只是中国特有的经济形式。从性质上来说,民营经济与私营经济并没有绝对的不同(尽管有学者——如吉林大学潘石教授主张民营经济要区别于私营经济,前者主要视角是经营体制层面,后者主要是所有制层面)①,因此,国外理论界对民营经济这个概念可能感到陌生,但从本质上来讲,他们对民营经济并不陌生。

从本质来说,民营经济并不是中国所特有的经济形式。我们说中国民营经济之"特",就"特"在它的发展道路上,它经历了从有到无再到有的一个曲折艰难的过程。在新中国建立之初,民营经济(严格来说那时是叫私营经济)是允许存在的,在建国之后的人民生产和生活中发挥了重要的作用,为国民经济地恢复和发展做出了重大的贡献。但是,民营经济并没有因此得到鼓励和大力发展,相反,由于其和中国社会主义的理念、共产主义的理想并一致,因此民营经济在一系列的左倾运动推动和政策指令下,规模不断缩小,最后销声匿迹!直到1978年中共十一届三中全会以后,民营经济借着改革开放的东风,凭着其顽强的生命力,不断发展壮大,现今已成为中国经济发展的生力军。目前,中国民营经济在经济比重上、在企业数量上、在增长规模上、在吸纳劳动力能力上、在行业分布上都得到了很大的发展和突破。据统计,从1978年至1992年,我国的民营企业数量从零发展到了近14万户,注册资金达221亿元,从业人员232万

---

①　潘石:《中国私营资本原始积累》[M],清华大学出版社,2005年版,第25 - 26页。

人。而到 2007 年底，全国共有民营企业 551 万户，民营企业占全国企业总数的 61%，成为数量最多的企业群体；民营企业注册资本 93873 亿元，比 1992 年增加 93652 亿元，增长 424 倍；规模以上民营工业企业利润从 2002 年的 490 亿元增加到 2007 年的 4000 亿元，五年增长 7 倍，年均增长 52%。民营经济在促进我国经济社会发展方面发挥着越来越大的作用。在经济增长方面，目前除国有及国有控股经济以外的广义民营经济已经占 GDP 的 65% 左右，其中个体民营经济已经占 40% 左右；中国经济发展的增量部分，70~80% 来源于民营经济。在就业方面，其就业量现在已占全国非农就业总数的 80% 左右。至 2007 年，全国登记注册的个体民营企业从业人员共计 1.27 亿多人，而实际从业人员可能已经接近 2 亿。在自主创新方面，新时期以来我国技术创新的 70%、国内发明专利的 65% 和新产品的 80% 来自中小企业，而中小企业的 95% 以上为民营企业。我国民营科技企业目前已有约 15 万家，在 53 个国家级高新技术开发区企业中民营科技企业占 70% 以上。在税收方面，民营经济已成为国家税收的重要来源。2007 年民营企业税收总额 4771.5 亿元，其增长率高于全国 5.1 个百分点，占全国企业税收总额的比重为 9.6%。在对外贸易和投资方面，民营经济已成为对外贸易的生力军。2007 年全国民营企业进出口总额为 3476 亿美元，高于全国增长率 19.2 个百分点。占全国进出口的比重为 15.8%，其中出口总额占全国出口比重为 20.6%。[①] 总之，中国民营经济已经成为中国社会主义市场经济的重要组成部分，在中国国民经济中发挥着重要作用，成为中国经济发展中最活跃的力量。

广东是中国的南大门，作为中国改革开放的前沿阵地，广东民营经济起步早、发展快、总量大，在中国经济发展格局中占有重要地位。[②] 统计

---

① 参见《民营企业：推进经济发展的重要动力之一》[N]，《北京周报》，2008 - 08 - 14。

② 傅高义著，凌可丰、丁安华译：《先行一步：改革中的广东》，广东人民出版社，1991 年版，第 3 - 10 页。

表明，2002 年广东全省个体私营企业从业人员达 642.35 万人，个体工商户 175.3 万，注册资本达 436.2 亿，均居全国第一；私营企业 25.9 万户，注册资本达到 3380.1 亿元，分别居全国第二位和第一位。到 2009 年上半年，广东私营企业累计达 77.84 万户，同比增长 6.33%；个体工商户达到 314.38 万户，同比增长 3.92%，个体私营企业数量保持全国第一位。广东是最早从改革开放中受益的，广东民营经济也是最早从改革开放中受益的。就广东省来说，民营经济已经成为广东经济的生力军。从经济比重、增长幅度、行业地位以及对国民经济所起的总体作用来看，都显示了广东民营经济异军突起、发展迅猛、势不可挡的架势。2008 年，广东民营经济从业人数达到 2015.02 万人，同比增长 4.6%；民营经济缴纳税金 2226.09 亿元，同比增长 25.4%。全省民营经济增加值 15133.33 亿元，同比增长 9.5%。全省民营经济共完成固定资产投资 4258.86 亿元，增长 20.1%，比全社会固定资产投资增速高 7.3 个百分点，占全社会固定资产投资的 38.1%，所占比重比 2007 年上升了 1.2 个百分点。[①] 可见，广东民营经济在广东乃至全国都有着重要的地位。

广东在上世纪 80 年代初就初步形成了全国有名的珠江经济发展模式，后来逐步完善，更具特点，和温州模式、苏南模式、中关村模式、三城模式等一道，在中国民营经济发展中发挥了举足轻重的作用。从广东民营经济的发展历程来看，"珠江模式"具有一定的平稳性，基本呈稳步上升的趋势，没有大起大落。这和中国其它地区民营经济的发展有一定区别。直到目前，珠江模式不是在消亡（不像苏南模式）而是在壮大，在珠江流域乃至整个广东扩张，形成颇具特色的广东民营经济发展模式。在经济工作实际中，人们对广东模式有着许多感性的言论，但是，对这种模式研究的理论提升却基本空白。广东民营经济何以发展这么快？它发展的原因在哪

---

① 广东省统计局：《2008 年以来广东民营经济发展情况分析》，2009－06－09，http://www.stats.gov.cn/tjfx/dfxx/t20090608_402564032.htm。

里？它的发展中已经或还将遇到哪些问题？怎样预计它以后的发展？广东民营经济发展模式有什么重要的本我特点？这种模式是怎样形成的？它的生命力在哪里？它的未来发展会有什么趋势？和中国其他地方的民营经济发展模式相比它有哪些不足和优势？研究广东民营经济的发展模式就是想要找出这些问题的答案，为推动广东民营经济的进一步发展服务。因此回答这些问题也就构成了本研究主要目的。

第二节 文献综述

中国经济的发展离不开民营经济的贡献。在改革开放以来的30多年时间中，中国经济的转轨就是在民营经济的产生、认可、发展壮大的基础上而进行的，中国经济在转轨过程中之所以表现不俗，很大程度上是依赖民营经济的支持。所以，从某种程度上说，中国经济的奇迹，就是民营经济发展的奇迹，这也是民营经济吸引学者深入研究的原因。他们要运用现代经济学的基本原理、方法，来观察、解释民营经济在中国的运行与发展。因此，理论界涌现了一大批对民营经济研究的学者，他们丰富了经济理论，为民营经济的进一步发展奠定了坚实的理论基础。本节内容主要从民营经济的概念与内涵、民营经济在中国的起源与发展、民营经济对中国经济发展的重要作用与意义、民营经济发展存在的问题以及民营经济发展的制约因素等方面来阐述学者们对民营经济研究所取得的重要成果。本节希望能对民营经济研究领域内主要贡献者的观点、思想进行梳理，通过对前人研究的逻辑体系有一个深刻地理解，既为本文要研究的内容提供理论基础同时又能找到一些新的理论视角，为建构本研究的理论找到立论的依据。

珠江模式及其
发展前景

一、关于民营经济概念与内涵的研究

民营经济本质上是类似于私有经济但又具有中国特色的一个概念，这个概念争论颇多。直到现在，学界对民营经济都没有一个统一的认识。纵观各类文献，可以概括三种观点。

第一种观点强调"民营经济"的"中国特色"的所有制性质，主要从具有中国特色的多种形式的所有制方式的范畴来认识与界定民营经济[①]。首先，根据所有制性质，把民营经济限定在一定的范畴里面：要么把民营经济当作非国有经济，要么把民营经济等同于非国营经济，要么将民营经济界定为公私混合经济。如果这样，民营经济就难以有一个具有法律意义的明确界定，只能遵循一些基本原则，比如，在所有制形式上一般将民营经济限定为非国有经济的范畴；在投资主体上不单是依靠政府还可能有多种投资方式，所以国有经济以外的其它一切经济成分，即城乡集体经济、个体私营经济以及联营经济、股份制经济、外商投资经济和港澳台投资经济等，都可以是民营经济；从组织形式上看，除了国有独资以及国有控股企业以外的个体或私营企业、民办集体企业、自然人出资发起的合伙企业、由两个自然人以上出资或由自然人与法人共同发起的有限责任公司、由非国有企业控股的股份有限公司等在统计上都算作民营经济范畴；从来源看，民营经济主要来自于市场而不是来自于政府，民营企业以"自负盈亏、自我约束、自主发展"的现代企业制度为特征。虽然这种观点对经济所有制形式有了更深入的探讨和认识，使经济所有制形式的内涵更为深刻、更为丰富，但是，这种观点把民营经济限定在所有制范畴，还是不能脱离所有制形式在思想上的束缚，对通过民营经济来研究与深化现代经济理论意义不大。

如果民营经济主要强调所有制意义，那么为什么不叫"民有经济"

[①] 黄文夫：《对民营经济性质与概念的界定》[J]，《管理世界》，1999年第6期，第27-28页。

呢？所以第二种观点认为民营经济概念的意义不是在于所有制，而是在于经营方式，即"营"的意义才是最为重要的，才是概念的本质。所以"民营"是对应"国营"的，而不是对应"国有"的，"私有"才是对应"国有"的，国有经济可能是民营经济也可能是非民营经济，民营经济并不是非国有经济，也不单是私有经济①。这种观点认为只有这样理解才是符合我国改革开放后的实际状况的。因为"中共十五大"明确指出，以公有制为主体、多种所有制经济共同发展，是我国社会主义初级阶段的一项基本经济制度。这里"多种所有制经济"当然不只是私营经济，它还包括个体经济、外资经济、混合经济和其它经济形式，这就是大范围意义的民营经济。这种观点突破所有制理念，对理解中国经济体制改革实质有着实际意义。

  第三种观点则综合了上述两种观点，有点折中的意味，认为理解或利用民营经济概念既离不开所有制也离不开经营形式，即既不能单用所有制范畴来界定也不能单用资产经营的范畴来界定，是民营经济和非国有国营的所有制形式和经营方式的总称。② 民营经济就经营方式来说，确实是实行民营方式，包括国有民营和民有民营、混合所有制民营。但是，民营方式并不等于民营经济，作为一种经济形式的民营经济，离不开一定的经营方式，又离不开所有制形式，因为任何经营方式总是可以由所有权形式来决定或取舍的。

  本文认为上述三个观点都从一定层面、一定角度来诠释民营经济概念，充分挖掘了民营经济的内涵。对民营经济想提出一个统一的概念似乎不可能也没有必要，研究者倒是可以根据自己研究的需要来界定民营经济概念，有时甚至可以从公众语言的角度来看待民营经济概念，不一定要非常精确、非常明晰。所以，本文也并不想综合上述三个观点来提出一个更

---

  ① 阳小华：《民营经济内涵问题探析》[J]，《江汉论坛》，2000 年第 5 期。
  ② 黄文夫：《对民营经济性质与概念的界定》[J]，《管理世界》1999 年第 6 期。

为准确的概念，而是想在字里行间通过读者能够理解的方式来充分地表达民营经济这个概念的丰富内涵，留给研究者以及读者一个更为自由的理解空间。

二、关于民营经济起源的研究

如果将中国民营经济粗略地界定为非国有经济的话，中国民营经济则大概经历了初创繁荣、休眠停滞、萌芽复苏、快速发展等历史阶段。那么，要追究民营经济的起源则可以把视野放在中国解放初期的五十年代。但是，研究者对民营经济起源的研究并不是要去追溯民营经济兴衰的历史，而是想探讨改革开放以来为什么会有民营经济的兴旺发展？又是什么样的环境使民营经济发展得这么迅猛？我们知道，中国的改革不是"冷火鸡"的方式，经济改革与政治改革不是同步进行的，民营经济地崛起正是在这样的背景下发生的，这就是民营经济成长的最初环境。所以研究者对民营经济起源的研究并不是把它放在中共统治下的所有历史的时间长河中来探讨，而是把它放在改革开放以后三十年的时间中来探讨的。由于政治体制的桎梏，所以在短时间内不可能实现产权私有化、交易完全市场化以及私人合约交易的合法性，而民营经济就是在这种看似宽松、实质上是并没有触及根本的环境中艰难进行的。[①] 一般来说，明晰有效的产权制度是经济增长的重要保证，但是中国经济的增长与发展让主流经济学家对很多经济学观念和教条做了全新的诠释。比如，在民营经济发展过程中发挥了重要作用的经济组织形式：乡镇企业，就得让研究者从寻找一个更为符合中国特色的经济理论来进行探讨。下面我们就以国内外研究者对这一研究对象的逻辑与思维变化为主线来梳理民营经济起源的研究脉络。

从上世纪80年代中期到上世纪90年代后期，中国乡镇企业经济贡献

---

① 孙早、鲁政委：《从政府到企业：关于中国民营企业研究文献的综述》[J]，《经济研究》，2003年第4期。

从初期的占 2% – 3% 左右,增长到后来的 20% – 30%。① 初始,国内学者主要根据兰格等的市场社会主义理论从经济行为本身的逻辑性,避开财产所有制形式,来对乡镇企业进行探讨,但是并没有得出什么有说服力的解释。② 由此不难判断:单是用经济行为本身的逻辑来解释民营经济的起源是远远不够的,所有制形式在经济行为中的基础性作用是不可忽视的因素。也就是说,财产所有权的松动可能是民营经济起源的最为现实的驱动力。这种观点在早期并不是国内所谓的主流经济学家乃至统治高层所愿意接受的,即使财产所有权在中国十一届三中全会后就已经有比较明显的松动迹象。不过,当时斯蒂格利茨③对这种观点也不屑一顾。他认为乡镇企业的成功确实表明了:私有财产所有权关系并不是传统社会主义经济体制的问题所在,倒是激励结构可以在不改变企业产权的情况下使企业效率提高。激励结构之所以变化是由于竞争机制地引入和企业"软预算约束"的改变,在这种条件下,可以给予经理人员更多的利润。同时,乡镇企业还可以向其它相关行为主体提供有力的激励。比如对地方政府和乡村居民,他们都可以从乡镇企业的发展中得到好处。很显然,在从计划经济向市场经济转化的早期阶段,激励结构的变化可以起到比较好的效果。但是这种激励毕竟是有限的,不能长期产生有效作用。随着经济体制改革的逐步深入,市场化程度越来越高,激励结构的变化带来的效果远远赶不上产权明晰带来的效果。所以,进入 21 世纪以后,乡镇企业不断地进行产权界定,逐步走向私有化或混合所有制的道路④,成为民营经济的重要起源。

从以上梳理的一个逻辑过程我们可以看出,抛开固有的不断壮大的私

---

① 冯曲、张涛:《权威、权威组织与效率》[J],《世界经济文汇》,2002 年第 5 期。

② 田国强:《中国乡镇企业的产权结构及其改革》[J],《经济研究》,1995 年第 3 期。

③ 约瑟夫·斯蒂格利茨:《社会主义向何处去——经济体制转型的理论与证据》[M],吉林人民出版社,1998 年版。

④ 姜长云:《乡镇企业产权改革的逻辑》[J],《经济研究》,2000 年第 10 期。

有经济、家族经济不说（尽管这些是民营经济的重要起源），单从乡镇企业的转型或改制来看，民营经济起源与财产权的不断松动不无关系。所以，这些研究者为本论文的研究提供了重要的思维线索，那就是产权关系依然可以成为本研究中的一个重要变量。

三、关于民营经济作用、影响与问题的研究

关于民营经济作用与影响研究的文献比较多，可以归纳为：关于民营经济增长总量与比例的研究、关于民营经济结构的研究、关于民营经济对社会经济生活影响的研究、关于民营经济优势的研究、关于民营企业竞争力的研究，等等。由于研究主题的多样性造成研究者也是纷繁芜杂，不可胜数。所以本研究在文献的梳理方面主要限于对文献内容的回顾，不涉及研究者。关于民营经济增长总量的研究大多利用统计年鉴来进行描述性分析与比较，这种比较可以是纵向的，也可以是横向的[①]。纵向的是指民营经济在时间序列上的变化，横向的则是指民营经济在国民经济结构中的总体变化或各地区民营经济的差异比较，有时还要通过利用统计工具对民营经济增长的趋势进行预测。民营经济可描述或分析的变量，诸如规模总量、注册资本、企业数量、增长率、就业人数、对国民经济的贡献、增长预测等等。研究者通常在同一研究中同时对这些变量进行研究。民营经济是比较复杂的经济形式，所以相对来说民营经济结构研究在一定程度上可以揭示经济体系中的产权关系。个体的、私营的、混合所有制形式等都是民营经济的范畴，如果把民营经济看成是一种过渡形式的话，民营经济结构的变化似乎可以让人预期这种"过渡性"时间的长短，同时可以衡量国有经济在整个国民经济结构中的变化趋势。不过，遗憾的是，现有的关于民营经济结构的研究大多也是描述性统计的结果，没有把结构的研究放在一个更有意义的框架中来进行[②]。关于民营经济对社会经济生活影响的研

---

① 杨纲：《中国民营经济的现状与发展》，乡镇企业、民营经济，2000-01。
② 同上。

究，文献也是特别多，主要涉及就业、法制、剩余劳动力的转移、企业家队伍建设以及科技创新的带动等等内容，研究者比较一致的认识是民营经济对社会经济生活有着积极的作用。不管从历史还是现实，这种认识绝对不是对民营经济的虚夸，而是真实的写照。关于民营经济优势的研究则主要涉及到产权关系、经营机制、市场化程度等的研究[1]，多数涉及到制度变迁（正式的或非正式的制度变迁）或路径依赖等方面的内容。民营企业研究则越来越成为近期研究的重点，这方面包括治理结构、企业制度、核心竞争力以及组织行为，等等。比如，作为企业管理的实践者南存辉[2]指出民营企业的核心竞争力在于创新，包括规模创新、产权制度创新、治理结构创新、制度创新、市场经营创新，关于民营经济发展中存在的问题，有一些比较突出的观点。有的研究者[3]认为制约民营经济发展的因素主要来自于宏观环境、整个社会乃至民营经济主体的思想观念，人们对民营经济乃至民营经济主体本身对民营经济都可能带有某种偏见，比如就业的选择。同时，体制方面的制约更加明显，在一段时间内，与国有经济、外资经济相比，民营经济发展所受到的行政制约和政策制约依然较严重，一些民营企业还可能因政策的所有制歧视而陷入经营困境。更有甚者，民营经济并不是生长发展在一个法治环境下，权大于法同样是民营经济很多问题产生的根源。受计划经济及政策因素的制约，在产业分工中处于计划体制之外，一些垄断性行业或产业，如石化、电信、汽车、航空、航运、电力、烟草、外贸、银行、证券、保险等，基本由国有经济垄断，民营企业进入这些产业部门困难重重。突破资金、技术、管理、经验等方面的制

---

[1] 顾元勋、孙林岩：《试诊断民营企业并探讨其发展对策》[N]，《四川行政学院学报》，2000年第1期。

[2] 南存辉：《正泰的竞争优势在于创新》[J]，《电力建设》，2003年第24卷第2期。

[3] 顾元勋、孙林岩：《试诊断民营企业并探讨其发展对策》[J]，《四川行政学院学报》，2000年第1期。

约，积极参与这些产业的市场竞争，对民营经济发展来说，至关重要。有的研究者[①]认为，金融体制是制约民营经济发展的重要因素，中国现有的金融体制是以公有经济为主导而建立起来的，这种体制在机理上是排斥民营经济的，在制度上并没有把民营经济真正平等地纳入进去。不过，也有一些研究者[②]主要从民营经济自身找原因，民营经济的原罪问题、治理结构、家族化、人才、技术都会在一定程度上制约民营经济的发展。比如，从民营企业整体看，高素质的经营者还只是少数，大多数经营者在政治觉悟、知识水平、管理能力、人格素质、法律意识及道德修养等方面都存在许多问题，这必然制约民营经济的发展。

以上对民营经济研究现有文献主要从三个方面进行了归纳，这些文献所展现的研究结果或结论是本研究进一步进行的理论逻辑基础。本文主要考察广东民营经济发展模式，一方面受到地域的限制，另一方面探讨的中心问题是民营经济发展模式。在现有文献中很少有人从整体上探讨民营经济发展模式的。对于一些局部地区的民营经济发展模式研究不是没有，比如温州模式、三城模式等的研究，但这些研究更多的是作为描述对象出现在文献中，很少有上升到理论高度的。本文希望在这方面有所突破，以求能达到预期的研究结果。

第三节 研究方法与内容框架

一、研究方法

本研究借鉴现代发展经济学的基本原理，结合区域特色和中国社会、

---

① 刘海虹：《民营经济发展与金融支持》[J]，《经济评论》，1999 年第 5 期。
② 刘丽洁、冉建中：《民营经济：现实与未来》[J]，《市场与发展》，2000 年第 5 期。

经济、文化大环境，从社会主义改革开放的实践出发，采取逻辑分析和历史分析、规范分析和实证分析方法，对广东民营经济进行全面研究。同时要运用发展的观点、动态的观点和实践的观点来看待广东民营经济的发展，弄清广东民营经济发展的内因和外因、方向和趋势。在具体方法上，本研究主要采取下列方法：

（一）文献法

民营经济的含义非常广，理论界一般的看法是除了国有经济就是民营经济。因此，研究民营经济需要大范围的数据和资料，而这些资料一般来说都源于历史文献记录，不能通过实地调查来获得田野资料进行研究。因此，采用文献法是本研究最基本的方法。

（二）个案法

从一定程度上来说，本研究具有个案性质，这个个案就是广东民营经济。它是放在中国大环境下的特殊的研究对象，因此研究范围尽管限于广东，但实际上离不开中国经济政治的大背景，离不开中国民营经济的总体概貌。同时，虽然在地域上仅限于广东，但因为研究内容是庞杂而深刻的，广东的政治、经济、文化、人文、地理、政策、法制等等引起民营经济发展的前因变量都会有所涉猎，所以这种个案法的实质不是案例分析，它的研究内容不因研究对象的单一性而受限制。另一方面，通常的案例研究是用特殊性来揭示或在一定程度上验证一般规律，从这个意义上说，本研究也具有案例性质。通过本研究，我们可以发现当代中国经济社会制度的变迁历程，可以发现民营企业发展的一般规律，可以从中找到能够借鉴且具一般指导意义的经验。因此这也是从特殊性到一般性的过程。

（三）比较研究方法

民营经济发展模式在中国已呈多样化、多元化、立体化趋势，从南方到北方、从东部到西部、从沿海到内陆，都有成型或未成型的经济发展模式。比如，现在有人对贵阳市白云区经济发展模式提出了中国民营经济发展的"第三种"模式——类似于瑞士的内陆模式。要找出这些模式的共性和特性，就必须进行横向的比较。横向比较可以更多地了解民营经济发展的内在规律，每个模式也许都可以成为另一个模式的一面镜子。比较的内容可以牵涉到自然地理环境、人文环境、政策环境、历史背景和模式本身的特点。同时，就广东民营经济发展本身还可以进行纵向比较，就一个阶段和另一个阶段的经济、社会、政策等进行比较，希望通过比较能清晰地透视民营经济发展的路径依赖。

同时，民营经济发展模式的选择、形成和发展是一个动态过程，但模式的性态特征又具有相对的稳定性，因此采用比较方法过程中还要注意运用比较静态分析，动静结合，才可能更加符合问题的实际。

二、研究的框架和基本思路

本书研究的具体框架和思路如下：

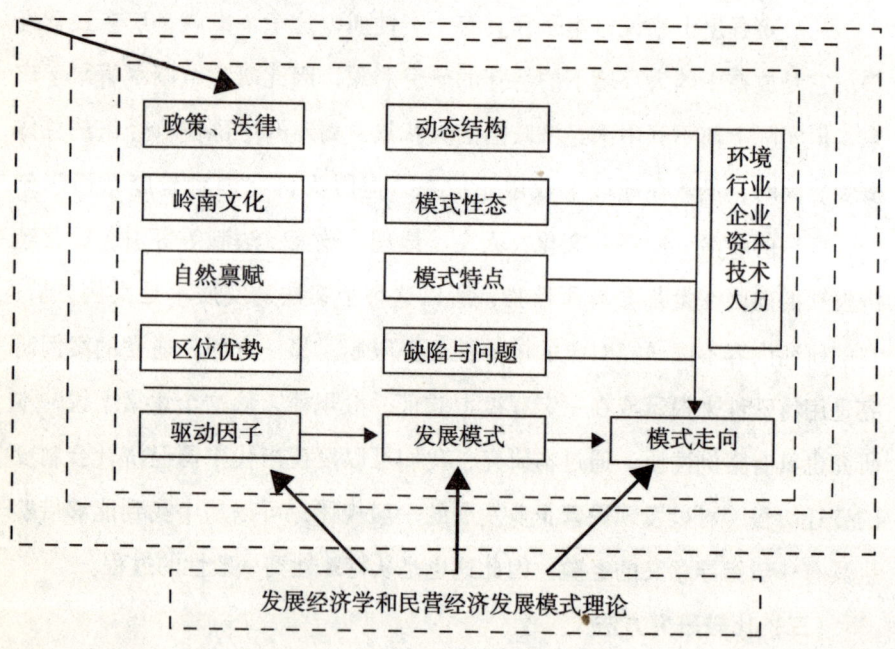

1. 环境分析：对广东民营经济发展来说，首先是全国改革开放的大气候的最先驱动，其次是广东本土政治的、人文的、经济的、区域环境的直接孕育，再次是中国民营经济的互动。我们从大环境到局域环境、从间接

环境到直接环境要进行一个梳理，找出影响广东民营经济发展的、最能体现本土特征的相关因子。

2. 模式分析：作为经济的模式，除了一般的范式以外，更重要的是区别于其它的特征。本书拟对广东民营经济发展模式的形成、发展、成熟的动态轨迹做详细地分析。中国民营经济的发展模式已经逐步多样化，各种模式让学者们仁者见仁、智者见智。本书拟对模式提出一般的衡量指标，并由此比较广东民营经济与其他民营经济发展模式的特征和优势，找出广东民营经济在发展过程中遇到的问题和模式本身的劣势与不足。

3. 模式走向：从某种意义上说，科学研究的任务在于预测。本课题研究拟从环境方面、行业结构方面、企业管理方面、人力与资本方面（为了论述的方便，我们暂时把人力和资本区分。但是，人力可以作为资本已经是一个不争的事实）以及技术方面进行利弊分析，估计并预测模式的发展走向，为民营经济发展决策提供依据。在这里会用到现代企业制度理论、企业集群理论、核心竞争力理论，对民营企业内部结构的优劣以及分布结构的利弊做出分析。模式研究要有助于制度创新。众所周知，温州发展模式的一个重要特点是行业协会在温州民营经济发展过程中发挥了重大的作用。但是，在广东，企业协会自组织作用还受到很大的约束，行业协会发挥作用的空间还很大。本书拟在这些方面进行深入探讨。

三、研究的主要内容

任何课题的研究都有其理论基础。本研究拟采用社会主义市场经济学、制度经济学和发展经济学的基本原理，把民营企业放在社会主义市场经济体制、企业制度变迁和经济发展的动态过程中来研究。民营经济发展模式的研究在国内已有众多著述，董辅礽、[①] 熊映梧、[②] 邓波[③]等经济学家

[①] 董辅礽：《温州模式与中国民营经济的发展》[J]，《宏观经济研究》，2002年第9期。

[②] 熊映梧：《中国改革的制度分析》[J]，《财经问题研究》，1998年第9期。

[③] 邓波：《民营经济前沿问题的研究》[M]，中国时代经济出版社，2003年版。

或学者对民营经济及其模式都有深入地研究。本文将首先对这些研究进行理论述评,在此基础上提出符合广东实际的、具有预测力的新的理论模型。

本书的主题是民营经济发展,核心是模式,范围限定在广东。

民营经济到底是什么?英语一般译为 private-sector business or economy,很显然这不是一个很严格定义的名称。个体经济、私营经济等都有固定的法律界限,而一般来讲经济形式都是从所有制形式来定义。民营经济没有严格的法律意义,但它本质上是私营经济,当然与私营经济的不同还在于它不包括外资私营经济。民营经济这一称谓约定俗成,与"国营"相对应,最初是有意避开"私有"这一政治上过于敏感的称谓。不过,民营经济也不是完全按所有制形式来进行界定的,更多的是一种运营形式。但是,这种理解方式似乎也不全面。那么,到底什么是民营经济?这要放在中国经济所有制形式变化和经济运营体制变化上来理解。因此,本书要对中国建国以来的所有制形式更迭和运营体制变化进行梳理,从而全面地、正确地理解民营经济形式。

中国民营经济的发展史,谱就的是一部中国改革开放史——一部中国当代社会的制度变迁史。民营企业本身不是中国特有的经济形式或所有制形式,但民营经济发展的历程能揭示的中国社会制度变迁的历程,却是中国民营企业最具特色的功能。中国民营经济地发展,很难一帆风顺。民营经济的界定、定位并非一蹴而就,从近年来的四次修宪就能略知端倪。1982年修宪承认个体经济的合法性,1988年修宪承认私人经济的合法性,1999年修宪提出要保护个体、私人经济,承认个体、私人经济是社会主义经济的重要组成部分,要积极发展,2004年修宪国家要保护个体经济、私营经济等非公有制经济的合法权利和利益。广东民营经济走的路也是坑坑洼洼、坎坎坷坷、弯弯曲曲。这里面除了上述讲的制度的原因,还有政府的、政策的原因,以及观念的、环境的、企业自身的原因。因此,对民营企业发展模式的研究也意在揭示广东乃至中国制度变迁的历史,以及这些制度中对民营企业发展作用机制的内在因素。因此，用历史方法揭示民营企业发展所蕴涵的制度变迁意义是本研究的一个重要的内容。

近几年来，民营经济在法律上获得一定的保障、在政策上获得较大的支持，因此中国民营企业发展势头非常迅猛，这对广东民营经济发展既是一种机遇也是一种挑战。说它是机遇，那是因为在大制度背景下，在民营经济生存和发展空间不断壮大的情况下，广东民营经济的生存和发展空间自然也在扩大，产业链条会伸展得更长。说它是挑战，那是因为地区之间的竞争会加剧。通过对中国民营企业发展的现状研究，可以对广东民营企业发展进行经济环境扫描，从而找出对广东民营企业发展的优劣条件，同时从现状中挖掘某些驱动因子，从而对广东民营经济发展做出感性的预测。

广东民营经济自改革开放以来经历了四个阶段，并一直保持良好的发展势头，传统行业与高新技术行业齐头并进，国内市场与国外市场同时开拓，民营企业家与员工队伍素质都有明显的提高，城市民营经济与专业镇经济并肩崛起。但它也存在一些问题，如区域发展不平衡、市场竞争缺乏公平性、民营经济自身缺陷、融资困难等，这些问题严重阻碍了民营经济前进的步伐。

民营企业是民营经济的主体。企业是经济模式中最基本的因素，研究民营经济发展模式离不开企业。广东民营企业主要源于两种，一是原来集体经济和国有经济改制后的民营企业，这些企业实力强、规模大；还有一种主要是以家族治理为特色的家族企业，这些企业规模大小不一、实力强弱不等，企业治理不规范。企业内部制度和治理结构对民营企业的发展起着根本性作用，因此本书也会对企业内部制度和治理结构的探讨有所涉猎。20世纪90年代以来，广东民营企业进入了稳步发展阶段，呈现出可喜的局面，表现为发展速度快，规模化和集约化趋势明显，股份化和规范化公司日益增多，经营领域不断扩大，科技型企业迅猛发展，跨所有制、跨地区、跨国经营的企业增多。当然，存在的问题也较多，主要是：规模小、档次低、诚信度不高、资金紧张、人才缺乏、管理水平低、恶性竞争等。

广东民营经济，尤其是珠江地区民营经济在其发展过程中表现出与中国其他各地民营经济不同的特点，具有独特的路径和方式，这就是著名的"珠江模式"。它是中国近二三十年来涌现出的五种主要民营经济发展模式之一，也是广东民营经济发展的主要模式。经济发展模式是一个令地方政府领导倍感兴奋的词汇，他们睁大眼睛注视着全国各地冒出的一个个新的发展模式，并力图依葫芦画瓢将其套用到本地，他们更渴望打造一个本地经济发展模式让全国人民瞩目惊叹。

据克拉伦斯·巴恩哈特（Clarence. L. Barnhart）与罗伯特·泽莱尼（Robert. Zeleny）主编的《世界图书英语大词典》，模式（model）是指一种模型或式样，是一种客观存在，它反映了一个国家或地区经济或某部分经济发展的轨迹。因此，民营经济发展模式指的是：在一定时期内和一定条件下以民营经济增长为前提和基础的民营经济发展的基本特点，反映了某地区民营经济在一定时期内的发展状况和特殊性。既然称为模式，尽管有着一般的框架，但框架里面的内容，互相之间肯定是不同的，它应当有自己内在的指标和含义。同时，在时间序列上，模式也应当有自己发展的前因后果、路径依赖以及发展走向，也就是说推动模式形成的外在因素肯定也是不同的。因此，之所以有"广东民营经济发展模式"，首先，她有不同于其它经济模式的内在特征，有自己的边界；同时，这种边界是外因"给定"的，即广东所处自然、社会、经济和政治、文化环境造成的，其中又以人文环境和地理优势尤为重要。

广东地处中国南方，毗邻港澳，接近东南亚，是中国改革开放的排头兵。在中国最早开设的四个经济特区中，广东就有深圳、珠海和汕头三个；在中国最早开放的14个沿海港口城市中，广东就有深圳、广州、汕头、珠海和湛江（事实上，当时海口也属于广东）。广东连港澳、聚华侨，得天独厚的外资优势借改革开放的东风，生根发芽、开花结果。同时，广

第一章 绪 论

东民风朴实，岭南文化自由写意然而又沉着厚重，炼就了岭南人吃苦、创业、自主、独立的个性，这些都是推动广东民营经济发展的重要因素。加上广东自然禀赋优越，山水灵秀且农渔发达，有海陆之便利且内外交通，这些自然也是民营经济发展的根基。本书拟揭示广东所处的人文与地理等环境因素对民营经济发展的推动与制约作用。

广东民营经济模式以珠江模式为代表。珠江模式在80年代中期形成，90年代初期成熟于"三来一补"。广东毗邻港澳，境内铁路、公路、水路交通非常方便，全区有华侨250多万人，港澳同胞278万人，这些独特的优势，为吸收外来信息、技术、资金、设备等提供了十分有利的条件。乡镇企业以及大规模利用港澳资本建立的"三资"企业，在引进外资的同时也引进了先进的管理制度和经营方式，乡镇政府参与或支持创办的，政府尽量弱化对乡镇企业的直接干预，而将主要的财力用于基础设施建设，政府与企业同时推动制度的演进。

所谓珠江模式，一般认为是指在珠江三角洲发展起来的一种外向型乡镇企业模式。在地域上指珠江三角洲经济开放区的佛山市、中山市、江门市、东莞市和顺德、宝安等13个县的农村乡镇企业。其特点是：

1. 在经营形式上，以集体经营为主，积极发展包括同外商合资、合作经营在内的多形式的横向联营；在产业结构上，以第二产业（工业）为主，积极发展新兴产业。

2. 在企业营销战略目标上，以外向型经济为导向，面向国际和国内两大市场，注重开拓国际市场。

3. 五个轮子一齐转。一方面充分利用农村剩余劳动力、闲散资金、传统技术，形成新的生产力，促进商品经济的发展；另一方面各层次间相互竞争、相互促进，从而使整个经济结构充满了生机和活力。比较中国民营经济各种模式有利于进一步深化对广东民营经济模式的认识。

珠江模式由各种不同资源环境的子模式构成。这些子模式有衔接外资产业链条起家的中山·东莞模式、转制民营经济越做越大的顺德模式、原生民营经济做大做强的南海模式和以民营科技企业为亮点的广州·深圳模式。这些子模式莲花并蒂但各具特色。

以外来资本为主、靠政策优惠发展的珠江模式的不足主要表现为：一是珠江三角洲经济外资比重偏高，在出口结构上，一般贸易出口额比重偏低，而加工贸易出口额比重偏高，出口贸易中有相当大的比例是利用国外的资金和原材料，为外方加工成产品，再出口到海外，而广东的民营中小企业从中赚取较少的加工费。虽然加工贸易对于珠江三角洲经济贡献突出，但从长期的发展角度来看，不利于中小企业的发展。在企业资本多元化的今天，东南沿海的一些省份正是通过大力发展民营企业，做大做强民营企业的品牌，从而实实在在地扩大了出口额，与珠三角民营企业形成鲜明的对比。二是珠江三角洲经济的外向程度很高，受国际经济波动的影响比较大，如美国"9·11"事件、国际金融危机等对珠江三角洲经济的影响不能低估。三是大量的加工制造末端的民营企业拥挤在一个狭小的行业中，在产品供过于求的情况下，企业之间的竞争也就进入了恶性的循环之中。

中国至今已形成五种主要的民营经济发展模式，除珠江模式以外，还有温州模式、苏南模式、中关村模式、三城模式。

温州模式的特点是以家庭经营为基础，以市场为导向，以小镇为依托，以农村能人为骨干；温州模式具体而言，是指浙江省东南部的温州地区以家庭工业和专业化市场的方式发展非农产业，从而形成"小商品、大市场"的发展格局。

对苏南模式通常的理解是指江苏省的苏州、无锡和常州（有的也包括南京和镇江）等地区通过发展乡镇企业实现非农化发展的方式。其主要特征是：农民依靠自己的力量发展乡镇企业，乡镇企业的所有制结构以集体经济为主，乡镇政府主导乡镇企业的发展，政府出面组织土地、资本和劳力等生产资料，出资办企业，并由政府指派所谓的能人来担任企业负责人。

第一章 绪 论

中关村模式则是在 20 世纪 80 年代中期以电子一条街出现为特征的。1980 年,以中科院物理所研究员陈春先为首的一批科技人员组成一个"先进技术发展服务部",这就是中关村电子一条街科技企业最早的雏形。随着四通公司、联想公司的相继成立,中关村已经形成了中国民营高科技企业群体。1988 年,国务院批准成立了中国第一个国家级高新技术产业开发区——北京新技术产业开发区,标志着中关村模式为代表民营高科技企业的发展受到了高度的重视。

三城模式是山东的诸城模式、辽宁的海城模式和兴城模式的总称,是中国 20 世纪 90 年代国有中小企业改革改制的典型模式。其中,最早出现的是以股份制改造为特征的诸城模式,于 1992 年至 1994 年间形成;而以私营独资企业为主要改制方向的海城模式和以私营合伙企业为主要改制方向的兴城模式则相继形成于 1993 年–1996 年间和 1996 年–1997 年间。

各种模式是在特殊背景和特殊条件下产生的,其适用性有限。民营经济的发展不是依靠一种或几种模式能概括和总结的,其未来趋势更不是拘囿于现有的模式之中。因此,探求民营经济的未来发展路径,我们要结合整体的发展环境、民营经济目前存在的主要问题,发挥各种模式的长处,跳开模式来开拓。

民营经济发展模式有一个完整的生命周期,这一生命周期包括模式的基本形成、发展成熟、衰落老化、变革创新,区域民营经济的发展也正是连续循环地经历这四个阶段的螺旋上升的过程。不管在哪一个阶段,主导民营经济发展模式涨落的"看不见的手"都是两个匹配:一是模式与环境的匹配关系,二是微观经济主体如企业与模式的匹配。当一种民营经济发展模式与当时当地的社会经济政治文化以及自然环境相匹配时,这种模式就能得以发展壮大并最终成熟,当该模式无视环境巨变时,处于这种发展模式下的民营经济就会减缓增长甚至出现衰退。同时,经济主体是模式的营造者、革新者、推动者,在一定程度上也是模式的接受者,经济模式的存在为经济主体设立了一个在短期内难以改变的环境,如果在模式中经济主体不能识别其特点、其发展动态、其运动过程，那么可能会造成模式的消亡，也可能影响或制约经济主体的成长，直至把经济主体挤出模式之外。

目前，这些模式都处于发展、转型或衰退的变化之中。广东民营经济模式在新形势新环境下应走向何方？实业界与学术界对此存在比较尖锐的观点分歧和理论交锋。有的人认为民营经济的发展方向就是建立现代企业制度，必须走资本社会化、大规模扩张、科技含量高度密集的路子，比如苏波认为民营经济就是要走产业化发展道路[①]；有的人则认为家族制企业有其合理性优越性，不应完全放弃而只需修补完善，也不要盲目做大企业规模，因为规模小有"船小好调头"的好处，科技含量也不必太高，只要适合市场需求即可；民营经济继续沿资本家族化、中小规模、中低端产品定位的方向走下去，比如董辅礽就持这种观点[②]。

我们的主张是：选择经济发展模式应当坚持扬长避短原则、因地制宜原则和创新性原则。从长期看，广东民营经济模式未来发展的主流趋势是规范化、社会化、科技化、外向化、规模经济化、集约化（简称"六化"），这是适应广东和全国经济继续朝市场化、信息化、全球化的方向纵深挺进的必然要求，但这一趋势是一个长期的逐渐演变的过程，不可能一蹴而就。对这"六化"我们要持辨证的思维方式去看待，例如认为"规范化"是指民营企业管理制度应规范有序避免随意性但不一定要建立三权制衡的治理结构；认为"外向化"是指既向海外开放也向大陆腹地各省区开放，既放进来也放出去；认为"规模经济化"既不是盲目扩张也不必刻意压缩规模，停滞不前，而是以平均成本最低化为基准确定适度规模。

广东民营经济模型在具体形式上会朝着更加灵活多样的方向发展。目

---

① 苏波：《中国民营经济产业发展报告》[M]，机械工业出版社，2004年版
② 董辅礽：《温州模式与中国民营经济的发展》[J]，《宏观经济研究》，2002年第9期。

前珠江模式的某些特性在广东某些地方有继续存在的理由,但更多的是根据各地情况作适当的调整变化,实现广东民营经济发展模式逐渐向符合"六化"的主流趋势转变,衍生出一些新的子模型,如配套性发展模型、补缺型发展模型、集群型发展模型、创新型发展模型,这些新的模型在广东有些地方现已初见端倪,预计将成为广东今后民营经济的主导模式,能使广东民营经济的面貌焕然一新。

广东民营经济模式的变迁需要良好的外部环境,为此,必须努力优化舆论环境、政策环境、服务环境、社会文化环境。

优化舆论环境是指要在观念上充分认识个体私营企业的地位和作用,在全社会形成鼓励个人创办经济实体、支持民营经济发展的全民意识。

优化政策环境是指要加强对个体私营经济工作的领导,营造公平竞争的市场环境,建立公开统一的市场准入规则与办法,鼓励个体私营企业向更广阔的领域和行业投资,向规模化、集约化经营发展,加大对个体私营经济的扶持力度,建立公正的、有效保护财产的法律。

优化服务环境是要建立健全民营经济服务体系,提供优质的政务服务、技术服务、人才服务、信息服务、融资服务,切实发挥行业协会的作用。

优化社会文化环境是指维护稳定的社会秩序,建立崇尚公平竞争、等价交换的商业文化,使岭南文化的优势得到充分发挥。

广东民营经济模式变迁更需要强大的内部推动因素。

要推进企业制度变革,对于管理规范运行状况良好的家族制企业,可以维持家族制不变,但要协调家庭伦理规范与企业制度规范的矛盾,完善企业管理规章制度,对于因家族内部不和谐或无力独立经营、导致企业发展受阻的企业,可推行现代企业制度。

提高民营企业家综合素质,其中创新素质,即敏锐发现市场机会以创新方式组合生产要素开发符合社会需要的产品的能力是最重要的企业家素质。要健全企业领导人继任机制,建立科学有效的经理人选拔、培养、激励和约束机制。

完善人力资源管理，克服血缘、亲情关系对人事管理的消极影响，坚持竞争、开放、公平、高效的用人原则，建立科学规范的企业人事管理系统。维护员工合法权益，有效协调劳资双方的矛盾，建立和谐的社会主义民营企业劳资关系。

正确选择企业发展战略，以培育核心竞争力和保持持久竞争优势为根本落脚点，处理好做大与做强的关系、多元化与专一化的关系，审慎和灵活运用兼并、重组、联合、联盟等多种战略运作方式。

21世纪以来，广东进入了新一轮历史发展期。加入WTO、CEPA，举办亚运会、泛珠江经济区域的形成、中国－东盟合作，尤其是对民营经济的新认识、新政策为广东民营经济发展带来了前所未有的机遇。

但是，民营企业要面对的困难和挑战也很多。

1. 随着其他地区民营经济的崛起，广东民营经济的先发优势和政策优势将逐渐丧失，国外企业大举进入广东，市场竞争的加剧使得大部分民营企业面临严酷的优胜劣汰的局面。

2. 大部分民营企业是靠简单模仿起家的，技术创新能力极差，尚未形成企业核心竞争力。

3. 建设高素质人才队伍面临较大困难，不少民营企业因为实力薄弱、发展前景存在较大不确定性、社会保障不完善等缺陷往往不被求职者看好。因此，人才瓶颈是民营企业发展的大问题。

广东民营经济要在实践中不断探索和创新，不断催生适合新环境和广东经济新形势的新发展模式，预计在未来一定时期内仍将作为排头兵走在全国民营经济的前列并可能具有以下特点：

1. 民营经济将成为镇域经济的主体；

2. 民营科技型企业将迅速崛起；

3. 广东民营经济与香港等境外经济的联动和合作将更加密切；

4. 广东民营经济将日益融入世界经济一体化进程。

第二章

民营经济发展模式研究的理论基础

我们在研究广东民营经济发展模式的特点、形成规律与演变方向以及模式发展升级的途径时,需要广泛涉及到这样一些问题,如民营经济的资本原始积累与资本积累方式、劳资收入分配对抗关系的协调方式,如何认识私有制企业与公有制企业的关系以及民营经济在国民经济体系中的作用和地位,民营企业的产权如何界定、内部治理模式、规模扩张方式、人力资源管理模式等等。

分析和解决这些问题应当建立在坚实的理论平台之上,否则就无异于空中建造楼阁。在浩瀚的经济学著作和文献中,我们看到实际上已有不少经济学理论成果对上述相关问题提出了一些奠基性的思想,其中最有指导和启发意义的有:马克思政治经济学对资本运动规律的研究,当代中国市场经济学对所有制结构、现代企业制度、民营经济发展等课题的思考和实践，制度经济学对制度安排和制度变迁原理的分析，增长和发展经济学对经济增长动因和发展路径的探索。

本书对广东民营经济发展模式地探讨将以这些经济学理论为基石，但又不完全囿于它们的限制，因为有些理论是在过去经济实践基础上构建起来的，有其历史局限性，未必适应今天的现实，因此我们力求以客观的眼光来借鉴它们的观点和主张。

第二章　民营经济发展模式研究的理论基础

第一节　马克思政治经济学提供的理论基础

无论反对还是支持民营经济的人都力图从马克思的政治经济学中寻找理论依据。有的人读《资本论》，满眼是马克思对私有制和资本的鞭挞，因而对社会主义制度下的个体经济和私营经济极为反感和厌恶；有的人读《资本论》，看到的是一定历史条件下社会经济系统采取经济决策个体化和资本运作方式的必然性及其积极作用。正是这样，有人举着《资本论》疾呼要限制民营经济扩张，保持中国经济制度的社会主义性质；有人却手捧《资本论》欣喜地发现马克思并没有绝对化地反对运用私有资本的运营方式推动生产力进步，在中国发展民营经济能够在马克思政治经济学中找到理论基础的，符合其基本原理。但不管怎样，就中国目前的理论和实践现实来看，马克思主义在中国并不是可有可无的，而是根深蒂固、弃之不可的，所以在本研究中同样要尊重马克思主义在中国民营经济发展中的作用。当然就本课题的研究来看，未必是所有的马克思主义经济理论都必须去进行梳理，我们只需要研究其中一部分——笔者认为下列基本经济规律和基本理论才是与中国民营经济发展的现实切合得较为紧密的部分。

一、社会经济形态演变的基本规律

乍看起来，似乎马克思是对私有制企业持绝对的否认态度，实则不然。马克思和恩格斯曾在《共产党宣言》中热情颂扬资本主义私有制："资产阶级在它的不到一百年的阶级统治中所创造的生产力，比过去一切世代所创造的生产力还要多，还要大。自然力的征服，机器的采用，化学在工业和农业中的应用，轮船的行驶，铁路的通行，电报的使用，整个大陆的开垦，河川的通航，仿佛用法术从底下呼唤出来大量的人口，过去哪一个世纪能够料想到有这样的生产力潜伏在社会劳动里呢?"。①

患有"恐资病"的人之所以主张限制民营经济发展,根源在于对马克思政治经济学关于人类社会经济形态演变各阶段基本特征描述的公式化理解,认为私有制与资本运作只能存在于资本主义经济形态里,与社会主义制度不相容。他们自认为尊奉马克思政治经济学,实际上却是与其实质相违背。真正理解马克思政治经济学精髓的人,不仅在《资本论》中未找到否认中国民营经济存在的理论依据,而且从中获得发展民营经济的坚定信心。

既然马克思政治经济学最基本的原理是生产关系要与生产力发展水平相适应,那么任何经济制度当它与当时的生产力水平相适应且能推动生产力发展时,就具有存在的合理性。在中国,凡是民营经济发展得好的地方,经济就高速增长、充满活力,广东、浙江、江苏等省份的情况就是典型。实践证明,在生产力社会化程度还不高的发展阶段,公有经济不可能涵盖五花八门的各行各业,即便能这样做,那也是效率极低的,很多产业让民营经济进入可以为社会更有效地提供产品和服务。就是在像美国这样生产力高度发达的国家,私有企业也同样占主要地位并且颇具活力、发展蓬勃,这表明即便很多年后中国成为发达国家俱乐部的一员了,民营经济仍有存在的理由。

生产力决定生产关系的理论对于选择民营经济发展模式也有启发意义。对广东而言,上世纪八、九十年代,珠江模式之所以蓬勃兴起,是因为它契合了广东的经济环境,极大地促进了国民经济地发展和社会生产力地提高。近年来,在新的形势下珠江模式的局限性进一步凸显,广东人不得不对民营经济进行模式重塑,逐步衍生出一些新的子模式,推动珠江模式走向升级换代。由此可见,民营经济发展模式的变迁轨迹遵循一个法则:适应环境变化对模式不断调整和创新,以达到推进生产力发展的根本目的。

---

① 《马克思恩格斯选集》第一卷[M],人民出版社,1972年版,第256页。

二、劳动价值理论

按照马克思的劳动价值理论，活劳动是价值的唯一来源。资本作为物化的劳动不能创造价值，其价值来源于活劳动的凝结，在生产过程中只能将自身价值转移到产品之中去。这样一来，资本家在价值创造过程中实际上是多余的，但却吞噬了全部剩余价值。

但是，仅有工人的劳动是不能完成价值生产的，还需要原材料（即劳动对象）、设备厂房（即生产资料，其价值形态表现为资本）、管理（即资本家或企业管理者对生产全过程的指挥协调）。民营企业在其创使阶段，作为创业者的民营企业家注入自己的启动资金，运用自己的商业智慧和管理才干创办起企业，生产和销售产品，创造和实现产品价值。之后，他们要继续不断投入资金、精心打理业务才能使企业产值逐步增长、规模不断发展。无论在企业的初期还是发展期，资本和管理都是不可或缺的要素。鼓励民营经济发展，最大的意义在于动员民间资金和智力充分涌流出来用于创造社会财富。民营企业家投入的原始资金是价值生产的前提，他们的创业和管理活动则属于马克思所说的管理劳动，虽然也有剥削的职能，但在社会主义阶段，主要是生产价值，为社会经济建设贡献经营才智为主。这种管理劳动是一种复杂程度极高的劳动，创造的价值是简单劳动的千百倍，许多民营企业家，如张瑞敏、任正非、柳传志等人的管理劳动所提供的巨大经济贡献是世所公认的。对于广东民营经济来说，最重要的一点就是要倾力建设一支有良好创业能力和管理素养的企业家队伍。

改革开放以来广东民营企业所取得的巨大经济成果，按照劳动价值理论来说，除了源于企业家们的管理劳动，还源于广大企业员工，俗称"打工仔"们的艰辛劳动，他们来自大陆腹地各省区，尤以泛珠江各省区为最多。广东民营企业创造的价值及其运营和发展在根本上依赖于内地丰裕劳动力源源不断地输入。劳动力主要依赖外省是构成广东民营经济发展模式的一个重要因素。

珠江模式及其发展前景

不少人潜意识中固有地埋藏着对资本家老板的憎恶之情，因为他们从马克思的《资本论》中获悉资本家榨取劳动所创造的剩余价值导致工人的相对贫困与绝对贫困。资本具有保值和增值的本能冲动，在资本主义经济形态中是这样，在社会主义经济形态中亦然，但是资本保值和增值的结果就必然是劳动者的赤贫吗？

现实是劳动者可能只是相对贫困，即随着技术进步、劳动生产率提高，生活资料变得更便宜，劳动力的价值所占份额与剩余价值相比会趋于更少，但其绝对额基本上是趋升的。近一个世纪以来，工人们的收入和生活水平改善了很多，表明他们至少在变得相对富裕。一方面，这是由于社会生活水平和文明程度的整体提高以及工人的抗争，另一方面是由于知识经济条件下，劳动者的知识和技能相对于资本变得更稀缺，因而能够取得更大的对收入分配的谈判力量，在产品价值中能多分得一杯羹。

在中国的个体户和民营企业中，无可置疑是存在剥削的，但是绝大多数务工者基本上都通过打工而增加了收入，换而言之，他们因被剥削而变得绝对富裕了。在中国，由于农产品价格低造成务农收入低，而中国剩余劳动力较多，民营企业帮助众多农民转移到制造业，尽管工资低但仍比种田收益高。发展民营经济不仅没有导致人民贫困，相反创造了大量就业机会，为劳动者带来可观的务工收入，尤其为不发达地区脱贫开辟了新路。有些急于吸引资本的地区，干脆说"欢迎资本来剥削我们"。在中国现阶段，剥削没有导致贫困，相反的，私营老板越多的地区，当地百姓就越富裕；大批农民之所以背井离乡去外地打工，当然是因为打工比在家耕地收入更高。

然而，我们也应该看到，目前在广东的务工人员状况欠佳，受到的剥削和相对贫困的境况是客观存在的，他们的劳动强度非常大，劳动环境和劳动条件十分恶劣，而劳动收入却低于社会平均工资水平，居住和生活环境也很糟糕。有些民营企业老板对雇佣工人进行很厉害地管理，如违反《劳动法》延长工作时间、限制人身自由、最大限度地剥削他们的剩余价值甚至劳动力价值的一部分,有的老板还拖欠薪水、恶意克扣工资奖金。这种在资本主义发展初级阶段曾经出现的劣迹,在今天的社会主义制度里是不应该再度泛滥的,我们必须努力予以纠正。

三、资本原始积累和积累理论

资本家的原始积累来源于战争掠夺、对殖民地的抢占、对农民的巧取豪夺(如有名的"圈地运动")等暴力方式,所以,马克思说"资本自从来到世间,每一个毛孔都滴着血和肮脏的东西"。中国民营企业家的原始创业资金的来源有本质不同,例如广东人的创业资金主要是通过以下几个途径筹集的:工薪收入、房租和利息收入、亲友挪借、海外关系资助、村镇集体投资、银行贷款、社会集资、企业留利、其他偶然收入(如利用一个偶遇的发财机会,赚取第一桶金用于投资创业)等。这里再次显示民营经济是一种聚集民间闲散资源、激发群众活力的有效机制,正是这一机制使中国民营经济不采取暴力掠夺方式实现了资本原始积累。

资本积累的基本方式有两种:资本积聚和资本集中。资本积聚是指个别资本家依靠手工业接着转化为资本来增大资本总额。资本积聚能增大社会资本总额,但受个别资本所获剩余价值数额及其分割为资本家个人消费与积累的比例的限制。资本集中是指把分散的中、小资本合并成为少数大资本。它有两种方式:一种是大资本吞并中、小资本;一种是分散的中、小资本合并为大资本。资本集中不受个别资本增值速度的限制,集合社会上众多资本,迅速实现个别资本的扩张。

民营企业的资本积累也是这样两种方式。在行业发展的起始阶段,民营企业主要利用留存利润再投资(即利润资本化),以资本积聚的方式增大企业规模;在行业进入成熟期后,竞争更加激烈,有实力的大企业,或兼并中小企业或发行股票,以资本集中的方式扩大企业规模。因此,广东民营经济模式在资本生长和扩张方式的选择上,一要靠改善经营管理,赚取高额利润;二要靠生活节俭,杜绝奢侈浪费,老板要减少个人和家庭消费,剩余价值中就能余留更多的部分用于投资;三要靠优化管理,建立公司制企业以实现在股市发行股票筹资,同时,灵活地运用联合、兼并、收购等方式开展有效的资本运营,达到参股、控股其它企业的目的。目前,有些广东民营企业经营管理水平低,利润率不高;有些老板,满足于小富即安,胸无大志,赚了点钱都被花天酒地过生活、摆阔气花掉了,这样就无法较快地积聚资本;大多数民企实行家族运营模式,且管理极不规范,想利用资本市场募集社会资本来实现资本集中简直无从谈起。资本积累能力差是造成广东民企"长不大",处于"散兵游勇"状态的根本原因之一。

上述三大基本规律是与中国目前的改革开放和经济发展结合最紧密的部分,但从马克思主义总体来看,马克思主义在中国的作用和对马克思主义的不断认识和取舍是密切相关的。马克思政治经济学的建立是当时资本主义发展水平与内在矛盾显现程度、经济学和相关学科已有研究成果、马克思的个人学识和智慧三者相结合的产物,达到了那个时候所能达到的认识顶峰,是催生前苏联、东欧各国、中国及其他社会主义国家的理论指南。它的严密逻辑性和巨大历史影响曾经导致许多人对其教条化的盲从照搬。但是,自前苏联解体、东欧巨变、中国改革开放后,又有人怀疑其正确性,认为它"过时",乃至要全盘否定之。同时,也仍有一些人存有教条式的马克思主义思想,他们被称为有"左"的思想的人。

人们对马克思经济学理论有不同的理解方法和态度:一些人不假思索地照搬照套,甚至有对老祖宗的著作连一个字都不肯改的;一些人看到马克思的某些论断与现实很难吻合,就认为应当放弃它对我们的指导地位;还有的认为马克思学说的思想灵魂在今天仍然适用,但是不必拘泥于一些不符合现在实际情况的具体结论。

解读马克思经济学理论的差异造成人们在看待中国民营经济发展这一实践问题上分成三个阵营:一部分人认为民营经济与社会主义制度不兼容,要求抑制它的生长;一部分人主张放手让民营经济自由发展,如果能完全实行私有化就更好;剩下的那部分人则力主民营经济与国营经济要共同发展，但在二者相互关系如何对待问题上又有内部分化：有的认为要坚持以公有制为主，有人则不以为然。①

马克思政治经济学对发展民营经济的指导作用或"大"或"小"、或"正"或"负"，关键取决于我们对它采取形而上学的方法论还是辩证法的方法论。很显然，马克思政治经济学的一些具体结论是与现实不符的，但是，它的最基本的经济学原理仍然适用。这些原理不应被当作程式化的框框，而应与时俱进，结合当代中国新的时代背景和环境特征，为解决我们目前面临的主要经济问题提供参考和启示。我们对民营经济的评价、对民营经济发展模式的选择不能在马克思原著中找到直接的评判标准和现成的解决方案，但可以沿着它所发现的经济学规律和提倡的价值观念去探寻民营经济面临问题的出路。同时，在解决这些实际经济问题的过程中，马克思政治经济学本身也能得到自我更新和自我完善。

正是经济理论与经济实践互动推动马克思政治经济学处于不断更新发展的状态中，只有动态发展的马克思政治经济学才能指导解决民营经济问题。在当代，马克思政治经济学的动态发展在中国达到了一个新阶段，这就是当代中国市场经济学。

第二节 当代中国市场经济学提供的理论基础

民营经济是内生于中国经济体系中的最具活力的经济成份，它的产生是市场经济体制改革的产物，其发展模式的形成和变迁受市场经济体制改革方向和进展的影响。因此，民营经济及其发展模式问题不能脱离在中国

---

① 龚晓菊：《制度变迁与民营经济发展研究》[M]，武汉大学出版社，2005年版，第45-54页。

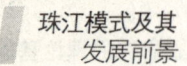
珠江模式及其
发展前景

构建市场经济体系的理论和实践而孤立地加以研究,当代中国市场经济学的许多理论内容是思考民营经济问题的理论基石。

一、当代中国市场经济学综述

当代中国市场经济学是自中共十一届三中全会以来,在探索适合中国国情的市场经济体制中形成的理论体系,它是马克思经济学理论、西方经济学理论和中国经济体制改革实践相融合的结晶,是关于立足中国国情构建市场经济运行框架的一系列较成熟的已有认识成果的有机集合。它已初步形成较稳定的理论体系,但仍在发展演进的状态中。

我们认为,当代中国市场经济学的内容构成包含于两方面,一是中国共产党的重要会议报告和决议所阐述的关于市场经济的主要理论,这些构成"社会主义市场经济理论";二是一些学者们提出的在实践中较为公认但尚未写入官方文件的理论学说和政策主张,例如民营经济被经济学家们称为"草根经济"、"百姓经济"、"小狗经济",这种说法已被社会广泛使用,这些被较广泛接受和践行的学说或主张与前者"社会主义市场经济学"共同构成当代中国市场经济学的体系。

中国对市场经济体制的认识和实践经过了长期探索的过程,关于什么是当代中国市场经济、建立市场经济体制的必然性、怎样构建市场经济体制等基本问题的思考由粗浅逐步走向成熟,核心理论成果体现在邓小平讲话、中共十四大报告、十四届三中全会报告、十五大报告以及十六大报告中。尤其是十四届三中全会通过的《中共中央关于建立社会主义市场经济体制若干问题的决定》中有这样一段话高度概括了社会主义市场经济体制的基本架构:"当代中国市场经济体制是同社会主义基本制度结合在一起的。建立当代中国市场经济体制,就是要使市场在国家宏观调控下对资源配置起基础性作用。为实现这个目标,必须坚持以公有制为主体、多种所有制经济成分共同发展的方针,进一步转换国有企业经营机制,建立适应市场经济要求,产权清晰、权责明确、政企分开、管理科学的现代企业制

第二章 民营经济发展模式研究的理论基础

度;建立全国统一开放的市场体系,实现城乡市场紧密结合,国内市场与国际市场相互衔接,促进资源的优化配置;转变政府管理经济的职能,建立以间接手段为主的完善的宏观调控体系,保证国民经济的健康运行;建立以按劳分配为主体,效率优先、兼顾公平的收入分配制度,鼓励一部分地区一部分人先富起来,走共同富裕的道路;建立多层次的社会保障制度,为城乡居民提供同中国国情相适应的社会保障,促进经济发展和社会稳定。这些主要环节是相互联系和相互制约的有机整体,构成当代中国市场经济体制的基本框架。①"此外,一些著名经济学家如吴敬琏(人称"吴市场")②、厉以宁(人称"厉股份")③ 等对市场、股份制及其他相关问题的论述也代表了中国人探索市场经济达到的水平和境界。

当代中国市场经济理论的主要内容涉及到中国市场经济体制的性质理论、市场主体理论、市场机制理论、宏观调控机制理论、市场体系理论、所有制结构理论、现代企业制度、收入分配理论、社会保障理论等。

二、当代中国市场经济学主要理论对本研究课题的基础性作用

在当代中国市场经济理论体系里,与民营经济问题最相关的内容是以下一些理论。

(一) 所有制结构理论

在所有制结构方面,要坚持和完善公有制为主体、多种所有制经济共同发展的基本经济制度。民营经济在中国市场经济体制中的地位以及人们对民营经济的态度关键取决于怎样理解这句关于所有制结构的表述语。

所谓公有制为主体,主要体现在控制力上,即在关系国计民生和国家安全的产业国有经济要居主导地位,这就成为有些人限制私有制企业进入

---

① 参见《中共中央关于建立社会主义市场经济体制若干问题的决定》[N],《人民日报》,1993年1月14日。

② 吴敬琏、周小川等:《中国经济改革的整体设计》[M],中国展望出版社,1988年版。

③ 厉以宁:《股份制与现代市场经济》[M],江苏人民出版社,1994年版。

一些基础产业如城市建设、公路交通、教育、通讯等的理论根据。但是，实际上国有经济只要在这些行业提供那些投资大、获利小的公共产品即可起到主导作用，而那些获利性的项目则应该通过招标等市场竞争方式交给民营企业去完成。正因为现在越来越多的政府官员这样理解公有制为主体的含义，某些行业原来限制私有制企业准入的政策正逐渐被放弃。

所谓多种所有制经济共同发展，是指国有制企业、集体所有制企业、私有制企业、外资企业和混合所有制企业在竞争和互补中共生共荣，和谐相处。但现实当中公有制企业与包括私有制企业在内的其它所有制企业确实存在一定矛盾，私有制企业地发展有时会对国有制企业造成冲击和威胁，有些官员为了维护国有制企业的地位便给予其更多优惠政策，从而导致私有制企业处于不平等的竞争地位。很多人虽然口头上同意多种所有制经济共同发展，但潜意识中仍然认为私有制经济仅仅是公有制经济的补充。

我们不完全同意民营经济是"草根经济"的说法。既然民营经济是草根，那么国营经济就是大树，草根总是矮矮地、散落地生长在大树脚下的空地上，所以，"草根经济"虽然形象地表达民营经济具有强大生命力，但似乎含有它永远长不大、且只能陪衬国营制经济的意味，即仍然认为民营经济是国营经济的"补充"。但笔者认为，民营经济也能、也应该长成参天大树，只有成长为大企业后，它的综合实力与抗御风险的能力才能大为提高，企业规模扩大以后会带来规模经济与学习曲线效应，在借贷市场融资的信用等级得到提升，实施多元化以后还能形成范围经济。

理顺公有制经济与私有制企业的关系，不要在产业准入方面过多地划定二者的边界，也不要人为地做出"大"与"小"的限定，更不能为了保护充满惰性的公有制大企业而抑制活力强劲的民营企业的壮大。不同所有制企业的关系主要体现在社会功能的分工上，采取国营方式的公有制企业的职能是提供公共产品，以维持社会经济稳定和满足公共需求为使命，不以利润最大化为首要目标；民营经济的本性是追求利润最大化，当然前提

第二章 民营经济发展模式研究的理论基础

是守法经营和依法纳税，自愿承担企业社会责任。这是国营企业和民营企业的经营宗旨的差别以及划定其产业分工范围的基本依据。在这个基础上监督企业的运营，制定必要的行业准入政策，合理设定民营企业的社会负担。

（二）现代企业制度理论

现代企业制度是与市场经济相适应的企业财产组织形式和管理运营模式，它要求按照原始所有权与法人财产权分离的原则，形成董事会、经理班子、监事会三者的权力（即决策权、执行权、监督权）相互约束的内部制衡机制，它典型的实现形式是公司制。现代企业制度有四个基本特征：产权清晰、权责明确、政企分开、管理科学。

广东省很多民营企业采用家族式经营方式，人们对此看法各异，褒贬不一：有赞成的，有反对的；有要求在家族制基础上加以改良完善的，有主张彻底变革为股份公司制的，也有主张建立家族式现代企业制度的。这一点本书将在后文作进一步探讨。

珠江模式是广东省民营经济发展模式的典型，地处珠江三角洲的民营企业相对其它地区的企业规范化程度更高一些，但是距现代企业制度四项基本特征的要求仍相差甚远。

首先是存在产权不清问题，主要表现为对原始所有权与法人财产权、集体产权与私人产权、家族成员之间的产权以及合伙人之间的产权缺乏明确界定。

其次，民营企业内部存在权责不明问题，董事会、经理班子、监事会的权力和责任划分模糊，分工不明确，企业的创始人往往身兼董事长和总经理于一身，家族主要成员占据核心部门掌握实权，经理人员的经营权和监事会监督权得不到真正落实。

其三，政企不分问题在一些"红帽子"民营企业或由乡镇企业转换而来的民营企业中比较严重，乡镇政府领导对企业经营管理事物过多地进行干预，影响了企业作为独立的市场主体所应具备的自主经营、自我发展的权力。

其四，很多民营企业管理不科学，管理者尤其企业创始人的管理素质不高，以心血来潮式的决策和经验式的管理为主，主观性和随意性较为严重，造成企业管理水平低下，制度不规范，内部秩序混乱。

(三) 收入分配理论

中国的收入分配基本制度是"坚持和完善按劳分配为主体、多种分配方式并存的分配制度，鼓励一部分地区和一部分人先富起来，逐步消灭贫穷，在生产发展和社会财富增长的基础上不断满足人民日益增长的物质文化需要。"① 为此，要贯彻按劳分配原则，鼓励诚实劳动，合法经营，允许生产要素参与收入分配；要坚持效率优先、兼顾公平的原则，适当拉开收入差距，调节过高收入，取缔非法收入，致富有先有后，先富帮后富，最终实现共同富裕。

民营企业的最终可分配收入分为四部分：工资、利润、利息、税收。这里，存有争议的问题有两个：

一是这四个部分的分配比例应当如何合理划分。当前，有些民营企业员工工资偏低，股东分红少甚至不分红，债权人的本息经常得不到按时偿付，政府从中所获税收不多，而企业老板聚敛了大量钱财，并且热衷于奢侈性的在职消费（如办公室豪华装修、配备豪华小车、大讲排场、吃喝玩乐）。在广东的务工者工资水平较低，比长三角洲经济圈和环渤海经济圈都低，以致于有相当多一批劳动力转向长三角洲和环渤海两大经济圈，在一定程度上导致珠江三角洲出现劳动力短缺问题，近些年珠三角地区出现的"民工荒"现象就是这一问题的集中体现。公司不给或少给股东分红的做法以及惯于欠款、赖帐的不讲信用行为也是很短视的，必然导致公司以后难以吸纳外部资本。广东民营企业偷税、漏税问题较严重，表现为广东

---

① 王维澄、李连仲：《社会主义市场经济教程》[M]，北京大学出版社，1995年版。

民营企业创造的产值增加很快而缴纳的税收不多。一些企业老板为了发财拼命压榨工人,没有社会良心,不仅不愿尽丝毫社会责任,而且以危害顾客、合作伙伴和社会公众的方式谋取不义之财,使自己在社会上形成很糟糕的社会形象,被群众责骂为"吸血鬼"、"缺德鬼"。

二是民营企业家的收入构成及其来源如何确定。民营企业家的收入包括四部分:投入物质资本获得的股份分红,企业家的管理劳动获得的工资收入(也可以理解为企业家投入人力资本的报酬),以在职消费方式得到的回报、以其它不违法(或法律难以监督)的方式获得的不合理不透明的收入(俗称"灰色收入"),以违法手段取得的非法收入。调节民营企业家收入的政策可以概括为:保障物质资本所得,大力鼓励管理劳动所得,适度享有在职消费,堵住"灰色收入"或使之公开化,禁止非法所得。企业家之所以能攫取过高的收入,关键在于他们在企业中的"内部控制人"地位造成对其收入约束监督的困难。解决这一问题的方案之一是成立真正独立发挥职能的企业薪酬委员会,由委员会决定企业领导人的收入分配办法。

(四) 社会保障理论

社会保障的含义是国家和社会为保证市场经济运行的有序性,对社会成员在生老、病、死、伤、残、丧失劳动能力或因自然灾害面临生活困难时给予的物质帮助,以此来保障每个公民的基本生活需要和维持劳动力再生产而建立的一种制度。它的重要功能就是建立以社会化为标志的生活安全网,来消除竞争机制运行过程中和严重自然灾害中产生的社会不安定因素和社会震动。它包括社会保险、社会救济、社会福利、优抚安置和社会互助、个人互助、工人储蓄积累保障等内容。其中社会保险是核心,主要有养老保险、待业保险和医疗保险等。[1]

---

[1] 王维澄、李连仲:《社会主义市场经济教程》[M],北京大学出版社,1995年版。

社会保障体系应当覆盖包括私有制企业在内的全社会人群，但是，目前民营企业不缴社会保障费或欠缴费的现象很严重，造成私有制企业的员工不能获得失业保险、养老保险和医疗保险，导致不同所有制企业职工的身份歧视和跨所有制企业人员流动障碍，增加了民营企业吸引和保留人才的难度，不利于人才在多种所有制企业间优化配置。随着在民营企业就业人数的大量增加，民营企业被排除在社会保障体系之外的问题越来越凸显出来。

因此，在民营企业健全社会保障体系是非常必要的。民营企业一定要自觉地按时按量为员工交纳费用，社会保障管理部门要加强社保费用的催缴，确保对民营企业职工失业保险金、养老保险金和医疗保险金地发放，使民营企业职工与国营企业职工享受同等的社会保障待遇。

（五）上层建筑理论

上层建筑是国家政治制度、法律和意识的总体，它由经济基础决定并反过来对经济基础起能动作用。那么，中国市场经济体制的上层建筑是否应当在民营企业中贯彻以及如何贯彻呢？比如，民营企业中关于中共党组织建设、中共党员的地位和作用、工会组织的职能等问题就是理论界和实业界探讨的一些重要课题。

国营股份制企业存设有"新三会"（股东会、董事会、监事会）与"老三会"（党委会、职工代表大会、工会），那么民营企业是否也要健全这些机构及其工作机制？如何协调它们的关系？中共党组织与工会如何开展工作和发挥作用？即便私有制企业没有这样做的必要，但是公有制民营企业难道不应当履行这些政治任务吗？既然中共中央已经将民营企业家的政治地位定位为社会主义建设者，那么他们是否应当和国营企业领导一样有义务和责任在民营企业中贯彻中国共产党的方针政策和塑造社会主义意识形态（如在民营企业中建设社会主义精神文明）呢？诸如此类问题，现在尚未完全形成一致看法，相信通过进一步探索，对这些问题的思考会越来越清晰。

第二章 民营经济发展模式研究的理论基础

第三节 制度经济学提供的理论基础

制度安排是构成广东民营经济发展模式的一个基本构成要素,制度经济学理论所蕴涵的制度选择和演变思想对于分析广东民营经济发展模式的形成与升级是很有启迪价值的。

一、制度经济学概述

制度经济学强调制度安排对于经济增长的决定性意义,揭示制度变革的内在动力、过程和特点,为考察制度的选择和变迁提供了经济学分析工具。

从发展史看,制度经济学可分为三个阶段:旧制度主义,新制度主义,新制度经济学。与传统的古典经济学只重视研究物和物的关系以及变量和变量的关系不同,新旧制度主义都采用结构分析、定性分析、规范分析和社会文化分析方法着眼于对人与人的经济关系、社会经济生活中的惯例或规范的研究,都强调国家干预政策的必要性,并宣扬"技术决定论",二者区别在于新制度主义较旧制度主义研究得更广泛、更具体,更多地联系实际问题。而新制度经济学也注重制度分析,但在研究方法上致力于借用古典经济学的方法,如成本收益分析方法来探究制度的生成和发展问题,在政策主张上也与制度主义迥异,反对国家干预,要求遵循自由主义原则。旧制度主义以凡伯伦为代表人物,新制度主义以加尔布雷思、缪尔达尔为代表,新制度经济学以科斯、诺斯等人为代表。

制度经济学的主要内容包括加尔布雷思的权力转移论、企业目标改变论、科斯的科斯第一定理和科斯第二定理、交易理论、产权理论、企业理论，诺斯的制度变迁理论等。①

二、制度经济学的主要论点对本课题的启发意义

加尔布雷思的权力转移论、企业目标改变论，科斯的产权理论、企业理论，诺斯的制度变迁理论及其它相关理论对于本课题有着直接而又多方面的启示。

（一）权力转移论

早在20世纪初，旧制度主义的奠基人凡勃仑建立了所谓"工艺决定论"，他认为资本主义生产中的决定因素不是劳动，不是工人阶级，而是机器、技术和掌握技术的工程技术知识分子。

之后，新制度主义的大师加尔布雷思将凡勃仑的"工艺决定论"发挥到极致。他认为："权力归于最难获得或最难替代的生产要素"，在人类发展的不同历史阶段，各种生产要素（即土地、资本、劳动、专门知识）的作用和地位是不同的，谁掌握了最稀缺的要素谁就拥有了巨大的权力。在封建时代，土地是最重要的生产要素，所以地主是掌握权力的统治者。到资本主义时代，资本代替土地成为最重要的生产要素，所以，权力转移到拥有资本的资本家手中。随着工业的不断发展，科学技术亦迅速进步。工业和技术发展所需要的专门知识越来越复杂，专门知识成为企业成功的决定性生产要素，于是权力从资本家手中转移到拥有专门知识的人手中。加尔布雷思把拥有科学技术和经营管理知识的人，如经理、科学家、工程师、工厂经营管理人员、律师等称作"技术结构阶层"或"专家组合"，并认为现在他们取代资本家成为权力的掌握者，是当代社会的真正主人。

加尔布雷思甚至断言：由于上述情况的变化，资本主义生产关系也发生了变化，现在不再以财产状况来区分阶级，而是应以受教育的状况来区分。当前，资本主义社会的主要矛盾不再是无产阶级同资产阶级的矛盾，而是有知识的人与没有知识的人之间的矛盾。

---

① 丁冰主编：《现代西方经济学说》[M]，中国经济出版社，1995年版。

第二章 民营经济发展模式研究的理论基础

广东民营企业在发展初期和中期，注入原始资本创办企业的创始人牢牢地控制着企业，但在中后期，由于企业规模的扩大带来管理的复杂化和专业化，造成权力的分散和下移，或由于实行股份制运作以后所有权与经营权的分离，职业经理人的引进，导致企业创始人或大股东逐渐失去控制权。这对民营企业管理走向专业化、现代化和社会化是有益的。然而，企业投资人和创始人往往过于恋权而阻碍企业迈向更高的发展台阶，他们担心如加尔布雷思所说，当权力转移到"技术结构阶层"手中以后，原来掌握权力的民营企业家成为正在消失的形象。而那些没有专业知识的股东，更是对现代生产、技术和业务活动越来越不了解，所以他们对公司的经营无权、亦无力过问；而且由于股份总额的扩大，股东人数的增加，每一个股东的股票权所起的作用也减少了。这样，原本作为管家的经理人夺走了企业控制权，成了企业的主人，而自己作为资产所有者则被晾在一边。出于这种担心，大多数广东民营企业老板宁可用家族成员，也不愿意聘用职业经理人，即使请了外面的专业人士来管理，也常怀戒备之心。事实上，也的确有些经理人缺乏职业道德，干出了坑害老板、卷款潜逃的事。

（二）企业目标的变化

加尔布雷思认为随着企业权力转移到技术结构阶层以后，企业的经济目标也发生了很大变化，从单纯追求最大利润改变为只保证最低限度的利润以保持企业稳定。

在资本家掌权的企业发展的初期，企业目标是追求最大利润，随着权力转移到技术结构阶层以后，企业进入日趋成熟的阶段，不再以谋求最大利润为目标了。因为单纯追逐最大限度利润只是让那些与企业关系疏远的、不相识的股东受益，并不符合技术结构阶层的利益，他们的收益不是与企业利润而是与企业规模（如销售收入、管理的资产数量和员工数量、企业的社会影响力）有更大的相关度，企业规模扩大以后，他们的工资、奖金、持有的企业股票、在职消费、掌握的资源、社会地位和声誉等可以增加和提高，还可以减少失业，避免劳资纠纷。因此，企业"增长"是他们首要的企业目标。其次，他们也希望保持企业稳定地生存状态，即企业要保持一种稳妥可靠的收入，这样才能防止股东将股票卖掉用以投资于别处，只有企业稳定才能巩固"技术结构阶层"的地位。再次，他们还力求达到"技术完善"的目标，加尔布雷思认为"技术结构阶层"对科学技术探讨有一种乐趣，对于实现技术完美化总是孜孜以求。

以加尔布雷思为代表的新制度主义甚至声称：由于科学技术进步使资本主义私有制发生了本质变化，阶级矛盾和阶级斗争逐渐消灭，资本主义的一切病症得到缓和与医治，不是革命手段而是科学技术消除了资本主义的内部对立和冲突。

广东民营企业在发展幼年期，纯粹以利润最大化为目标，忽视为企业塑造良好的社会形象和营造有利的外部环境，为了赚钱做出有违社会公德甚至违法的行为，如欠债赖帐、制假贩假、欺诈客户、损害工人、污染环境、偷税漏税等，这是民营企业在成长初期经常存在的现象，是企业规模小、管理不规范、缺乏长远发展眼光带来的短视行为。民营企业越是发展壮大、越是走向成熟阶段，就越认识到遵守诚信原则、承担社会责任对于企业快速增长和稳定生存的必要性。解决民企诚信缺失问题的根本在于推动它向前发展，走向更成熟的境界，而不是"因噎废食"，以民企存在的问题为由对其持怀疑和反对态度。民营企业也应当充分意识到遵循管理伦理、积极履行社会义务、热心公益事业对于企业健康成长的支持作用，这虽然要以股东短期利益不能最大化为代价，但可实现股东利益的长期化、稳定化和保障资产的安全性。

（三）二元体系理论

加尔布雷思将现代资本主义社会的经济结构分为计划系统和市场系统。所谓"计划系统"就是指"有组织的、由若干家大公司组成的经济。"这些大公司能够有计划地经营、生产和销售，在市场中处于垄断地位，有权控制价格，支配消费者，从而生产者主权代替了消费者主权，并且和政府密切相关，得到政府的保护政策和资源。而市场系统是由分散的小企业

第二章 民营经济发展模式研究的理论基础

和个体生产者组成,它们规模较小,使用比较简陋的技术,多从事于服务、修理、建筑行业及零售业务。市场系统受市场力量支配,相互之间展开自由竞争,他们无法操纵市场价格,消费者主权仍占主要地位,企业权力仍从属于增产所有者,所以企业目标仍然是追求最大限度利润。

加尔布雷思阐述了计划系统与市场系统的关系。一方面,二者相互配合、相互依赖。市场系统所使用的燃料和重型机器等是计划系统供给的,而计划系统又是市场系统产品如原材料、零配件、半成品的重要买主。另一方面,这两个体系又存在着矛盾和冲突,但在竞争过程中二者的地位不平等:其一,它们的力量不均衡,计划系统力量强大,市场系统力量弱小,前者规模庞大,从事基础产业和主导产业;其二,它们的权力是不平等的,主要表现在两个系统之间的交换是不平等的,计划系统能够控制价格,即控制向市场系统卖出产品的价格和向后者买进产品的价格;其三,它们的得利不均等,在权力不均等分配的条件下,双方交易时总是倾向于对计划系统有利的一面,计划系统进行价格控制,实际上是对小企业的剥削;其四,它们的地位不同,计划系统得到国家政府的庇护和偏袒,从政府得到大量的支持如资金、政府订单、税收优惠等。

加尔布雷思揭示计划系统的垄断权力和地位会带来通货膨胀和有效需求不足的负面效应。因为在计划系统的大企业中,工会组织健全,企业为避免工人罢工,常常同意增加工人工资,这些企业还有意抬高产品价格,这样就造成持久的市场高价位,形成通货膨胀。并且,他还认为计划系统的储蓄意向往往超过投资意向,这样就会产生有效需求不足,导致经济衰退。

我们研究广东国营经济与民营经济的关系可以从加尔布雷斯计划系统与市场系统的关系中得到启示。国营经济与民营经济的地位目前也是不平等的,前者在基础条件、占有社会公共资源、享受政府政策、控制市场等方面明显得到政府的特殊照顾和保护,而后者由于所有制歧视的原因与前者不能公平竞争。它们既相互争夺资源和市场、存在竞争关系,同时又存在业务上的合作和优势互补的关系。政府决策层越来越认识到，过度地保护国营经济并不能促进它的发展，倒是会骄纵其懒惰习气和霸道作风，最终会自我萎缩或被市场淘汰。相反，让国营经济和民营经济二者在相同起跑线上竞赛并不会伤害国营经济，更有利于它们相互促进，相辅相成，共生共荣，各得其所。

（四）企业理论

企业理论现在一般被认为是一门解释企业为什么会出现和企业内部组织的经济学意义的学问，它认为企业的产生是为了节约交易费用，选择企业最佳规模应遵循边际原理。企业理论涵盖三个方面的内容。

其一是交易费用理论。科斯在1960年发表的《社会成本问题》[①]一文中明确提出了交易费用的概念。他认为，谈判、协商、签约都有一定的费用，这个费用就叫交易费用。随后，库特认为交易费用可以分为狭义的和广义的两种。狭义的交易费用是指一次交易所花费的时间精力。广义的交易费用指的是协商、谈判和履行协议所需的各种资源的使用，即制定谈判策略、掌握信息、谈判的时间、履约及诉讼等，这一系列的费用都是交易费用。

交易费用指出了制度选择或安排的经济学原则，是科斯企业理论的核心与基本支柱。人们可以开始用交易费用认识并比较不同经济体制的运行费用，为评价不同制度安排的可选择方案提供了理论基础。

其二是企业的产生原因的分析。传统经济学把市场当作"看不见的手"，具有完善的统筹资源流向的功能，而忽视了企业的协调功能。而科斯认为，企业是作为价格机制的替代物出现的。他认为，企业产生以后，在企业外部，市场机制起调节作用；在企业内部，企业家行使行政权力取代市场机制配置资源。他指出建立企业有利可图的主要原因，似乎是使用

---

① 罗纳德．科斯：《社会成本问题》[J]，《法律与经济学杂志》，1960年第10期。

价格机制有一定的成本，意思是说市场交换是存在着交易费用的，企业的出现是因为企业在协调生产时，所花费的成本低于市场的交易费用。企业存在的根本原因，在于节约交易费用，企业的主要功用是把若干要素所有者组织成一个可取代价格机制功能的单位来参加市场关系网络，以达到降低交易费用的目的。

其三是企业规模问题。虽然企业的出现能够节省交易费用，但企业规模并不是规模越大越好。这是因为随着企业规模的扩大，另一种费用——组织费用也在上升，即企业由于规模扩大内部趋于复杂化，协调各种要素和各部门及生产环节之间的关系更加困难，失误带来的亏损似乎也会增加，这就导致组织成本的提高。企业自身的组织费用的存在对企业规模及其发展起着约束作用。当扩大企业规模的边际组织费用增大至超过通过市场交换完成一笔新增业务的交易成本——边际成本时，继续扩大企业规模就不再合算。因此，企业最佳规模的选择原则是：边际组织费用＝边际交易费用，即，企业适度规模的均衡条件是：最后一项经营活动扩大后所付出的组织费用应当等于可能节省的交易费用。

构成民营经济发展模式的基本因素之一是企业制度模式，交易费用分析方法对于我们比较不同企业制度的优劣是有用的一个工具。家族企业与规范的公司制治理结构孰优孰劣，如果能归结为二者交易费用的比较，那么衡量和选择最有效率的民营企业制度模式也许就会一目了然了，因此，在本论文后续章节分析民营企业制度模式时就运用了这一分析工具。

企业规模扩张问题也是构成广东民营经济发展模式的一个重要方面。民营企业大多数规模较小，大型企业的数量不多，但近年来有日益增加的趋势。是否一定要把小企业做成大企业，大企业做成特大企业呢？根据企业理论关于企业最佳规模的上述判定标准能够知道，我们不需要盲目扩张规模，大企业的内部组织费用可能超过小企业通过外部合作的交易费用。大企业能抗御大风大浪，小企业"船小好调头"，重要的是不同规模的企业要充分发挥各自优势。广东的众多小企业要加强信息交流，开展灵活多样的交易方式，建立长期稳定的合作关系，从而达到减少交易费用的目的，还要选好各自市场定位，在做专、做精、做强的基础上，灵活机动地开展彼此间的密切合作，就一定能获得丰厚的利润和强大的生命力；对于大企业而言，最重要的则是努力整合内部力量，降低内部组织费用，实现精益管理，防止"大企业病"。

（五）科斯定理

科斯被西方经济学家认为是产权理论的创始人，科斯定理是现代西方产权经济学的理论基础。

关于产权的定义很不统一，一般认为是指社会约定俗成的习惯或法律赋予人们对某种财产拥有和可以实施的一定权力或权利。这里所说的权力或权利，既指对这些不同类型的财产本身所拥有的所有权、占有权、使用权、支配权、处置权和相应的受益权，也指人们所拥有的对这些财产所派生的有形、无形的物品或作用的受益权和不受损权。[①]

科斯的产权理论在很多方面都包含于科斯第一定理和科斯第二定理之中[②]。

关于科斯第一定理的含义，一般是指在交易费用为零的条件下，不管权利的初始安排怎样，当事人谈判都能导致资源的帕累托最优化配置状态。科斯认为自由的交易能够实现有效配置资源，市场机制是万能的，当然前提是产权界定应当明晰。

所谓科斯第二定理是指当交易费用不为零时，财产权的初始分配将影响最终资源配置效率。此时交易费用的大小、经济效益的高低直接决定于产权界定的合理程度，因此应当通过法律对产权进行合理的界定和安排。科斯第二定理说明了存在市场交易摩擦，即交易费用为正的条件下，不同的权利界定会使资源配置的效率不同。

---

① 丁冰主编：《现代西方经济学说》[M]，中国经济出版社，1995年版。
② 柯武刚、史漫飞，韩朝华译：《制度经济学》，商务印书馆，2000年版。

科斯定理原本是为了针对外部性问题而提出的。在20世纪60年代之前，西方经济理论的主流学派认为在处理外部性（即个人追逐私利的行为可能会对社会产生正数或负数的外部经济效应）过程中，应该引入政府干预力量，通过征收庇古税或给予津贴补偿外部效应，从而最终实现福利最大化。但是，科斯认为私下谈判能够就外部性问题达成"双赢"的交换条件，不需要政府的介入。

科斯经济理论的政策含义主要有两条：一是降低交易费用有利于提高市场交换的便捷度，扩大市场交易量，交易费用如谈判、签约、履约及其监督的成本妨碍资源的市场配置效率；二是产权明晰是通过自由交易实现资源配置达到帕累托效率的前提，在科斯看来，只要产权明晰，只要交易成本为零，不论财产权开始时如何分配，有关当事人都可以通过谈判和协商有效地选择资源用途。

科斯经济理论的局限性也是很明显的。首先，交易费用为零不符合实际，现实世界里充满交易摩擦，交易费用不可能为零，有时甚至很昂贵导致交易不能实现；其二，外部性问题是不能完全通过市场谈判解决的，科斯过分夸大了市场机制在解决外部性问题时的作用；其三，完全否认公有制的合理性，主张彻底的私有化，实践表明公共产品的提供宜由政府承担，不宜让私有制企业来完成；其四，忽视了产权安排对收入分配的影响，不同的产权界定必然导致人们财富拥有量的变化。

科斯定理给我们研究广东民营经济发展模式提供了四点启示：一是降低交易费用，这就要求政府的干预和管理职能不要介入企业内部运营，不要为把企业搞好替它们出谋划策，而是应立足于降低交易费用，提供灵敏高效的公共交易平台，减少市场信息不完全和不确定性对企业交易业务的负面影响，如建立市场交易规则，监控违规行为，构建企业信用跟踪和监督体系，避免因信息不畅、谈判困难、信任缺乏阻碍企业间迅速成交或建立长期稳定合作关系。同时，行业协会的行业自律和服务（如提供信息服务、技术服务、人才服务、法律服务）也可以为降低交易费用发挥很大潜力；二是民营企业要明晰产权，理顺企业内部各种产权关系，对各种权力进行合理的分解与分配，从而完善企业法人制度，使企业更具有活力。最基础的工作是要保护合法财产的私有权不受侵犯，通过立法维护私有产权，然后是要明晰民企内部产权，这包括明确合伙人之间、亲属之间、集体和个人之间的产权以及分清和落实原始财产权与法人财产权；三是正确运用政府调控手段解决民营企业生产经营行为的外部效应所带来的问题（如环境污染问题）；四是要加强收入调节，科斯定理忽视不同产权界定方案会导致不同的收入分配结果，为此，应在一定程度上限制"食利者阶层"不劳而获仅凭生产要素产权得到高额收入，可以采取对红利、利息、租金征税的办法加以调节。但是，税率要定在合适的水平，太低不能起到缩小过大收入差距的作用，影响劳动者的积极性；太高则挫伤生产要素所有者的积极性。

（六）委托－代理理论

现代公司制企业的一个基本特点是所有权与经营权的分离，资本所有者把企业财产的实际占用、使用处置权委托给经理阶层即"代理人"行使，二者形成委托－代理关系。委托－代理理论就是研究信息不对称条件下如何构建一种契约或机制，在寻求委托人与代理人共同利益的基础上，促使代理人努力工作，以最大限度地增进委托人的效用，实现管理者的人力资本和股东实物资本的最佳结合。在委托－代理架构下，企业内部形成有效的权利制衡和监督机制，专业管理人才的知识和能力得到充分发挥，资本所有者能够集中精力运营资本，有利于企业从外部筹集社会资本。

但是委托－代理关系也带来很多问题。由于委托人和代理人的利益目标不一致，导致经理（代理人）为了实现自身利益而不惜牺牲委托人的利益，如追求销售收入的最大化而不是股东收益最大化，没有节制的享受在职高消费，决策失当，工作不努力。经理的这些行为很难被资本所有者限制和监督，因为经理比股东掌握更多企业经营管理信息即二者存在信息不对称，因为企业环境很复杂，难以确定经营业绩是应归因于环境变化还是经理的努力，也不可能订立完备契约具体明确经理行为和责任。

解决委托代理问题的办法就是要构建基于共同利益的委托－代理契约，形成对经理的激励与约束机制。因此委托—代理理论为解释现代公司治理中的激励、监控问题提供了独特的视角和新的思维。

委托代理理论对于探索广东民营企业制度模式的选择和发展问题有很大借鉴意义。私有制企业规模扩大后，企业主自身管理素质往往难以适应需要，对外聘职业经理又不信任，缺乏激励和驾御他们的能力，所以完善经理选拔、激励和约束机制成为决定民营企业能否成长的关键因素。要在企业内部建立科学的经理筛选系统，根据正确的能力信号选择合格的经理人，对候选人的工作经验、教育背景、经营业绩、职业道德进行准确评价和赋予恰当的重要性权数；要设计合理的薪酬制度，完善年薪制、年终奖金制、股票期权制，形成有效而长期化的经理激励机制；要健全经理人的约束机制，即在充分发挥公司治理结构对经理的内部监督作用的同时，建立较完善的经理市场，通过人才竞争压力对在职经理形成鞭策力量。

（七）制度经济学的其他相关理论

除以上理论外，制度经济学的其他相关理论也颇具借鉴价值。例如，诺斯[①]制度变迁和创新理论认为制度对于经济增长有重要意义，是经济增长的内生变量，制度变迁和创新的前提条件是新制度的预期收益大于制度改革的成本，国家是制度的提供者。由此可知，完善广东民营经济发展模式一定要把制度变革放在重要位置，尽量减少和合理分担改革成本。

其次，斯蒂格勒[②]的信息经济学提出了信息不完全条件下对逆向选择风险和道德风险的解决方案（如质量凭证解决法、标准化解决法、合同解决法、信誉解决法等），这对于消除民营企业造假贩假、诚信缺失的积弊

---

① 道格拉斯·诺思：《交易成本、制度和经济史》载《新制度经济学》，上海财经大学出版社，1998年版。

② 斯蒂格勒，《信息经济学》载于《政治经济学期刊》，1961年版。

很有启发。

此外，熊彼特的创新理论强调企业家的管理创新是经济增长的动力和企业超额利润的来源。这启示我们，必须加强民营企业家队伍建设，尤其要提高他们的创新素养，即瞄准国内外市场机会创造性地组合和扩充生产要素，推动民营企业飞跃性发展。

第四节 增长与发展经济学提供的理论基础

增长和发展是广东民营经济自改革开放以来的基本特征，也是目前面临的首要任务。因此，运用增长和发展经济学分析民营经济增长和发展问题就显得十分必要。

一、增长与发展经济学述评

增长与发展经济学即增长经济学和发展经济学，前者研究经济总量增长的动力和条件，后者则在量、质、结构等多方面研究经济成长的状态和方式。

增长经济学既包括分析经济增长动因、过程和特点的研究结论，如西蒙·库兹涅茨的经济增长因素分析、肯德里克的经济增长因素分析、丹尼森的经济增长因素分析、罗默的新经济增长理论、卢卡斯的新经济增长理论、斯科特的新经济增长理论等，也包括讨论经济增长后果和意义的经济理论，如经济增长极限论、经济增长的社会限制论、经济增长怀疑理论等。

发展经济学以发展中国家的经济问题为主要研究对象，其理论成果主要有刘易斯的二元经济理论、谬尔达尔的循环积累因果理论、普罗维什的中心－外围理论等。

二、增长与发展经济学对本课题的启示

在以上增长和发展经济学理论中,其中一些很助于我们探寻广东民营经济发展路径,把握正确方向和开阔思路。

(一) 增长经济学的启示①

在寻找经济增长动因的经济理论中,西蒙·库兹涅茨提出现代经济增长的特点之一是知识储存的高增长率;丹尼森经过统计分析发现知识教育对经济增长的贡献率很大,知识进步是经济增长最根本的原因;罗默认为知识增长是经济增长的源泉;卢卡斯人力资本是经济增长的源泉;斯科特揭示出投资率和劳动生产率起决定作用。

在探讨经济增长后果和意义的理论中,经济增长极限论认为自然资源是不可再生的,资源消耗殆尽之时就是经济停止增长之日;经济增长怀疑论认为经济增长不能给人们带来幸福生活还造成环境污染,使人类失去美丽的田园生活,付出环境和文化代价,所以经济增长是无价值和没有必要的。

广东民营经济依赖自然资源高投入的粗放增长方式也带来了环境污染的问题,过于依赖外省低技术劳动力导致工资上涨,引起劳动力成本增长,劳动力短缺问题开始显现,实践表明粗放式增长难以实现可持续发展。同时,广东过分依赖外部资源,随着全国各省区资源竞争的加剧,造成广东资源趋于紧缺,进入新世纪后明显缺乏继续强劲增长的潜力。为此,必须转变广东民营经济增长方式和资源来源途径,由粗放式增长转变为集约式增长,由外源式增长转变为内源式增长;要特别重视人力资源的开发和利用,发展教育事业和培训产业,由单纯依赖低技能劳动力获得低成本优势转变为依赖高质量人力资本获得巨大的增值潜力;要治理污染严重的民营企业,扶持高新技术产业和生态环保产业,提供有益于促进消费者生活质量的产品,为广东建设小康社会做出贡献。

---

① 吴易风、刘凤良、吴汉洪:《西方经济学》[M],中国人民大学出版社。

(二) 发展经济学的启示

刘易斯的二元经济理论①把发展中国家的经济分为"传统"部门和"现代"部门,"传统"部门包括个体农业和城市中各类个体经济,采用手工劳动和落后技术,劳动生产率低。"现代"部门包括商业性农业、种植业、采矿业及制造业,采用先进技术,劳动生产率高,工资较高,从传统部门吸收大量劳动力。刘易斯认为,经济发展过程是现代部门相对传统部门以更快速度扩展的过程,也是劳动力从传统部门转移到现代部门的过程。这一理论突出地表明了发展中国家城市工业部门和乡村农业部门之间的结构差异和关系,具有广泛而深远的影响。

广东农村和镇域民营经济发展如火如荼,有利于转移农村剩余劳动力,推进农村工业化和城镇化。但是,乡镇民营经济不应仅局限于传统产业,即使是传统产业也要进行技术改造使之成为现代化的产业。

谬尔达尔的循环积累因果理论②认为,某些因素的变化会导致另一些因素的变化,这些因素间的因果关系构成一定的模式,反过来会进一步强化原来的因素,而这些因素又促进该模式沿原来的发展方向继续前进,使这种模式稳固下来更加难以改变,即所谓形成"路径依赖"现象。

以珠江模式为典型的广东民营经济发展模式是在特定的历史条件、地理环境、内部资源以及行为主体的主观选择等因素作用下形成的,在新的世纪里亟需模式转型才能适应新形势。但是由于路径依赖带来的惯性力量,珠江模式改版升级较为困难和缓慢,为了加快模式变迁的步伐,应当努力创造良好的民营经济发展环境,整合和利用广东的优势资源,增强政府、企业主及其他行为主体推动民营企业制度改革的自觉性和积极性。

---

① 刘易斯著,叶静宜译:《发展经济学》[M],中国人民大学出版社。
② 谬尔达尔著,方福前译:《亚洲的戏剧:南亚国家贫困问题研究》,首都经济贸易大学出版社,2001年版。

第三章

中国各地民营经济发展模式评述

近二十年来，除了广东省珠江模式以外，在全国其它各地民营经济也竞相发展，已经形成多种具有地方特色的发展模式。这些模式各有成败得失，并且处于持续地进化状态之中，有的模式继续存在而有的慢慢消失，有些模式在走向趋同而有的则在分化。对中国其它各地民营经济模式的比较研究，有利于在取长补短的基础上探索进一步完善广东民营经济模式的途径。本章对中国各地民营经济发展模式作简要评述，以便为广东民营经济发展模式提供参照。

第一节 中国民营经济发展模式的主要类型

至今为止，中国各地总结出的民营经济发展模式不下10种：如苏南模式、温州模式、珠江模式、闽南模式（有人又区分为晋江模式、泉州模式）、沪郊模式、耿车模式、民权模式、湛江模式、汉中模式、浦东模式等等，其中苏南模式、温州模式和珠江模式是最有典型意义的三种民营经济模式，也是始终被相提并论、扩散地域面积最广的三大模式。还有人认为中国民营经济的五种主要发展模式是温州模式、苏南模式、上海开发区模式、深圳模式和晋江模式。[①]

但是真正能体现中国各地民营经济不同发展类型并被广泛认同的应该是这五种模式：温州模式、苏南模式、珠江模式、中关村模式和三城（海城、兴城、诸城）模式。本书将在第五章对珠江模式作探讨，本章重点对温州模式、苏南模式、中关村模式和三城（即海城、兴城、诸城）模式加以解析，并预测各种模式的历史归宿。

一、温州模式

所谓温州模式是对温州独特经济发展格局的一种理论概括，最初是指浙江省东南部的温州地区。20世纪80年代改革开放后，以农村家庭企业发展和扩张的方式形成以个私经济为基础的"小商品、大市场"发展格局，从而推进农村工业化和城镇化的经济发展路径和方式。不过，温州模式形成之后就从温州扩展到邻近的浙江省其它地区，如台洲，所以有时又被称为"温台模式"亦或"浙江模式"。

---

① 晓亮：《民营经济发展的五种模式》[N]，《中国经济时报》，2003-05-21。

第三章　中国各地民营经济发展模式评述

（一）温州模式的形成

温州位于浙江省东南山区，远离大中型工业城市和全国性市场中心，区位条件欠佳，运输成本和信息成本较高；土地稀少而贫瘠，经济基础差，农村集体经济薄弱，在计划经济体制下，尽管温州农村的社队工业有所发展，但它最终不能走上以发展农村集体工业为主的道路。温州历史上有从事家庭手工业的传统，而且温州人继承了顽强、洒脱、自主、务实的"瓯越人"品质。早在上世纪70年代末改革开放伊始，许多人就以家庭这个中国人天然的经济细胞为生产单位加工各类产品，并四处兜售销售到外地去，以家庭工业和专业化市场的方式发展非农产业。由于外部环境的限制，温州乡镇企业在发展非农产业中选择了较早放开并实行市场调节的日用小商品为主导产业，从而形成别具特色"小商品、大市场"的发展格局。"小商品"是指生产规模、技术含量和运输成本都较低的商品，这类商品长期以来在温州地区小商品的产值大约占了乡镇企业产值的七成左右；"大市场"是指这些小商品远销到温州以外的全国各地甚至海外市场，在各类小商品专业市场中占有很大的市场份额。

20世纪80年代初，一大批温州人背井离乡做小生意，跑供销，家庭工业、联户企业迅速成长起来。在此基础上，一村一品、一乡一业的大型专业市场迅速崛起，如苍南宜山腈纶纺织品、金乡的小标牌、平阳肖江塑料编织袋、永嘉桥头的纽扣、塘下的汽摩配件、瑞安仙降的再生塑料鞋、乐清柳市的低压电器等等。由于当时的政策还不允许私营经济发展，有些家庭工厂就设法挂靠在其它公有制单位，以便出外跑供销交通住宿、接洽业务时有一个盖大红印章的正式介绍信，这实际上就是早期的"红帽子"个私经济。后来，一些家庭工厂又以"股份合作制"的方式实行所谓"联户集体经营"（1982年6月温岭市工商局颁发了第一个"联户集体"企业营业执照），名为集体经营企业实为个体私营企业，聪明的温州人以变通的方式绕过政策限制初步建立了一批民营企业。这样，民间力量自发、自主发展经济、地方政府放宽政策任其自由生长的"温州模式"初步形成。

珠江模式及其
发展前景

1985年5月12日,《解放日报》头版以《乡镇工业看苏南,家庭工业看浙南——温州33万人从事家庭工业》为题报道了温州的家庭工业,第一次使用了"温州模式"这一提法,引起国内经济学界的关注,变得家喻户晓。1987年11月,温州市政府颁发一个政策性文件《将股份合作制企业的所有制性质明确定性为公有制》,正式为合伙经营的民营企业戴上了红帽子,在农村经济体制改革方面走在全国的前列,获得了先发优势。①

温州人的创业热情和商业智慧与地方政府的宽松政策相结合促进了温州民营经济的茁壮成长,从20世纪70年代末至80年代中期,温州的家庭企业和个体商业异军突起,很快取代和超过了基础脆弱的"社队企业"、国有企业和集体企业,家庭企业的工业总产值在80年代前期即占到全市农村工业总产值的70%以上。改革开放20多年来,全市国内生产总值等各主要经济指标均比1978年增长几十倍乃至上百倍,几乎每年都在超常规地增长,其中民营经济所占比重超过75%,最高的超过90%。温州民营工业产值1980年到1998年18年间增长了120倍,平均不到3年翻一番。②

上世纪90年代中期——尤其是1997年十五大之后,温州农村地区的工业和人口向城镇集聚,农村的工业化、城镇化和市场化步伐加快,企业向规模化、公司制和品牌经营迈进,温州模式也正式出现在一些官方的文件中,温州经济的一系列亮点被人们所看好。但是,进入二十一世纪以来,温州模式在新的历史条件下显现出自身的一些缺陷,温州人日益感到模式改进的紧迫性,于是温州模式进入了制度、技术、产品和市场的全面创新阶段。

(二)温州模式的特点

近年来,温州经济模式以其增长速度与旺盛的活力引起了人们的广泛

---

① 新望、刘奇洪:《三大模式 何去何从》[J],《中国经济快讯周刊》,2001年第29期。
② 陈明淑、王元京:《民营经济:发展的新机制、新动力和新机遇》[M],云南人民出版社,2004年版,第21-45页。

关注和浓厚兴趣。温州模式的成功主要源于它在制度创新、经营方式、产品定位、市场营销、区域布局和政府功能等方面的内在特征。

1、以家庭经营为基础的民营企业的发展

由于生活的压力，温州人习惯了走南闯北寻找生机，也有从事家庭手工业的传统，这使得温州农民在改革开放之后迅速走上了创业致富的道路。实际上，温州模式最初是由一批农村能人带头发展家庭作坊式个体私营企业，随后逐渐走上了以"离土不离乡"的家庭工业和"离土又离乡"的自产自销方式发展非农产业的道路，推进农村工业化、城镇化和市场化。

上世纪八十年代以来，温州大力发展民营经济，千家万户搞家庭工业，有效释放了人民群众的创业激情，满足了百姓的致富渴望，极大地解放了生产力。1985年后私营企业（经济）在温州有了较大的发展，股份合作制企业蓬勃兴起。1986年登记注册的私营企业近1万家，产值不到1亿元，到1999年私营企业为8629家，注册资金达65.97亿元，产值增长至71.3亿元。股份合作制在20世纪80年代后期以来成为温州民营企业发展的主要形式，1986年为10413家，工业总产值13.61亿元，到1993年股份合作制企业的工商注册数达36887家，其中工业企业27771家。1994年公司法正式生效后，公司制企业数目剧增，当时为1158家，到1999年增加到9568家。①

家庭工业之所以能在温州得以繁荣发展，关键在于"温州人精神"提供的创业动力。学者们对温州人精神有不同的概括，有的将其总结为"敢为人先、特别能吃苦、特别能创业"的精神；有的将其归结为"四自"精神，即"自主改革、自担风险、自求发展、自强不息"；也有的归纳为"四千"精神，即"道尽千言万语、想尽千方百计、走遍千山万水、吃尽

---

① 陈明淑、王元京，《民营经济：发展的新机制、新动力和新机遇》[M]，云南人民出版社，2004年版，第31－40页。

千辛万苦";还有人将它概括为四句话:"白手起家、艰苦奋斗的创业精神;不等不靠、依靠自己的自主精神;闯荡天下、四海为家的开拓精神;敢于创新、善于创新的创造精神。"正是这种"温州人精神"使得温州模式难以被模仿复制到中国的其它地区去。

2、以小商品为主导的特色产业

温州地区历史上工业基础比较薄弱,温州人便以发展投资少、技术要求低的"轻、小"产品为主要产业,围绕小商品做大文章,逐渐培育起具有一定生产规模、特色优势和全国知名度的工业产品。温州的产品大多是一些不起眼的小商品,如纽扣、眼镜、拉链、徽标、打火机、鞋帽、服饰之类,但正是这些被很多厂商忽视的市场空隙带来了温州辉煌的经济发展成果,使温州呈现出"小商品大市场、小配件大配套、小产品大行业、小企业大协作、小资本大集聚"的发展特色,因此,温州经济被称为"小题大做"的经济。

小商品轻工业是温州的支柱产业,经过多年的创业奋斗,温州获得了20多个全国生产基地称号,如中国鞋都、中国剃须刀生产基地、中国金属外壳打火机生产基地以及眼镜、锁具、制笔、电气、烟具、印刷、塑编、塑料薄膜、合成革、商务礼品、拉链等等,这其中大部分是小商品轻工产业。从市场竞争力看,小商品轻工业是温州最早对外开放、竞争比较充分的行业,行业的装备水平高,产品市场占有率高,营销网络齐全,品牌形象好。正是基于这样的基础和优势,温州市委、市政府响亮地提出了打造"国际性轻工城"的产业发展定位。

3、遍布全国的市场网络

温州的轻工业多数是通过"以贸促工"的方式发展起来的,把市场作为促进当地特色产业集聚、提升和联动发展的一大纽带。"小商品,大市场"是温州模式的一个主要特点,所谓"大市场"就是指温州人在全国建立广泛的小商品销售网络,并拥有相当大的市场份额和品牌知名度。

过去,众多温州人走南闯北推销产品,可以说哪里有市场,哪里就有温州人。大量温州商人外出做生意，获取了丰富的市场信息，推销了巨额的温州产品，架起了温州与国内外合作的桥梁。温州货、温州街、温州城，温州人在全国遍地开花，成为一道特殊的风景。在海内外创业的温州人有200多万，占了温州全市常住人口的1/4，温州人走出家门、国门闯荡世界的比例之高，全国罕见。

温州的产品绝大多数是通过外地市场销售的，许多企业在外地开设了专卖店。现在温州已由原来的"前店后厂"发展为"生产基地+销售网络"。据调查统计，在外温州人200多万，在国内各地创办企业3万多家，全年实现工业总产值超千亿元。在外温州人成立了70多个温州商会，在全国各地建起了40多万个销售网点。①

4、以同类产业区域性聚集为特点的块状经济

在温州经济的发展中，各地相继出现了以小镇为依托专门生产一种或几种产品的专业化基地，逐步形成了以同类产业区域性聚集为特点的块状经济，它具有高度的社会化分工和专业化协作的产业体系，形成了空间集聚效应、规模效应和品牌效应，是推动乡村城市化进程的一大载体。

日益富裕起来的集体和个私企业，迫切需要向设施配套、功能完善的城镇集聚。80年代初温台地区在农村工业化的进程中，以贸兴市、化市为城，带动了一大批专业性镇域经济的崛起。其中最为著名的专业镇有：金乡的标牌证章、宜山的再生纺织、湖前的塑料编织、钱库的集市贸易、永嘉县桥头纽扣市场、乐清柳市的低压电器市场、乐清虹桥农贸市场、瑞安城关工业品市场、平阳树贤编织袋市场、鹿城区干鲜果市场、乐清市北白象建材市场。

温州地方政府顺应农民的意愿，通过兴办特色工业园区引导一大批分散的农村个私企业进入园区落户。温州市已新建起一大批工业园，如龙港的包装印刷、平阳的皮鞋、温州的服装、乐清的低压电器、萧江的塑编、

---

① 王邦志：《温州经济模式的新诠释》[J]，《浙江经济》，2004年第15期。

瓯海的眼镜、永嘉的桥头纽扣等。这些工业园的建立，带动了城镇经济的发展，提高了产业和区域经济的竞争力。

目前，温州又在规划三区（鹿城、龙湾、瓯海三区）、二市（瑞安市、乐清市）、二县（永嘉县、洞头县）城市群的联动发展，优化空间布局和基础设施配套，发挥功能互补优势，进一步发挥温州作为浙南中心城市的辐射作用。

5、政府以宽松政策为民营经济搭建自由发展的平台

在改革开放初期，温州的一些农村能人创办私营企业仍受到外界不少非议，被认为是走资本主义道路，而温州地方政府充分理解民意，保护了蕴藏于民间的创业热情，虽然迫于压力未能提供鼓励政策，但采取"睁只眼，闭只眼"的态度，对其不加约束和限制，从而为温州民营经济的起步和发展创造了宽松的环境。在改革开放进入纵深阶段后，温州政府及时从"无为而治"转换为"有为而治"，不过政府并不干预企业经营，而是重在服务和引导，把"营造环境、维护秩序"作为政府主要的职能定位。在打击温州假冒伪劣产品的过程中，政府重拳出击治理整顿各种非法生产经营行为，这也是为了树立温州良好的产品品牌，从企业外部规范市场秩序，净化市场环境。

二、苏南模式

苏南模式通常是指江苏省的苏州、无锡和常州（有的也包括南京和镇江）等地区通过发展乡镇民营企业实现非农化发展的经济发展方式。

（一）苏南模式的形成

苏南模式的雏形实际上在计划经济时代就已经开始萌芽，从1953年至1978年江苏省在全国算得上是一个"副业大省"，尤其是苏南农村工业有一定的基础，小规模的"社队企业"数量较多，这些"社队企业"成为后来集体所有制乡镇企业的前身和基础。

20世纪80年代，精明的苏南人抓住农村先期改革的机遇，从上海和

苏锡常国有工业基地引进技术力量，聘用技能工人和专业技术人员，如退休工人和技术员、业余兼职技术员（被称为"星期天工程师"）等，迅速发展起一大批乡镇企业。这些乡镇企业多是镇村集体投资、集体所有、集体经营，并以工业加工型企业为主，且地点分散，规模较小。乡镇企业迅速崛起促使苏南地区发展起来并走在了全国农村的前列，经常来苏南调查的著名社会学家费孝通因此提出了"苏南模式"的概念。

乡镇企业能率先在苏南地区异军突起，是因为这里有得天独厚的历史传统和区位环境。苏南历史上就是洋务运动的重镇，也是近代民族工业的发源地，市场网络较发达，能工巧匠很多，务工经商的风气浓厚。苏南农村紧靠中国最大的经济中心上海和苏州、无锡、常州等发达的大中工业城市，接受经济、技术辐射能力较强，产品的运输成本较低，靠近城市市场和客户，这为苏南农村发展非农产业，特别是制造业的发展创造了良好条件。

到20世纪80年代中期苏南乡镇集体经济就确立了"三分天下有其一"的地位，形成了在基层政府推动下的乡镇企业发展模式。在这一阶段由于国家轻重工业比例调整及其严重的短缺经济，乡镇企业受到政策鼓励，抓住了大发展的机遇，乡镇企业遍地开花，呈现出粗放式规模扩张和数量式的快速增长的特点。

进入20世纪90年代，苏南乡镇企业进入曲折前进的阶段，从1989—1991年底，政府对乡镇企业进行治理整顿，实施收缩政策，一部分低水平企业被关停并转，这时能够生存并得到发展的企业一般都是在内部管理和技术改造方面过了关的企业；1992—1995年底，乡镇企业在整个宏观经济快速增长地带动下又进入快车道，大企业呈现出集团化趋势，社区公共建设和农村面貌有极大改观；但是到了1997年，受"亚洲经济危机"和国内经济"软着陆"的影响，乡镇企业发展速度放慢。

从20世纪90年代末期到本世纪初期以来，苏南乡镇企业政府推动下的产权不明晰和缺乏活力等问题凸显，苏南模式遭到质疑。1998年之后对乡镇企业进行大范围产权改革,虽然一批"官营企业"破产倒闭,但是改制为多数乡镇企业发展重新注入活力,一批民营性的名牌企业脱颖而出,苏南模式也走上了改造升级的轨道。

(二)苏南模式的特点

1、乡镇政府主导乡镇企业的发展

人们为苏南模式总结出了许多条条框框,但最重要的是对其内在发展机理和动力的解析。比如,经济学家万解秋对苏南模式有一个经典的概括:苏南模式的形成就在于政府推动。① 苏南地区采取以乡镇为区域单元、以政府行政力量作为配置资源的基本手段,引导和推动乡镇工业经济的发展,如政府出面规划工业用地、投资兴办企业、政府指派所谓的能人来担任企业负责人,通过这种方式将土地、社会闲散资本和劳动力等生产资料与农民企业家的人力资本结合起来,实现了苏南乡镇企业在全国的领先发展。

2、乡镇企业以乡、村两级集体投资为主的产权结构

在苏南地区,乡镇企业主要是由地方政府牵头组织并出资兴办起来的,因此,苏南模式的企业所有制结构是以集体产权为主的。另外,从历史渊源来看,苏南模式又是在传统的社队企业基础上发展起来的,在所有制形式上仍沿用公社时代社办、队办两级社队企业。后来,为了避免这种投资主体过于单一的局面,政府也鼓励个人投资或几人合伙投资创办企业。于是,苏南乡镇企业就形成了以乡、村两级集体所有制企业为主,单业主私有制企业和合伙制私有制企业并存的多元化的投资主体结构和产权结构。同时,苏州对乡镇企业进行改制,把乡镇企业改造成有限责任公司、股份合作制、合资企业和私营企业等,建立现代企业制度,城乡企业经济融为一体,面向国内和国际两大市场;通过产权交易、改组、改制、破产和租赁等形式,改变国有企业面貌,使之参与市场竞争;发展商贸、

---

① 万解秋:《苏南模式面临的挑战与选择》[J],《经济研究》,1987年第4期。

旅游、金融服务等三产，改善产业结构，逐步实现产业的升级。

3、主动接受大城市的经济辐射发展乡镇经济

苏南地区毗邻全国最大工业城市上海，苏南模式的形成和兴起离不开这一地理区位优势。改革开放初期，苏南乡镇企业就是在借用城市技术和人才、产品面向城市市场的基础上发展起来的。自从邓小平视察上海，提出要重点发展上海、特别是开发浦东以后，苏南人适时抓住了这一重要机遇，主动接受上海的功能辐射。在上海确立以构建港口、贸易、信息、金融"四大中心"为目标的同时，苏南地区也合理地选择了自身的定位，积极充当承接上海产业转移的外围区域，吸纳了大量来自上海的资金、技术和设备，迅速培育起规模庞大的为大城市经济配套的产业群、企业群体和企业集团，形成依托大城市、大企业和科研单位的互相渗透的城乡经济一体化发展格局，从而成为以上海为龙头的长三角经济圈的重要组成部分。

4、增长方式由"外向型"转变为"内外并重"

早期的苏南模式具有较显著的"外向型"倾向，技术人才和市场需求主要依赖大城市或海外商家。苏南模式引进和利用外部资源的主要途径是发展出口外贸，增加本地区的外汇收入；提供优越的待遇吸纳外地优秀人才；积极招商引资，吸引外资的投入，开办"三资企业"。苏南地区在引进外资的实际操作中，政府不断创新对企业服务的方式和服务理念，努力打造出"亲商、安商、富商"的招商引资软环境，让外商把百分之九十九的精力放在围墙里面，而只用百分之一的时间跟政府打交道，这是苏州外向型经济取得巨大成绩的根本原因。进入上世纪90年代后期以后，苏南人意识到单纯依靠"外源性"增长方式的局限性，逐步转向"内外并重"的增长方式，既重视引进外部资源也专注于提高企业的技术和管理水平，增强企业自身综合素质和核心竞争力，增加高新科技企业的比重。同时，更加注重向富民优先的"新苏南模式"转变，淡化过去那种GDP快速增长而效益和质量较低的有骨无肉的经济扩张，强调经济增长对百姓增收致富的效应。

5、立足于农村发展非农副产品加工业

苏南乡镇企业产生于农村经济之中,企业建立在农村,企业的原始资本来自农业积累,其所有者和职工大多是农村村民,并且大多是兼业农民。但是,这些乡镇企业并不以农产品加工为主要产业,而是以非农产品为加工对象,这是因为苏南农副产品上交任务重,再扣除口粮后,能留下加工的不多,于是就突破了就地取材、加工、销售的格局,从外面购进原材料、半成品进行加工,大力发展非农副产品加工业。乡镇工业发展到一定阶段后又"反哺"农业,支持农业发展和农村建设,形成农业和工业良性互动协调发展的局面。

三、中关村模式

与苏南、温州和珠江三角洲的民营企业发展农村乡镇企业、走农村工业化的道路不同,中关村模式是依靠中科院及著名高等学府等机构雄厚的科研力量,发展高新技术产业的经济发展模式,它开创了中国高科技创业的先河,为中国高科技产业的发展作出了历史贡献。

(一) 中关村模式的形成

1980年,以中科院物理所研究员陈春先为首的一批科技人员组成一个"先进技术发展服务部",这就是中关村电子一条街科技企业最早的雏形。随着四通公司、联想公司等公司的相继成立,形成了中国第一批民营高科技企业群体,20世纪80年代中期中关村电子一条街初具规模。到1987年,中关村具有法人资格的民营科技企业148家,其中从业人员3800多名,工业产值2.2亿元,营业额超过9亿元。[①] 1988年,国务院批准成立了中国第一个国家级高新技术产业开发区——北京新技术产业开发区,该开发区在海淀区内,面积100平方公里,当时又称作政策区,对区域内的高新技术企业提供税收优惠政策,这标志着中关村模式初步形成。中关村模式代表了依靠信息、生物、新材料等现代高新技术创立民营高科技企

---

① 谢建:《民营经济发展模式比较》[J],《中国工业经济》,2002年第10期。

业、发展高新技术产业的典范,受到了社会各界的高度重视,带动全国各地掀起了创建科技园的热潮。

(二) 中关村模式的特点

1、靠近科研机构发展高新技术产业

中关村的核心——电子一条街,全长不过几公里的一条街,沿途却聚集着三十多所大学、八十多所研究院所,荟萃着四千多名科研人员和高校教师,其智力密度之高全国无出其右者。雄厚的科研力量,丰裕的科技人才、商业人才为发展现代信息、生物、新材料等高新技术产业提供了最重要的生产要素。科研机构大量的研究成果孵化成产业项目,吸引众多人才和资本汇聚到这里,催生起一大批高新技术企业群,使中关村逐步发展成中国技术水平最高、产值最大、企业实力最强的高新技术开发区。

2、由代销外国产品向自主开发产品过渡

20世纪80年代初,中关村的一批科技人员通过"下海"创办科技企业。他们首先是以经营销售外企生产的计算机硬件、应用软件以及提供产品售后集成服务起步,赚取了创业的第一桶金,实现了原始资本积累。然后,他们利用自我积累的创业基金和其它渠道的融资,建立融科研、生产、销售、服务为一体的高新技术企业,自主进行产品的研究与开发,创立属于自己的品牌,加快了科技成果向现实生产力转化的速度,实现了技术、管理和市场三大要素的有机结合。因此,中关村模式实质上是在科技人员"下海"实现知识资本化的基础上,以模仿与自主相结合的"内生"型技术创新方式发展起来的。

3、政府支持下民间力量自主经营和科技创业

中关村的高科技民营企业在成立之初,往往得到政府的有力支持,与国家及地方政府有着千丝万缕的关系,或者挂靠在某些政府机构的名下(俗称"红帽子"),或者以官办科技企业的面孔出现。政府还在科技园区中设有管委会,管委会中各类行政部门为企业提供各种服务。尽管技术开发区的发展带有准行政区域式管理的色彩,但是,政府部门并没有直接干

预企业内部经营管理业务。企业自主经营、独立核算，所有的民营科技企业都是科技创业者独立选择合适的科技项目，并投入资金和劳动自主创立起来的。因此，中关村民营高科技企业的创立和发展基本上是市场自发生长出来的，在经营机制上仍然是比较灵活的，是以技术驱动为主或以"内生"为主的模式，并没有受到很大的政府干预，不存在较严重的政企不分问题。

四、三城模式

三城模式是中国20世纪90年代国有、集体所有制中小企业改制的典型模式，是指山东的诸城、辽宁的海城和兴城通过公有制企业改革构建民营企业经营机制从而促进非公经济发展的一种独特方式。

（一）三城模式的形成

在三城模式中，最早出现的是于1992年至1994年间形成的以股份合作制改造为特征的诸城模式，其后是1993年至1996年间形成的以私营独资企业为主要改制方向的海城模式，以及1996年至1997年间形成的以私营合伙企业为主要改制方向的兴城模式。

在上世纪90年代初，中国进入深化经济体制改革、建立社会主义市场经济体制的关键时期，作为国有、集体所有制中小企业民营化改制典型的三城模式就是在这一历史阶段产生的。当时，国有企业的经营状况日益恶化，企业机制死板、效益低下的问题十分突出，因此，对国有企业的改制势在必行。与之相对应的是民营经济蓬勃发展，生机盎然，极大地促进地方经济的繁荣，增加了人民收入，吸纳了大量剩余劳动力。民营企业对国有、集体所有制企业形成了竞争压力，而民营企业的经营机制和内在活力也为后者提供了某些可供借鉴的范式。与全国其它地区相比，诸城、海城和兴城的企业改制是动真格的，具有启动早、力度大、范围广、成效显著的特点。1995年十四届五中全会明确提出"抓大放小"战略，使得国有中小企业的改制进入了一个全面展开的阶段，三城的企业改制更是大踏步推进，根据中央放开搞活国有、集体所有制中小企业的指示，对国有、集体

第三章　中国各地民营经济发展模式评述

所有制中小企业的改革采取了改组、联合、兼并、股份合作制、租赁、承包经营和出售等二十几种形式,成功地引入了民营企业经营机制,激活了一大批体制僵化、效益低迷的企业,国民经济呈现较快增长的势头,形成了比较典型的三城模式。

在三城模式中,诸城模式更具代表性,曾经被认为是"启动了工业经济运行的深层次活力",也被誉为"政府调控间接化的市场经济体制雏形",因此,这里我们着重对它加以研究分析。

1992年,面对诸城市属百多家独立核算国有企业亏损严重的形势,时任市长陈光(当年人称"陈卖光"),选择了山东开元电机有限公司(以下简称开元电机)前身诸城电机厂作为试点,开始了一场震动全国的号称"诸城模式"的改革。经广泛征求意见当时确定改革方案为:决定由全体职工以企业内部股权证形式集资将企业资产全部买下,成立诸城市开元电机股份有限公司,把这个国有企业变成由内部干部职工股东共同拥有的股份合作制企业。

1993年5月,以职工买断企业资产的改革形式在诸城大面积推行,主要采取了七种形式:股份制、股份合作制、外资嫁接、无偿转让产权、破产、租赁和兼并等,而股份合作制是改革的主要形式(这种形式实际是内部干部职工平均持股,企业管理层和普通职工购股数量上差别不大)。到1997年,全市大多数乡办以上企业完成了以股份合作制改造为主要形式的企业改制。

三城绝大部分企业经过大刀阔斧地改制后发展迅速,利润和纳税指标大幅增加,区域经济面貌大为改观。例如诸城改制以前和周围的县城经济实力差不多,现在GDP增长很快,经济实力是其周围县城的2-3倍,而且由一个农业县成功转型为工业县,百姓收入显著提高,批量制造了大批富豪,基本没有失业问题,甚至因提供的就业岗位多,在诸城常常招不到人,要到外地去招。由此三城模式在全国名噪一时,成为国有中小企业改制的模板扩散到全国各地,产生了广泛而深远的影响。

（二）三城模式的特点

1、政府强制型的企业制度变迁

从政府在推动经济转型和发展的作用来看，最强的是三城模式，苏南模式次之，其余依次是珠江模式、中关村模式，最弱的则是温州模式。三城模式是典型的由政府自上而下、强制推动国有、集体所有制企业进行制度变迁的模式。正是在政府的领导和组织下，诸城、海城和兴城在短短的2-3年的时间里，完成了百分之九十以上的国有、集体所有制中小企业及部分乡镇集体企业的改制，使之转变为股份合作制、合伙制和个人业主制的企业制度，救活了一批陷于困境的企业。而且，即便是在企业改制以后，原来的政府主管部门仍然在一定程度上继续对企业施加干预和影响，目的是督促企业改制后仍能按照现代企业制度的要求管理和运营。①

2、通过改革推进公有制企业的民营化

三城模式不是通过大量创办新的民营企业发展起来的，而是在对已有国有、集体所有制小企业改制基础上构建民营企业经营机制，由公有制企业转变为民营企业，使其焕发新的生机，由徘徊不前甚至濒临倒闭走向较快增长。这种模式克服了三城地区资本短缺对增长的制约，但经改制形成的民营企业具有鲜明的改制企业的特征，即企业制度仍然带有原有的公有制企业的某些特征，如经营者和员工的观念没有改变，收入分配以资历、级别而非业绩为依据，人们难以接受较大的收入差距。

第二节 各种模式的自身缺陷

任何地区的民营经济发展模式都是在特定的历史阶段、地理环境和资

---

① 谢建：《民营经济发展模式比较》[J]，《中国工业经济》，2002年第10期。

源条件下产生与发展的,不可避免地带有时代的烙印,因此也不可避免地有着各自的缺陷。分析各种模式的缺陷,有利于寻找阻碍民营经济发展的内在根源,探索模式改进的关键环节和方向。

一、温州模式的缺陷

温州模式作为一种民间自发创造的民营经济发展模式,因其充满旺盛的生命力而颇受赞扬,但它所存在的一些突出问题,也遭到不少非议,在客观上束缚了温州民营经济的持续和快速增长。

(一)家族式企业制度缺陷阻碍企业扩张

大多数民营企业是由个人组织家庭成员和亲友共同投入资金与劳动发展起来的,据中国社科院1999年的抽样调查资料,浙江私营企业中私人股份所占比例在90%以上,其中大股东所占比例高达66%以上,处于绝对控股地位;还有其他同姓兄弟也占约14%的股份——即业主和家族其他成员之和占企业股份的80%左右。①

在温州地区,私有制家族企业更是主要的制度形式,不仅个体企业、私营企业是独资企业,很多股份合作制企业和有限责任公司实质上也是私人或家庭独资的。然而,以血缘、亲缘为基础的家族式企业管理制度随着企业规模的壮大,其弊端愈加明显。

分散经营的民营中小企业没有足够的实力通过联合、重组、兼并,以及股份制改造等形式得以迅速扩张,它们落后的传统经营模式在强大的竞争对手尤其是世界强手面前显得软弱无力。温州企业大多依靠自身的利润积累谋求发展,很多老板由于担心失去对企业的绝对控制权,不愿利用资本市场来加快自己的发展,"宁为鸡头,不为凤尾"的狭隘观念使很多小企业宁愿苦苦挣扎求生存也不愿被其它企业兼并。不改变这种情况,温州民营企业就很难快速"长大",在与其他企业的竞争中就会处于劣势。

---

① 谢健:《我国民营中小企业制度与制度创新》[J],《经济管理》,2002年第23期。

（二）以产品仿制为主而自主开发能力薄弱

温州以生产传统劳动密集型的小产品为主，而农民企业家和农民工人的科学文化素质较低，自主研发新产品的能力几乎为零，主要靠模仿别人创造的、技术含量低的市场畅销产品。这种方式具有低成本、低风险、见效快的优势，但是其消极后果也是很明显的：侵犯其它企业的知识产权，妨碍了技术的创新，模仿者也有被指控和处罚的危险；企业缺乏自主知识产权，没有藉以安身立命的核心技术，也就没有企业核心产品和核心竞争力，造成企业产品结构的调整能力很弱；特别是随着参与模仿的企业的数量大量增加，业内企业将面临更为激烈的竞争，利润越来越低，很多企业将被淘汰出局。

（三）追求利润最大化而忽视遵守诚信原则

上世纪九十年代，在温州曾出现过大量企业不讲诚信、不遵守社会公德、违反市场竞争规则、为了牟利大肆造假贩假的行为，这些商品流通到全国很多地方使顾客深受其害。柳市生产的伪劣低压电器给用户的生产和生活造成了巨大的损失，遭到中央有关部门的通报，并受到国务院联合检查组的检查。温州的商品一度成为假冒伪劣商品的代名词，这种市场的无序状况理应受到谴责，其深层原因就是以利润最大化作为唯一目标的经营理念存在严重的局限性，不适宜于现代社会的发展。

不讲诚信的经营行为虽然能获取眼前利益，但市场信誉的丧失最终会招致惩罚。温州人从中吸取了深刻教训，进入新世纪以来，他们以实际行动重塑了温州的新形象，使如今的温州成了一块响当当的品牌。现在的温州，许多产品都已挤身名牌之列，品牌日益成为温州企业出击市场的利器，正泰、报喜鸟、德力西、庄吉、康奈、夏梦、法派、美特斯·邦威……等，温州已经成为全国知名品牌最多的城市之一，一个个令人刮目相看的温州名牌产品向世界展示新温州人和温州产品的诚信品质。

（四）粗放式增长方式导致经济增长受阻

尽管温州模式使浙江成为中国经济最活跃的地区之一，但这种模式是以高污染、高投入、高能耗为特征的粗放式增长方式，在浙江经济飞速增长的背后是对水、电、煤、油等基础性资源的掠夺式使用，造成浙江陷入全面的环境污染危机和资源短缺危机，对温州经济模式也提出了严峻挑战。

一直以来，制革业是温州经济的成功产业，然而，在制革流程中，皮革的反复漂洗需要源源不断的水和添加大量的复合剂，过高的耗水量带来的缺水问题和添加剂造成的水污染问题严重限制了这一产业的发展。例如，位于温州市南雁荡山东麓的水头镇，经过20年的发展，从一个农村集镇发展成全国最大的成品皮出口供应基地、亚洲最大的猪皮革生产基地，被誉为"中国皮都"。本来，水头镇濒临鳌江，因水源丰富而得名，但是水头镇制革的耗水为西欧国家的6~8倍；更为严重的是，制革车间的排水已使鳌江变得又黑又臭，2003年，水头制革污染分别被国家和省环保局列为"全国十大重点污染源"和"浙江省九大重点污染案件"之一。

浙江不仅缺水，而且缺电。2003年，浙江遭遇了严重的"电荒"，成为全国拉闸限电范围最大、缺电最严重的省份。2008年、2009年受全球金融危机的影响，浙江经济和社会发展增速明显回落，用电紧张形势有所缓解，但夏季、冬季高峰期时段性缺电的情况依然严峻。由于电力供应的缺口较大，有将近半数的浙江企业不得已采取了自备发电的措施，在浙江的许多工业区和在商业街上，许多小工厂和商店自备发电机，昼夜机声隆隆。严重缺电导致发电机、汽油、柴油十分紧俏，企业成本急剧攀升，削弱了企业产品在市场的竞争力。缺电也恶化了浙江的投资环境，使很多外商因担心缺电而不敢前来投资创业。

二、苏南模式的缺陷

20世纪80年代，在短缺经济和低竞争程度的条件下，起步较早的苏南模式因其具有先行者优势而显示了兴旺繁荣的发展景象，但20世纪90年代后期，随着买方市场的形成和竞争程度日趋激烈，加上其它地区尤其是温州经济的快速起飞,苏南地区的发展显得有些步伐迟缓,其内在的产权制度隐患也表现得越来越突出,受到了各方面人士的怀疑和批评。

(一) 集体经济"纯度"过高

苏南模式是典型的乡镇集体企业发展模式,大部分乡镇企业主要是由乡镇政府利用原有的集体积累,或者由政府出面向银行贷款,或者由政府动员民间集资兴办的,其所有制的基本属性便是以农村社区政府为代表的集体经济。由于在发展初期对新生的私营经济持"不放心、不宣传、不支持"的态度,过于强调以集体经济为主,形成所有制实现形式单一、集体经济"纯度"过高的格局,单一的经济成分显然与社会主义初级阶段多层次的生产力不相适应,制约了多种所有制经济间的充分竞争。同时,单一的集体投资主体导致创业资本源局限于农村社区范围内的集体投入,阻碍了民间资本的投入,企业资金来源狭窄,设备更新、技术改造、产品升级换代等方面缺少资金支持,因而增长速度缓慢,持续发展的后劲不足。

(二) 患上政企不分"综合症"

苏南模式被经济学家看成是"政府推动"的典型模式。乡(镇)村两级政府是企业的主要产权主体,党政组织及其代理人既是乡镇企业的行政主管又是企业资产的所有者代表,既承担监管者的职能又承担"公共企业家"的职能,其结果往往导致政府对企业过多的干预,使得苏南乡镇企业存在由政企不分带来的诸多问题,如乡镇企业承担了大量的政策性功能和社会性功能。更重要的是,导致企业的市场主体意识缺位,企业遇到困难不是积极主动地想办法,而是一味地寻求政府支持。因此,政府干预带来的严重后果是企业缺乏内部活力和压力,产生低激励和软预算约束问题,当企业产生亏损时,经营者又无需直接承担经济责任,亏损由镇村集体承担,企业不受财力和支出预算的限制盲目投资铺摊子,有时造成企业亏空甚至入不敷出。当企业成为政府操控的傀儡时,还会出现其它诸多"内疾",如所谓的"内部人控制"问题,干部任人唯亲,用人唯上;经营者行为短期化,高额的委托-代理成本;一些企业内部各种形式的平均主义抬头，分配日益福利化，员工激励机制削弱。

（三）企业产权不明晰

苏南地区乡镇企业的产权表面看来是属于集体，人人有份，但是这些企业既无来自所有权的监督约束力，又无来自法人财产权的利益驱动力，存在严重的所有者责任缺位和经营者激励约束机制不健全问题，因此，企业产权不明晰导致企业无人负责，经营机制渐趋僵化。实际上，企业也并非无人管理，而是被少数几个"内部人"操纵服务于他们的私利，出现"穷庙富方丈"的现象。

在改革初期，旺盛市场需求的存在为苏南地区乡镇企业的异军突起提供了历史机遇，致使这种集体产权制度安排的乡镇企业取得了辉煌的成果，而其隐患在很长一段时间里没有充分显露出来，但是，最终由于市场经济发育的日渐成熟和买方市场的出现，企业明显缺乏竞争力，苏南经济开始滑坡，人们对苏南模式的企业集体产权制度提出了质疑。

三、中关村模式的缺陷

中关村民营经济在高速成长的过程中，同样也暴露一些令人担忧的问题，这些问题严重困扰很多高科技企业的再增长，是亟待找办法解决的重要课题。

（一）存在着产权不清晰的问题

中关村的民营高科技企业大部分都存在着产权不清的问题，因为中关村的民营高科技企业在成立之初，基本是靠商业贷款或者由上级单位拨款提供创办企业的启动资金，企业创办伊始就未对产权做出明确划分，经营若干年后企业的资产进一步扩张，企业产权更加面目全非，无法搞清资产的归属。产权模糊的问题造成企业经营者因不能享有企业产权和相应的经济剩余索取权而缺乏经营积极性，是中关村民营科技企业发展过程中的巨大障碍。国务院发展研究中心曾对中关村所在的海淀高新技术试验区做过调研，调研显示，中关村高新技术产业中小企业占主体，这和美国硅谷、中国台湾地区的新竹类似。但是,在其他国家和地区,高新技术企业10年存活率一般仅为5%~10%,而中关村的高新技术企业的稳定性较高,除在经济过热的1992~1993年两年外,企业"死亡率"和"出生率"都维持较低水平。换言之,中关村大多数企业处于既"长"不大也"死"不了的维持状态。1994年中国《公司法》颁布时,中关村已有4229家高新技术企业,企业发展越快,产权问题越突出,产权问题最终成了制约中关村高新技术企业"难长大"的根本性原因。[①]

(二)企业合伙人之间合作关系难持久

由于高科技企具有技术密集和资本密集的特点,智力和资金因素起着关键作用,而个人的力量是有限的。大多数中关村民营科技企业起初是由几个人在一起凭一时的创业激情创办的公司,企业创立时他们尚能志同道合,但稍有起色后欲分家自立门户。因为他们当中很多人不满足与他人共同拥有一份产业,力图创立属于自己独占的公司。加上这些企业既有上述产权不清晰的问题又存在管理制度不规范的内弊,企业合伙人之间常常因权力和利益分配不均而最终导致彼此合作关系的破裂,甚至对薄公堂,从而造成企业严重的内耗直至走向解体。

(三)其它各省市技术开发区的兴起削弱中关村的优势地位

中关村科技园的成功引致其它各省市纷纷学习效仿,如今各省市的技术开发区如火如荼,IT产业、新材料产业和生物技术产业的集群都已形成相当的规模,有的技术开发区在投资环境和企业竞争力方面与中关村的差距在日渐缩小,一些高科技企业甚至从中关村转移出去了,例如"浪潮"就撤出北京中关村回到了山东济南软件园,得到了山东省政府极大的政策扶持。可以这么说,中国的高新技术产业布局正在从中关村的点状集中转变为遍布全国各地的分散布局。经过了多年发展,中关村不可能再作为国内高新技术产业的唯一的中心,其优势地位越来越面临来自各地技术开发

---

① 谢建:《民营经济发展模式比较》[J],《中国工业经济》,2002年第10期。

区的强有力挑战。

四、三城模式的缺陷

三城原本是全国公有制中小企业改制的先锋，但三城模式在随后地推行和实施过程中也带来一些问题，使得改革陷入困惑之中。

（一）在企业改制过程中存在不公平、不规范的操作行为

当企业采用管理层持大股及控股的企业改制方案时，企业内管理干部有持大股的权力，而职工只能持小股，这种按职位高低而不是按历史贡献和能力分配股权比例的办法，显然有失公平，对一般职工不利，被很多人指责为变相将公有资产转移到少数人名下，并不是真正的"MBO"而是对国家、集体和小股东利益的侵犯，是变相的巧取豪夺。有的企业强制要求职工在股权转让时只能转给管理层——这是不符合法律规定的，因为按照有关法律，股权所有者可以自主决定股权转让对象，任何机构不得强制或干涉。三城模式实际上是不规范的操作，有可能引起一系列民事诉讼纠纷。

（二）收入分配中存在分红挤压工资的问题

在经营者持大股的企业，经营者往往扩大分红比例，降低工资水平，这样经营者获得了高额收入，尽早收回投入的资本，而使普通职工的利益受损。在有些企业，工资增长缓慢，奖金很少或没有，经营者有意按股权比例分红以达到中饱私囊的目的。其消极后果就是切断了收入与劳动和工作绩效之间的联系，影响了普通职工的工作积极性，而且造成普通职工和经营者之间的矛盾，严重破坏了企业凝聚力和内部稳定。三城企业改制后很快就冒出了一批富翁，他们都是那些利用经营者股权及其分红暴富起来的企业管理层。

（三）企业改制后仍带有原来公有制企业的烙印

三城模式的民营企业的民营化是不彻底的。诸城大部分国有集体中小企业改制为全员持股的股份合作制形式，海城则出售给了个人，兴城出售

给少数几个人，虽然表面上看，企业的产权已经清晰到了个人，但是没能使公有制企业改革真正取得成效，体制、机制和观念都无法实现根本转变，留有原来国有、集体所有制企业的积弊。企业内部活力不强，现代企业内部治理机制还未真正建立起来，市场经营理念和方式落后，收入分配当中存在平均主义观念，导致新的"吃大锅饭"问题，例如在一些由员工平均持股的企业中，经营者激励约束机制不完善，有些员工一心指望分红，工作不努力。

第三节　中国民营经济发展模式的动态演变

温州模式、苏南模式、珠江模式、中关村模式和三城模式作为中国改革开放以来民营经济发展的典型模式，但这些模式并不是一成不变的，而是一直在进行动态演变。

一、从温州模式演绎出"新温州模式"

进入90年代中期以后，长期困扰温州民营经济发展的"姓资姓社"问题得到了彻底解决，民营经济的发展进入了快速发展的轨道。随着21世纪的到来，温州经济进入了创新经济发展路子、完善温州模式的新的发展时期，努力推进民营经济的成长，实现经济发展从量的扩张向质的提高转变，促进经济发展与国际接轨，由此原来意义上的温州模式正在向"新温州模式"提升。从温州模式到"新温州模式"，是温州民营企业从低级向高级进化的一个过程，具有一些新的特征。不仅如此，新温州模式还呈现出于一种发射的状态，向浙南的台州地区，向浙江全省扩散，这样又有学者称之为"温台模式"、"浙江模式"。不论怎样称呼，它们都是从温州模式中演绎出来的，因为"新温州模式"（或"温台模式"、"浙江模式"）

并不是对温州模式的否定，而是在对温州模式扬弃基础上的发展。从上世纪末到本世纪初，在中国民营经济的各种发展模式相继陷入困境或出现裂变的同时，温州经济发展成新温州模式，焕发出强大的活力，再次引起人们的高度重视。

与温州模式相比，新温州模式展现的新特点主要包含以下几方面：

(一) 思想观念有了新突破

温州模式，从一定意义上可以说是温州人重商、言利的传统在改革开放的历史条件下、以血缘和地缘为纽带发展起来的产物。但是，对于现代市场经济来说，温州企业所秉承的传统观念如狭隘的农民意识、带有封建色彩的家族秩序有着明显的局限性，从而使以它为指导建立起来的温州模式具有先天的不足之处，这就决定了温州企业首先必须在传统观念方面进行彻底改变，树立开放的务实的现代市场经济理念。

新温州模式在指导理念上有新突破。一是在发扬和保留温州模式优点的基础上，敢于突破旧框框，大胆推进企业内部创新，引进外部资源，放手发展市场经济，探索温州发展的新路子。在探索新路子的过程中，特别注重实事求是，尊重实践不争论，热情支持和引导人民群众的首创精神，让人民群众成为改革、创业的主体。二是政府在继续坚持不干预企业、不包办代替、越俎代庖的基础上，主动为企业办实事、办好事，致力于为民营经济创造良好的发展平台。

(二) 超越家族制、合伙制企业的局限性向现代公司制推进

温州地区私营企业在发展初期一般是家族成员共同创办经营或亲朋好友以合伙制和不规范的股份合作制组织起来的，因此，家族制和合伙制成为温州模式的一种典型制度安排。但是，这种家庭制和合伙制组织形式随着企业规模的扩大和市场竞争的加剧，其缺陷日益明显地暴露出来，曾起过积极作用的家族制和合伙制已成为温州企业进一步发展的障碍，越来越不适应现代市场经济的内在制度要求。因为温州家族制和合伙制企业是以血缘、地缘为纽带联系起来的，资本具有家庭化和本土化特征，从而具有

浓厚的封闭性,而市场经济中的人、财、物都要求具有流动性和开放性。面对形势的发展,温州的企业家们顺应时代潮流,积极采取措施,将家族制和合伙制推进到现代公司制的发展阶段。在产权制度上,由单元化的资本结构开始走向多元化;在企业内部治理结构上,开始大量向股份制企业转变,构建公司制内部权力制衡机制;组织形式上,大力推进企业合并,形成了上百个以专业化分工为主线的民营企业集团。

(三)公有制企业改革和民营经济发展有机结合

长期以来,不少人在认识上把民营经济与国有经济的发展对立起来,认为民营经济发展必然挤压和冲击国有经济的生存空间。然而,在温州,政府允许个私经济购买公有制企业产权,鼓励它们参与和推动国有、集体企业改革,从而把国有、集体制企业改革和民营经济发展有机结合起来,实现多种所有制经济共同发展。温台经济发展的实践证明,民营经济与国有经济不是相互对立、此消彼长的关系,二者完全可以相互促进,共同发展。如德力西集团,采用灵活的联合形式组建了拥有一百多家国有、集体、个私成员企业的德力西集团,在杭州、上海、济南等十多个城市兼并了国有企业杭州西子电表厂、上海整流器总厂、济南高压电器设备厂、四川川北机电公司等。该集团在推进国有、集体企业发展的同时,也为民营企业自身发展拓展了空间。目前温台地区民营企业中相当一部分企业是混合制企业的形式,既发挥了公有制经济的作用,又推动民营经济迈上更高的台阶。

(四)民营企业开始向规模化和品牌经营迈进

温州民营经济曾是以小商品著称的所谓"草根经济"、以小规模企业之间外部交易合作代替大规模企业内部分工的"小狗经济",这种经济具有灵活机动的优势,极大地活跃了温州的商品市场。但是,进入新世纪以来,随着许多实力雄厚的国内企业的兴起和海外跨国企业的进入,温州民营企业有如与狼共舞的绵羊。这样,温州民营企业不得不向做大做强的方向发展,在经营模式上,逐渐摆脱原来的家庭作坊式的低、小、散状态,借助资本运营走向规模化经营；在产品结构上，逐渐摆脱传统的以专业市场为依托的小商品发展模式，走上了品牌化经营的综合发展道路。

（五）"贸、工、城"三位一体化有了新进展

近几年，温州确立以"贸、工、城"三位一体化为发展目标，着力完善现代市场体系、建设特色产业园区、推进城市化的发展。首先，努力发挥温州老百姓乐于经商的传统，支持他们从小本生意向多门类、外向型发展，鼓励市场组织者和经营者向多元化发展，推动市场规模和设施向大型化、现代化方向发展，强化市场对资源配置的基础性作用，构建多层次的灵敏响应市场需求变化的现代商品流通体系；其次，围绕市场需求，依靠本地资源发展特色产业，形成一定规模的专业化产销工业园区。民营企业从过去分散布局，"村村点火、户户冒烟"，逐步向工业园区适度集中，提高了产业的集聚效益和规模效益；其三，将一些加工工业群和第三产业群密集的、具有一定经济实力的乡镇建设成中心城镇，大大加快了城镇建设步伐。随着特色产业、专业市场和城市化的有机结合，真正形成了"建一个园区、兴一门产业；旺一个市场、活一方城乡"的特色经济格局，促进了温州区域经济的快速发展。①

二、苏南模式经历了三次嬗变

苏南模式作为以地方政府推动、集体拥有主要产权为特色的农村工业化的样板，在改革开放初期创造了辉煌的成就，为转移农村剩余劳动力发展乡镇经济探索出一条成功之路。但是，苏南模式的局限性也是非常明显的，它的局限性实质上就是集体经济的制度缺陷，主要表现在：政企不分、企业产权不明晰、企业市场主体地位缺失等。随着时代的变化和企业的发展壮大，苏南模式显得越来越不适应，它的内在缺陷也逐步暴露出来，到20世纪90年代中后期，苏南地区已失去全国领先的地位。面对严

---

① 刘亭、钱建新、张国云、张善坤：《温台经济模式的调查与启迪》，浙江经济，2000-09，第65-76页。

峻的挑战，苏南人意识到必须对发展模式进行变革，至今，苏南模式经历了三次嬗变，完成了"三级跳"，很大程度上改变了原来意义上苏南模式的面目，当前新的苏南模式已带有温州模式的某些特点，呈现出与温州模式趋同的倾向。

（一）保留集体控股权的第一次产权改革

为了解决政企不分、产权模糊以及企业市场主体地位缺失这三大阻碍企业成长的深层问题，从1996年开始，苏南地区乡镇企业全面展开了第一次改制。当时的做法是设置"不可分配给个人的集体股"，交由地方政府支配，政府通过集体股掌握企业决策权，从而把乡镇企业改成政府拥有集体控股权的企业股份制或股份合作制，这种做法的根本目的和意图就是通过明晰企业产权理顺政府与企业的关系。明晰企业产权包括明晰财产所有权和法人财产权、集体产权和非集体产权，理顺政企关系就是使政府由行使行政权力操纵企业转变为凭借集体产权主导企业内部事务。

经过这次企业改制后，虽然苏南乡镇企业的集体产权清晰了，但是政企不分的弊端仍然没有根本的改变，企业制度问题仍然存在。因为政府对企业集体控股权的存在又造成了新的政企合一，帮助政府干预企业的权力与行为以另外一种形式制度化和合法化了。政企不分给行政权力带来巨大经济利益，导致行政权力向市场领域过溢、权力阶层家族化、官本位的等级制、家长制随处泛滥等诸多问题，企业沦为政府手中的木偶，根本不能主动适应市场需求和市场竞争。因此，第一次改制并未达到建立起企业内部治理规范化的现代企业制度的目标，企业内的要素实际上仍然由政府而不是由市场配置，计划经济下的传统企业制度进行市场取向的改革仍然相对滞后，由计划向市场的转轨还未完成，整个苏南第一次企业改制是不彻底的，尚需进一步深化改革。

（二）企业产权向经营者集中的第二次产权改革

由于第一次改制并未达到转变政府职能实现政企分开和建立现代企业制度的目标，企业缺乏活力的问题仍很突出，使得许多县市又进行了第二次企业改制。此次企业改制的核心是把乡镇政府对乡镇企业的直接支配权从企业撤出来，具体做法是实行企业产权的集中化，将所有权集中于经营者个人或少数经营层，确立私人作为独立产权主体的地位，以及生产者和消费者在市场中的自主地位。改革者的愿望是通过二次改制彻底地明晰集体所有制企业的产权，打破地方政府对企业的所有权和经营权控制，让经营者掌握企业法人财产权和经营权；将有形的政府之手从企业中剪断，代之以无形的市场之手调节企业内部资源配置，最终使政府从企业内部解脱出来专门承担政策职能和社会服务职能，使企业成为自我经营、自我发展的独立经济实体，初步建立现代企业制度。苏南地区乡镇企业二次改制的实质就是要发挥市场内生力量的作用，将企业由集体产权转变为私人产权，由"官营"转换为"民营"，这就意味着苏南的经济发展路径与温州模式正在趋同，似乎原来的苏南模式正自然而然地走到了"终结"。

苏南地区二次企业改制依然存在不少不足，二次改制表现出极大的复杂性和艰巨性。二次改制仍然是由政府自上而下推动的，虽然力度大、速度快，但是在改制中出现了一些不规范的做法和黑箱操作。企业改制的参与主体由地方政府、社区政府、企业经营者、社区居民、企业内部职工组成，他们各有所图，各怀心思。在这场本应有上述五方共同参加的转制谈判中，社区居民和企业内部职工始终是弱势群体，他们说话的声音很小，基本没有发言权，甚至在改制会议中是缺席者。如果说第一次改制是大张旗鼓、雷厉风行，那么第二次改制就是不露声色悄悄地进行，这次他们选择了只做不说或多做少说，目的在于避免争论带来的麻烦和阻力，然而这样一来就方便了某些人通过黑箱操作鲸吞企业资产，造成集体资产严重流失，员工的利益和意见被忽视以致酿成纠纷事件。再进一步分析苏南地区二次改制，它最大的问题是没有把充分释放民间生产力当作中心任务，未能下大力气为个体私营经济提供有效的支持政策和高效率的服务，非公有制经济发展滞后，受到种种有形无形的抑制，这使苏南民营经济缺少良好的发展环境，增长速度缓慢也就势所必然。

（三）以实现"内外并重、国强民富"协调发展为目标的第三次转型

苏南地区二次产权改革把乡镇政府对企业的直接支配权正式从企业撤出来，传统"苏南模式"彻底终结，但这仍然未能彻底释放民间的自主创业活力，苏南模式再次陷入困惑。然而，这困惑并未延续太久，善于应变的苏南人很快就发现了新的发展机遇，他们抓住长三角经济圈崛起和国际产业资本加速向中国等发展中国家转移的时机，积极实施招商引资战略，眼光向外，实施各种极具特色的招商引资手段，由此再次驱动苏南经济迅速的发展。但这种外向型的发展思路在实践中存在严重的致命伤，就是本地百姓没有从中得到较多的收益。新的苏南模式实际上是叫好不叫座，只长骨头不长肉，GDP上去了，政府的财政收入也上去了，而老百姓的口袋鼓不起来，利润的大头被外企拿走，本地人拿的只是一点打工钱。由于百姓收入上不去，造成消费能力低、第三产业发展滞后的现象。

于是，苏南地区富民运动从此开始，政府部门提出了"率先建设高水平小康社会，率先基本实现现代化"的两个率先目标，将"富民"作为优先目标，以发展民营经济为中心，实行"内外并重、富民优先"的发展新思路。为此，江苏高层还亲往浙江考察取经，很快得出了结论：大力发展民营经济是富民的捷径。此后，政府改变了"厚外薄私"的政策，努力平衡外企与本地民企的天平，为内外企业创造平等竞争的平台。有些县市还专门出台相关政策支持民营经济成长，例如2004年初，苏州政府正式下发《关于促进民营经济腾飞的决定》、"38条"、"五项措施"等，推出了营造民营经济良好环境的"组合拳"。这样苏南经济在经历了乡镇集体经济和开放型经济后，进入了"民营经济时代"，其经济的进一步发展将取决于能否再次抓住民营经济发展这第三次机遇。

苏南模式的第三次转型的核心就是在着力发展民营经济的过程中，实现"有形之手"和"无形之手"兼而有之，外资经济与本地民营经济比翼齐飞，关键是要掌握平衡度，在科学发展观指导下实现协调发展，努力成为中国"内外并重、国强民富"协调发展的样板。

三、不断升级进化的中关村模式

随着中关村企业规模的扩大和其它地区技术开发区的纷纷崛起,中关村深刻感受到挑战和危机的逼近,于是在新世纪初也迈上了模式改造升级的道路。

(一) 在全国率先建立国家知识产权制度示范园区

中关村比其它地方更早觉悟到科技开发区的关键是知识产权制度和软环境建设,为此,国家知识产权局和北京市政府联合共同建立中国目前惟一由国务院批准建设的国家知识产权制度示范园区,示范园区载负着作为国家知识产权制度创新、管理创新、组织创新、运营机制创新的综合试验示范园区的重要历史使命,可以说是一块国家知识产权建设发展的试验田。

自从示范园区建立以来,中关村知识产权促进局开创性地开展了示范园区知识产权引导、扶持、管理与服务工作,在全国率先构建知识产权创新创业服务体系、海外留学人知识产权创业孵化器、中关村高校知识产权转移联盟、中关村发明人公共工作室等多项制度机制。这些创举不仅对中关村发展自主知识产权、形成园区的核心竞争力有重要意义,而且对北京乃至全国都有示范和辐射效应。

(二) 明晰企业产权关系有重要进展

中关村很多高科技企业是高校和科研院所的下属企业,对国有资产如何管理一直不明确,产权模糊导致高校院所和企业缺乏知识产权保护意识和内部制度。中关村管理委员会对产权作了界定,认为中央所属高校院所创办的企业在资产关系上隶属中央,即其资产所有权归全民所有,而企业拥有法人财产权,并建议以院校所为单位设立资产经营公司,作为企业经营性资产的直接经营者,同时授权地方国资委承担相应的绩效考核和监管职能。这就有效地排除了长期困扰中关村发展的一大障碍。

（三）中关村科技园区管理体制进行重大改革

过去，中关村管委会作为北京市政府的派出机构没有行政权力，中关村科技园区所在的海淀区作为二级政府，一直苦于难以真正实施地区政府的权力，于是形成了没有权力的部门很难协调各个部门、有权力的部门难以充分发挥作用的状况。为解决这一矛盾，2003年，《中关村科技园区管理体制改革方案》出台，规定中关村今后实行属地管理和权力重心下移，管委会将海淀、丰台、昌平等"一区七园"的部分规划和执行权下放给各园所在的区级工作部门，以更充分地发挥地方政府的作用，而管委会的职能发生转变，将更多地履行服务职能和对园区的宏观管理职能。

四、在"二次改制"中陷入"转磨"困境的三城模式

三城模式在一段时间内取得了较好的效果，大多数改制企业在初步实现政企分开、转换经营机制的基础上，由死变活、由亏转盈呈现出良好的发展势头，一时间三城成为地方改革的排头兵，在全国产生强烈的轰动及示范效应，吸引了全国众多国有、集体中小企业学习推广。但不久，由于管理层与职工股权结构分配矛盾而导致三城模式分别陷入困境。诸城模式——企业资产以基本均等的方式卖给企业的所有职工，但导致了"小锅饭"；海城模式——企业资产整个卖给个别经营者，但职工的观念没有及时转变，当经营者财富骤然暴涨后，导致收入和财富的差距进一步拉大，使企业职工大为不满，劳资对立严重影响了企业的运行效率；兴城模式——企业资产卖给少数几个经营者实行合伙经营，但由于合伙企业的局限性，企业规模往往难以做大。

为了解决改革从前未曾料到的矛盾，三城转入了"二次改制"的轨道，最后都放弃了自己的模式，向其他模式转变：诸城向海城转轨，想把分散在职工手中的资本集中给个别经营者，以期调动经营者的积极性，推动企业的成长壮大；海城向兴城转轨，为了克服单个资本的种种弊端，在职工还没有购股热情的情况下，把"兴城模式"作为过渡选择；兴城向诸

第三章 中国各地民营经济发展模式评述

城转轨,因为职工意识到造成自己与经营者财富悬殊的原因是由于自己没有股权,要求拥有股份的愿望强烈。这就是被理论界称为的"三城模式转磨之迷"。

三城在"二次改制"中各有特点。诸城市推行的是"四扩一调"改制办法。按照诸城市政府的介绍,"四扩",一是发动内部职工对企业追加投资,扩大股本总额。二是转让银行贷款扩股:在不改变企业与银行借贷关系的前提下,把贷款配置为贷款股,按照自愿的原则,划转到个人名下,在规定期限内还本付息,将债务变股权,变企业负债为股东负债,变法人还款为众人还款。三是量化新增资产扩股。就是对改制企业新增资产进一步明晰产权,量化配送给股东职工,记到个人名下,只作为分红的依据,不得转让、继承、赠予、抵押和变现,待转移或变现时,由出让人照章缴纳个人所得税。四是吸引社会法人资金扩股。"一调",即调整股权结构:在推行"四扩"的过程中,鼓励经营者和经营管理层人员多参股、持大股、控股权,形成一个持大股群体。同时,在分配制度方面,有些公司在量化新增资产扩股过程中,设置了劳动股,不仅按劳分配、按股分红,还让劳动力参与税后利润分配,探索了新的分配形式。

虽然当年海城轰轰烈烈的改制曾经带来了一场所谓"企业是不是一卖就灵"的激烈争论,但是没有人完全否认产权制度改革的确给海城的经济带来了巨大发展。在发展过程中,海城积极探索克服自身模式制度缺陷的新路子。海城民营经济的发展不仅源于改制国有企业的民营化,也源于有一批能人自主创业组织生产和市场。改制后的企业和完成资本原始积累之后的业主制企业都面临着新的问题,就是企业如何从传统的管理方式向建立现代企业制度过渡。为此,海城政府将公有股权从企业撤出,理顺企业内部关系,努力防止改制企业体制的退化,引导业主制企业解决内部管理不规范的问题。同时,着力转变政府职能,将政府的思维方式和工作方式转变到创造软硬环境上,如建立海城市经济技术开发区,实施"三个十"工程,不准任何单位以任何名义到企业进行乱收费、乱检查等活动,创造条件构筑安商、富商、乐商的环境。

兴城模式则在二次改制中兼有诸城和海城的特点,将二者的做法有机结合,但主要还是向诸城模式转轨,即由少数人持大股向股权分散化过渡,因此兴城改制后企业效益好,职工要求增持股的愿望强烈。兴城二次改制的优点是调动了职工的积极性、提高了企业职工的归属感,缺点是经营者所持股本份额太小,没有真正的责任感和压力感,而造成新的"小锅饭"局面,淡化了经营者激励和约束机制。

第四章

广东民营经济发展的历史和现状

分析广东省民营经济发展的历史和现状对于研究该省民营经济发展模式是至为必要的,这能够使我们清楚地了解这一地区民营经济从小到大的成长轨迹,能够使我们认识广东省民营经济发展模式主要特征的形成过程以及这一模式的成败得失。

珠江模式及其
发展前景

第一节 广东民营经济发展轨迹

广东是中国现代民营企业的发展的策源地。早在第一次世界大战期间，趁帝国主义列强无暇东顾中国之时，广东私营民族工商业抓住难得的历史机遇迅速发展起来，成为中国私营民族经济比较发达的省份之一，先后涌现出一大批知名企业、企业家以及"广货"品牌①。

民国期间，广东由于有靠近港澳的沿海区位优势、较好的经济基础和大量的侨胞关系，私营民族经济发展情况好于内地，在全国仍然保持先进行列。

中华人民共和国成立后，广东民营经济进入了全新的社会政治和经济环境中，近半个世纪来经历了跌宕起伏的发展历程，呈现出一定程度的阶段性特征，我们按照它成长过程中发生的相关标志性事件和增长曲线的拐点划分为以下七个发展阶段。

一、第一阶段（1949年－1956年）：初始繁荣期

中华人民共和国成立后，中国进入了恢复国民经济和向社会主义制度过渡的历史时期。从1949年至1953年，全国上下都在努力发展生产，恢复经济，医治战争创伤，中国共产党采取没收官僚垄断资本实行国有化和对民族资本加以鼓励的政策，这给广东个体私营经济带来短暂的黄金时期。1953年以后，在被"限制、利用、改造"的政策下仍有较大发展。1956年，全国开展了"对农业、手工业和资本主义工商业的社会主义改造"，个体私营经济逐渐销声匿迹。

---

① 史全生主编：《中华民国经济史》[M]，江苏人民出版社，2000年版。

第四章　广东民营经济发展的历史和现状

二、第二阶段（1956年–1979年）：休眠停滞期

社会主义改造完成后，广东个体私营经济基本上处于休眠停滞状态，特别是在1966年后进入文化大革命，有些个体经营者也被当作最后的资本主义"尾巴"逼割掉。到改革开放前，广东非公有制经济仅存少量的个体工商户，其产出只占当时国内生产总值的1.3%。①

三、第三阶段（1979年–1984年）：萌芽复苏期

十一届三中全会后，中共政治经济政策出现大转向，中央提出劳动者可以从事个体工商业，使广东民营经济从此摆脱束缚，向好的方向大跨步前进。作为改革开放的先锋，广东于1979年最早在政府统计中出现"个体工商户"，并迅速在全省开花。个体工商业在1979年后逐步恢复发展起来，据有关部门统计，1979年全省个体工商户共有1.5万户、从业人员有3.2万人。② 1981年6月，中共中央《关于建国以来党的若干历史问题的决议》指出：一定范围的劳动者个体经济是公有制经济的必要补充，同年，还制定了相关政策法规支持其发展。不过，当时，个体工商户主要是一些待业的返城知识青年及其他社会闲散人员为应对失业难题所作的临时性选择，但正是这些人后来成了第一批率先致富的老板。

四、第四阶段（1984年–1989年）：快速起飞期

1984年10月召开的中共十二届三中全会通过了《中共中央关于经济体制改革的决定》，提出"社会主义是以公有制为基础的有计划的商品经济"，这标志个体私营经济发展所需要的经济体制条件逐步具备起来。1987年10月至11月间，党的十三大会议指出："目前全民所有制以外的其他经济成分，不是发展得太多了，而是很不够。对于城乡个体经济和私营经济，都要鼓励它们发展。"，并且又出台了一系列条例政策，这些为民

---

① 广东省工商行政管理局、广东省社会科学院、广东省私营企业协会合编：《广东私营企业发展蓝皮书》，广东经济出版社，2003年版，第174页。
② 同上，第61页。

营经济的腾飞开辟了道路。

1987年，广东发挥毗邻港澳、华侨众多的有利条件，有些县市已开始试办私营企业经营"三来一补"业务，取得了良好的经济效益，成为民营经济主要形式。仅东莞市就有44户私营企业经营"三来一补"业务，全年为国家创汇2082万港元。到1988年，全省个体工商业（含合作经营组织）继续健康发展，总户数发展到99.27万户，194.26万人，注册资金49亿多元，商品零售额116亿元，增长13%，占全省社会商品零售额的20.2%。全省个体工商户向国家缴纳税款7亿多元。①

五、第五阶段（1989–1992年）：短暂回落期

1989年下半年受"六四"事件的影响，外资纷纷撤走，对包括广东在内的各地民营经济带来很大打击。1989年广东个体工商户数从上一年的99.27万户下降到78.4万户，从业人员从194.26万人锐减到132.43万人（含个体合伙），注册资金从49亿多元降到38.75亿元。1990年开始回升，据有关部门统计，到1992年全省个体工商户已达111.2万户，从业人员193.7万人，分别比上年增长7.5%和8.5%；同年私营企业已达到3.28万户。全省个体、私营从业人员241.26万人，占全省总人口的3.68%。向国家纳税约25亿元，占全省财政收入11%左右②。

这段时期发展不是很快，还受到一些观念因素的影响，当时人们对民营经济的认识一定程度上受"左"的思想干扰，对个体私营经济存有顾虑，不敢放手支持其发展，造成迟缓徘徊的局面。

六、第六阶段（1992年–2002年）：持续发展期

1992年初，邓小平南巡讲话推动了人们的第二次思想解放，同年10月党的十四大会议更是确定了建立社会主义市场经济体制的目标，使个体

---

① 广东省工商行政管理局、广东省社会科学院、广东省私营企业协会合编：《广东私营企业发展蓝皮书》，广东经济出版社，2003年版，第85–86页。

② 同上，第85、86、89页。

第四章 广东民营经济发展的历史和现状

私营经济从"补充"地位上升为与公有制经济共同发展,1997年党的十五大会议又进一步解决了对民营经济的深层次认识问题。之后,它的发展环境越来越好,1997年香港回归,1999年广东颁发了《关于大力发展个体私营经济的决定》、《广东省个体工商户和私营企业权益保护条例》。

这期间,广东民营经济保持着平稳持续的增长态势,民间投资的热情很高,企业规模和实力不断攀升。从1992年到2002年,广东个体工商户户数由111.2万增长到175.3万,从业人员由193.7万增长到360.7万,注册资金也逐年稳步增长到436.2亿元;广东私营企业户数则由3.28万增长到25.86万,增长了6.8倍,从业人员由47.55万增长到267.95万,注册资金由66.75亿元增长到3380.1亿元。[①] 1997-2002年上半年广东省私营企业发展情况详见表3-1。

表3-1 1997-2001年广东省私营企业发展

年度	户数（万户）	注册资本（亿元）	从业人员（万人）
1997	12.0	1076.5	152.9
1998	14.1	1343.6	176.8
1999	16.1	1566.7	195.4
2000	18.4	1876.1	217.5
2001	21.2	2361.8	232.6
2002	25.9	3380.1	267.95
1997-2002年平均增长（%）	16.6	25.7	18.9

资料来源:宋子和、张长生、郑志国著:"关于私营企业若干问题的初步探讨——广东私营企业的调研",《广东私营企业发展蓝皮书》,广东省工商行政管理局、广东省社会科学院、广东省私营企业协会合编,广东经济出版社,2003年版,第176页。

---

① 广东省工商行政管理局、广东省社会科学院、广东省私营企业协会合编:《广东私营企业发展蓝皮书》,广东经济出版社,2003年版,第64页。

七、第七阶段（2002年－至今）：调整提高期

2002年后，广东民营经济的外部环境发生了一些变化，总的来说既有机遇也有挑战，例如：中共十六大的召开，泛珠三角经济圈、长三角经济圈和环渤海经济圈这三大区域经济圈的形成，其他地区经济的竞相崛起，《中共广东省委广东省人民政府关于加快民营经济发展的决定》的出台，加入WTO的效应逐渐显现以及CEPA机制的构建等，在这些新的环境条件下，广东民营经济的某些优势在消失或不再明显，但广东人认真反思，及时调整发展模式和企业制度，使民营经济的规模和水平又有新提高。

2008年，广东民营经济继续保持良好的迅速发展势头，规模以上民营工业企业实现增加值15133.33亿元，同比增长9.5%，民营经济对全省GDP增长的拉动率为4.3%；民营经济单位数383.38万个，比上年增加35.89万个，同比增长10.3%。其中：私营企业73.20万个，增加10.94万个，增长17.6%；个体工商户302.52万户，增加21.80万户，增长7.8%。民营科技企业7740多家，比2007年增加197家，占全省高新技术企业50%以上。在省国家级和省级高新技术产业开发区中，民营企业数占开发区企业总数的80%以上。广东有中国世界名牌产品（4个）、中国名牌产品（299个）、中国驰名商标（138个）、省名牌产品（1031个）、省著名商标（1611件），由民营企业获得的占70%。民营经济从业人数达2015.02万人，同比增长4.6%；民营经济缴纳税金2226.09亿元，同比增长25.4%，比全省税收收入高16.1个百分点，占广东税收收入的28.9%，比2006年、2007年分别提高0.4个百分点和2.9个百分点。①

---

① 广东省统计局：《2008年以来广东民营经济发展情况分析》，2009－06－09，http：//www.stats.gov.cn/tjfx/dfxx/t20090608_402564032.htm。

第二节 广东民营经济发展概况

自改革开放以来,广东省民营经济走过了辉煌的发展历程,取得了巨大经济成果,为全省、泛珠江区域乃至全国的经济增长和社会稳定进步做出了历史性的贡献,形成了具有广东特色的民营经济发展路子。当然,也不可否认,广东省民营经济还存在一些欠缺和不足,还要经过长期完善才能实现更加健康和快速的发展。

一、广东省民营经济发展基本情况

三十多年来,广东省民营经济总体上呈现良好的发展态势,主要体现在以下五个方面:

(一) 总量迅速增长

广东省个体工商户和私营企业多年来都保持着相当高的增长速度。个体工商户的增长速度可以由总户数、就业人数和注册资本等指标反映出来:从个体工商户总户数看,1992 年以来,广东个体工商户数平均每年以 4.6% 的速度增长,到 2002 年底已达到 175.3 万户,居全国第一,[①] 到 2008 年,全省个体工商户已达到 286.09 万户,同比增长 1.91%;到 2007 年 11 月底,从业人数已达到 530.7 万人,比去年末增长了 8.4%,资金数额达到 549.6 亿元,比去年末增长了 8.3%。[②] 私营企业的增长情况也可以由以下数据得到反映:截至 2009 年 10 月末,广东省实有私营企业 80.46 万户,居全国第二,比上年末增长 9.92%,净增 7.26 万户;注册资本

[①] 邵国良、张仁寿等:《广东民营经济发展的贡献、不足及对策》[J],《南方经济》,2004 年第 12 期。

[②] 《广东个体工商户数居全国第一》,南方网。

14910.07亿元,从业人员850.55万人,分别比上年末增长14.52%和6.0%。①

有统计资料表明,民营经济的主要经济指标增幅高于其他类型经济。2009年三季度,广东省新登记各类市场主体22.41万户,比上年同期增长20.80%。其中国有集体企业2909户,注册资本234.86亿元,同比分别增长17.58%和221.29%。外商投资企业1625户,投资总额29.81亿美元,注册资本20.58亿美元,外方认缴18.52亿美元,同比分别下降25.22%、35.45%、30.13%和31.92%。私营企业39485户,注册资本333.78亿元,同比分别增长34.06%和25.85%。个体工商户17.95万户,资金数额40.64亿元,同比分别增长18.83%和53.52%。②

(二)行业结构进一步拓宽和升级

20世纪90年代,广东省私营企业投资的主要行业分布集中在房地产、制造业、城乡建房和社会服务业等领域。1999年全省非国有投资投向所占比重排前几位的分别为房地产31.7%,制造业22.4%,城乡居民建房14.8%,包括水、电煤气和批发零售等在内的社会服务业12.7%,交通运输业9.0%。③

90年代末期以来,民营经济产业升级意愿逐渐增强,广东各级地方政府也降低了市场准入的门槛,为私营企业创造了宽松的条件。私营企业从制造业、商业、建筑和房地产业、饮食、旅业、娱乐等行业迅速向公共基础设施建设、高新技术、通讯信息、文教卫生等产业发展。私营企业开始进入一些过去是"禁区"的领域,如高速公路、水利工程、现代通讯、学校教育等行业。截至2008年底,全省已有民办高校44所,在校生31.9万人,占全省本专科在校生26.2%;民办中等职业学校158所,在校生17.5

---

① 《广东私营企业户数首次突破80万》[N],《深圳商报》,2009年11月20日。
② 广东省工商行政管理局:《2009年广东省第三季度市场主体情况及分析》。
③ 陈明淑、王元京:《民营经济发展的新机制、新动力和新机遇》[M],云南人民出版社,2004年版,第106-107页。

万人，占全省总数的 17.6%；民办普通高中 115 所，在校生 8.8 万人，占全省总数的 4.8%；民办初中 646 所，在校生 50.5 万人，占全省总数的 14.3%；民办幼儿园 7386 所，在园幼儿 124.9 万人，占全省总数的 53.7%，民办教育已成为广东教育事业的重要组成部分。①

引人瞩目的是私营企业在工业、建筑业、IT 产业、农产品、饮食、房地产开发、旅游等方面都涌现了一批上规模、上水平的企业，如华为、喜之郎、亚洲铝材、长隆集团等，在省内外占有重要地位。其中华为的年产值在二百亿元以上，广东美的转制后产值超过一百亿元。在现代物流、软件开发、连锁商业和生物医药等新兴产业中，涌现出宝供物流、新太集团、海王生物等一大批实力强、前景好的民营企业，成为全省新兴产业发展的重要力量。

对海外市场，广东私营企业也在不断扩大投资经营领域。2007 年上半年，广东省经核准新设境外企业 63 家，其中 50 家为民营企业，成为境外投资的主力军。②

但是，总体上看，当前广东省民营企业的产业结构过度集中于传统产业，特别是劳动密集型产业。根据 2008 年工商登记资料，制造业、交通运输业、批发零售贸易业、住宿餐饮业、居民服务业和其他服务业集中了 96.8% 的个体工商户；制造业、批发零售贸易业和租赁和商务服务业则集中了 76.4% 的私营企业。在基础性行业和垄断性行业方面，民营经济所占比重较小，如在金融保险业，民营经济所占的比重仅为 6%。③ 因此，广东省民营经济必须下大力气形成合理的产业布局，这一方面要求民营企业自身有调整产业结构的主观意识，另一方面，非常需要政府的产业政策的转变，尽可能向民营企业开放更多的产业。

---

① 《广东民办高校达 44 所》[N]，《深圳商报》，2009-07-31。
② 《广东民营企业成境外投资主力军》[N]，《信息时报》，2007-08-13。
③ 广东省统计局：《2008 年以来广东民营经济发展情况分析》，http://www.stats.gov.cn/tjfx/dfxx/t20090608_402564032.htm。

（三）民营科技企业有了可喜的发展

广东省民营科技企业连续10年保持高速增长，主要指标增速高达30%–60%。2001年，在全省142项科技计划中，由私营科技企业单独承担或由私营科技企业与科研单位联合承担的约占1/4；全省的工程技术研究开发中心，以私营科技企业为依托的占30%以上。2008年全省共安排省级民营科技园建设项目25项，民营科技企业现代企业制度试点项目35项，认定省级民营科技企业195家。到2008年底，民营科技企业7740多家，比2002年的4740家增加3000家，占全省高新技术企业50%以上。在省国家级和省级高新技术产业开发区中，民营企业数占开发区企业总数的80%以上。广东有中国世界名牌产品（4个）、中国名牌产品（299个）、中国驰名商标（138个）、省名牌产品（1031个）、省著名商标（1611件），由民营企业获得的占70%。[1] 全省14个省级民科园总产值和技工贸总收入均达到1600多亿元，同比增长25%；拥有专利数达到5990项，同比增长了126%。广州民营科技园等省级民营科技园被中国民营科技促进会授予2008年度"全国先进科技产业园"称号。[2]

（四）以民营企业为主体的区域产业集群迅速崛起

据不完全统计，全省1550多个镇中，产值超过10亿元的有300多个，超过20亿元的有120多个，有的达到100–150亿元。其中很多镇集中了大批民营企业，形成了以某些特色产品为主导的专业镇，集生产、销售和服务于一体，构成较完整的价值链体系，产品在省内外乃至国内外市场占有重要地位。自2001年原金沙镇被广东省科技厅确定为广东省五金专业镇后，在产业集群的推动下佛山市南海区专业镇蓬勃发展起来，目前已经拥有"中国有色金属名镇"、"中国铝材第一镇"、"中国日用五金之都"、

---

[1] 广东省统计局：《2008年以来广东民营经济发展情况分析》，http://www.stats.gov.cn/tjfx/dfxx/t20090608_402564032.htm。

[2] 广东省科技厅：《广东2008年科技工作总结》，科技部门户网站，http://www.most.gov.cn/ztzl/qgkjgzhy/2009/2009hg08/200902/t20090225_67604.htm。

第四章 广东民营经济发展的历史和现状

"中国面料名镇"、"中国内衣名镇"、"中国袜子名镇"、"中国再生金属物流加工基地"等多个专业名镇,基本形成了"一镇一品"的产业集群化发展格局;在东莞市,目前已有虎门服装、石龙电子信息、大朗毛织产业、长安五金模具、大岭山家具这 5 个产业集群已被认定为广东省产业集群升级示范区。其中虎门镇工商注册服装加工企业达到 2000 多家,在国内外拥有注册商标 5000 多个,年销售额达 200 多亿元,成为中国四大服装基地之一。这些具有群体特色的民营经济产业正从原来的专业镇向周边区域扩散,同时吸引了不少外地,包括江浙一带的同类企业落户。民营经济不仅为当地政府增加了税收,而且增加了大量就业机会,成为城乡居民增加收入的重要来源。

大批企业聚集在某一区域生产同类或相关产品能够产生显著的规模效应,表现为:有利于节省运输成本,加强信息沟通,密切相互之间的合作,强化竞争的压力氛围,实现资源互补,特别是迅速扩大和共享市场知名度。因此,区域产业集群的经济效益十分明显,例如,佛山市南海区大沥铝材产量占全国的 40%;恩平麦克风占全国销量 60% 以上;西樵纺织企业近 2000 家,年交易额近 200 亿;顺德乐从家具、开平水口水龙头、惠东时尚女装鞋等在全国都有一定知名度。①

(五)开拓国外市场卓有成效。

民营企业在极力巩固和扩大国内市场的同时,越来越把目光转向海外市场需求,积极开拓国外市场,取得了长足的进步,在广东省对外贸易中发挥了越来越重要的作用。截至 2007 年底,广东已有 25199 家民营企业参与外贸进出口,比上年增长 10.8%,与世界上 229 个国家和地区开展了贸易往来。广东民营企业(包括私营企业、集体企业和个体工商户)进出口总额达到 1173.4 亿美元,比上年劲增 29.9%,首次突破千亿美元,占外贸总额的比重跃至 18.5%,对外贸增长的贡献度达 25.5%。其中出口总额

---

① 游宁丰:《广东省民营经济发展情况分析》[J],《广东经济》,2004 年第 10 期。

达667.12亿美元,约占全国民营企业出口的1/3,比全省外贸出口增速高13.9个百分点,占全省出口总额的比重为18.1%,比2003年、2004年、2005年和2006年分别上升10.7个百分点、8.3个百分点、5.5个百分点和1.9个百分点。民营企业已成为广东服装等商品出口的主要经营者,2007年出口服装及衣着附件占广东服装出口额的60.2%;鞋类、纺织纱线、未锻造的铝及铝材、医药品等出口也分别占广东同类产品出口额的29.9%、21.2%、54.2%和30.6%。① 到2008年,全省民营经济实现进出口总额1096.49亿美元,占全省进出口总额的16.0%,同比增长10.6%,增速比全省平均水平高1.8个百分点。其中出口总额720.27亿美元,同比增长8.0%。②

二、广东民营经济在广东省经济发展中的贡献

改革开放以来,民营经济的快速增长为促进广东省经济全面发展发挥了巨大的作用,在推动经济总量增长和结构优化、充分利用社会闲散资源、增加政府和民间收入、创造就业机会等方面做出了历史性贡献。

(一) 民营经济是推动经济发展的活跃经济成分

民营经济为经济增长注入了数量庞大的新的生力军,创造了巨额的经济产值。2008年,经初步核算,广东省民营经济实现增加值15133.33亿元,同比增长9.5%,民营经济对全省GDP增长的拉动率为4.3%。分产业看,民营第一产业实现增加值1885.00亿元,同比增长3.7%,增幅与全省持平;第二产业实现增加值6393.38亿元,增长13.7%,比全省高2.3个百分点,其中工业实现增加值5901.00亿元,增长15.0%,比全省高2.7个百分点;第三产业实现增加值6854.95亿元,增长6.9%,比全

---

① 周剑情:《广东民营企业对外贸易面临的困境与出路》[A],《2009年广东经济蓝皮书》,http://www.gdcc.com/Articles/ArticleView.aspx?id=dd66efdb99f0406d90d5d1da5277eaa8。

② 广东省统计局:《2008年以来广东民营经济发展情况分析》,http://www.stats.gov.cn/tjfx/dfxx/t20090608_402564032.htm。

省低 2.2 个百分点，其中：批零贸易业和住宿餐饮业实现增加值分别为 2481.88 亿元和 732.71 亿元，增长 11.3%、13.7%，增幅比全省高 1.8 个和 4.2 个百分点。①

民营经济在广东省经济体制改革和对外开放中发挥了很好的促进作用。民营经济作为活力强劲的市场主体，提高了整个市场体系的活跃程度，强化了国有和集体所有制企业的压力感。一些民营企业积极参与国有和集体所有制企业股份化改制进程，如注入资本购买股份、激活公有制企业经营机制、接纳职工再就业，有效地支持了公有制企业改革。还为加速全省工业化和城镇化进程、促进县域经济的发展发挥了积极作用。此外，民营经济在推动广东省所有制结构多元化、产业组织结构优化、产品结构优化和区域经济结构优化中也扮演了重要角色。例如，跨所有制、跨地区、跨国经营的私营企业逐渐增多，到 2000 年底为止，广州已有 2000 家国有、集体企业改制为私营企业或混合所有制企业。据不完全统计，2001 年全省国有中小企业、集体企业改制为私营企业有限公司的分别有 2500 户、1106 户。民营企业已成为广东"走出去"的新兴力量。到目前为止，广东具有对外承包工程和对外劳务经营资格的企业 101 家。2005 年，民营企业对外投资规模占全省各类企业境外投资比重首次超过 50%，累计在境外设立企业共 212 家，协议投资额 7.87 亿美元。如华为、中兴两公司在中东地区部分国家兴办了 10 家企业，总投资 247.08 万美元，占全省在中东地区投资总额的 13.8%。②

（二）民营经济是政府和民间积聚财富的主要来源之一

民营企业在自身发展的过程中，创造了大量经济收益，向政府交纳的税收逐年增长，成为广东省社会财富积聚的主要来源之一。2008 年，全省

---

① 广东省统计局：《2008 年以来广东民营经济发展情况分析》，http://www.stats.gov.cn/tjfx/dfxx/t20090608_402564032.htm。

② 参见《民营企业是广东"走出去"新兴力量》，金羊网，2007-05-18，http://www.ycwb.com/myjjb/2007-05/18/content_1483056.htm。

民营经济实现税收收入2226.09亿元，同比增长25.4%，比全省税收收入高16.1个百分点，占广东税收收入的28.9%，比2006年、2007年分别提高0.4个百分点和2.9个百分点。其中：私营企业税收收入592.73亿元，增长20.0%；个体工商户实现税收399.54亿元，增长32.9%。个体、私营企业共实现税收992.27亿元，占民营税收的44.6%，拉动全省民营税收增长11.9个百分点。①

民营经济逐渐成为增加百姓收入的重要途径。一些有创业意识、创业能力和创业资金的人，发现和捕捉市场机会，通过艰辛奋斗创立起属于自己的企业，在经营发展过程中积累了可观的资产，成为富甲一方的民营企业家。目前，在广东某些发达地区，家产百万不算富，超千万的不在少数，上亿元的也日渐增多。同时，民营企业蓬勃成长，为无数劳动者提供了大量的就业机会，增加了普通工薪阶层的收入。即便是自由职业者也因民营经济的兴起而喜遇众多致富门路。

（三）民营经济是有效动员和利用民间资源的有效机制

民营企业是实现社会人士所拥有的企业家人力资本与其私有物质资本结合的载体，它不仅有效地调动了民间智力的能动性，而且充分集合和发挥社会资源的利用价值，这集中表现在民间投资的快速增长上（表3-2所示）。②

表3-2 广东非国有投资情况

年份	1978	1984	1990	1992	1995	2000	2005	2007	2008	2009
国有（%）	73.6	59.2	71.4	65.5	48.2	39.8	28.9	24.6	24.3	31.5
非国有（%）	26.4	40.8	28.6	34.5	51.8	60.2	71.1	75.4	75.7	68.5

资料来源：地方统计年鉴。

---

① 广东省统计局：《2008年以来广东民营经济发展情况分析》，http://www.stats.gov.cn/tjfx/dfxx/t20090608_402564032.htm。

② 陈明淑、王元京：《民营经济发展的新机制、新动力和新机遇》[M]，云南人民出版社，2004年版，第106-107页。

第四章 广东民营经济发展的历史和现状

据统计资料,1990年~2009年20年间,除2009年因应对金融危机国家出台了巨额救市计划而导致国有经济投资出现异常性大幅增长外,其他年份非国有经济投资增速一直高于国有经济投资增速,非国有投资总量呈现出持续扩大的发展趋势,从1990年的28.6%上升到2008年的75.7%,大幅提升了47.1个百分点,而国有经济投资比例从1990年的71.4%下降到2008年的2008年的24.3%,正好大降了47.1个百分点。2008年广东省国有经济投资2766.26亿元,增长17.2%;非国有经济投资8415.12亿元,增长16.3%;其中民营经济投资4258.86亿元,增长20.1%,民营经济投资增速要快于国有经济2.9个百分点[①]。

同时,在广东省新增投资中民营经济也是一个重要来源。2008年,全省民营经济共完成固定资产投资4258.86亿元,增长20.1%,比全社会固定资产投资增速高7.3个百分点,占全社会固定资产投资的38.1%,所占比重比2007年上升了1.2个百分点。其中:住宅投资1679.49亿元,同比增长18.9%[②]。

(四)民营经济为增加广东乃至泛珠江地区城乡居民就业发挥了主渠道作用

民营经济不仅为当地政府增加了税收,而且为广东省和泛珠江地区增加了大量就业机会,成为城乡居民增加收入的重要来源。2008年,全省民营单位从业人数达到2015.02万人,比上年底增长4.6%,占全省总从业人数的36.9%。2009年一季度,全省民营从业人数2075.39万人,同比增长7.1%。

劳动力市场表明,民营企业已经成为广东新增就业的主渠道之一。2009年上半年,全省民营经济单位从业人员总数达到2091.78万人,同比

---

① 参见《2008年广东国民经济和社会发展统计公报》,广东省统计信息网,2009 -02 -25, http://www.gdstats.gov.cn/tjgb/t20090225_64670.htm。

② 广东省统计局,《2008年以来广东民营经济发展情况分析》,http://www.stats.gov.cn/tjfx/dfxx/t20090608_402564032.htm。

增长 7.2%，比 2008 年末净增 76 万人。其中，私营企业登记在册从业人员 833.1 万人，新吸纳就业人员 30.8 万人；个体工商户登记在册从业人员 671.3 万人，新吸纳就业人员 13.3 万人。在 2009 年就业形势严峻的情况下，民营经济为解决就业、维护社会稳定发挥了重要作用。①

广东民营经济不仅有力地促进了本省劳动力就业，还是整个泛珠江地区农村大批劳动力转移的主要目的地，为内陆腹地各省增加就业、赚取务工收入做出了极大贡献。目前，在粤就业半年以上的跨省流动就业人员达 1300 万人，其中来自泛珠三角地区 8 个省区的就业人员就超过 1000 万，占所有外省在粤就业人员总数的七成多。另外，香港、澳门在粤就业的人数近 20 万，居全国首位。②

三、广东民营经济发展总体特征

（一）一批大型企业和行业龙头企业正迅速涌现，但企业规模仍以中小企业为主

广东省民营企业的规模趋于提升，除了由夫妻或几个朋友合力开办的雇佣少量帮工的小企业数量继续增加外，上规模的企业越来越多。据统计，到 2007 年 6 月，全省私营企业注册资金在 100 万元～500 万元的有 13.67 万户，与上年末相比增长 3.81%；500 万元～1000 万元的民营企业有 1.98 万户，增长 9.1%；1000 万元～1 亿元的民营企业有 2.03 万户，增长 6.19%；亿元以上的有 631 户，增长 7.5%。③ 在一些产业领域，涌现出了一批具有竞争优势的行业龙头企业和名牌产品，成为行业的中坚力量。一定数量的大型、中型企业与众多小型企业相组合，优化了企业组织结构

---

① 广东省经济贸易委员会综合处：《2009 年上半年广东省中小企业和民营经济企稳回升》，http://www.chinaacc.com/new/403_425/2009_9_25_xu752015265152990028200.shtml。

② 《"9+2" 洽谈会，泛珠三角劳务合作协议推动劳务合作向纵深发展》[N]，《南方日报》，2004-07-14。

③ 《广东私营企业数量超过企业户数 2/3，公司制成发展主流》，广东信息，http://www.njzq.com.cn/njzq/xwzx/xwzq_template.jsp?docId=165299。

第四章 广东民营经济发展的历史和现状

和产品结构，形成既有适度竞争又有规模经济的市场结构。2008年，广东省规模以上民营企业工业增加值15133.33亿元，民营经济对全省GDP的拉动率为4.3%。在已获得的4个中国世界名牌产品、299个中国名牌产品、138个中国驰名商标、1031个省名牌产品、1611个省著名商标中，民营企业就占到了70%。①

但是，总体上看，广东省大型民营企业数量很少，民营企业规模仍以中小企业为主。例如，2002年按从业人数分，100人以下的私营企业超过24万户，占全省私营企业总数的99%。② 由于受到融资困难、管理水平低下、行业政策限制和一些民营企业家缺乏进取精神等多种制约因素的影响，民营企业成长到一定阶段便出现"长不大"的问题。目前，广东民营企业大多是中小企业，上规模上档次的较少，与民营经济发达省份相比还有较大差距。

民营企业生产规模过小，导致广东民营经济缺乏竞争力和发展潜力，不能达到规模经济，造成企业劳动生产率较低。有研究资料表明，从劳动生产率看，广东省民营企业高于集体工业企业，然而却低于国有及国有控股企业。据有关资料统计，2002年广东民营企业按增加值计算的劳动生产率为"3.99亿元/万人"，集体工业企业劳动生产率为"3.58亿元/万人"，国有及国有控股企业按增加值计算的劳动生产率为"14.04亿元/万人"。可见民营企业的劳动生产率高于集体工业企业（高11.45%），但却远远低于国有及国有控股企业按增加值计算的劳动生产率（14.04亿元/万人）。2003年广东民营企业按增加值计算的劳动生产率为4.15亿元/万人，比2002年（3.99亿元/万人）提高4.01%，但仍然远低于国有及国有控股企

---

① 广东省统计局：《2008年以来广东民营经济发展情况分析》，http：//www.stats.gov.cn/tjfx/dfxx/t20090608_ 402564032.htm。

② 广东工商行政管理局、广东省社会科学院、广东省私营企业协会合编：《广东私营企业发展蓝皮书》[M]，广东经济出版社，2003版，第68页。

业按增加值计算的劳动生产率。①

（二）专业镇迅速崛起，但地区发展仍呈现不平衡状态

一些城镇利用本地优势资源和地理位置招商引资，或是由当地能人创办企业，生产经营某些特色产品，并且形成了专业化程度高、生产规模大、市场知名度高、企业密集程度高的小区域。在广东省这些迅速崛起的城镇企业，成为私营经济发展的一个重要特点和主要载体，极大地促进了当地经济的发展，有利于区域经济结构地调整和分工合作，形成了一批专业村、专业街、专业镇，形成了一批小区域的簇群经济和专业市场，如深圳东门的步行街、中山沙溪休闲服簇群经济、佛山石湾的陶瓷簇群经济、云浮的石材加工簇群经济等等。

但是，从区域经济布局的角度来看，广东省民营经济在各地区发展呈现不平衡发展的状态。全省个体工商户、私营企业主要集中在珠三角，特别是私营企业的发展主要集中在广州、深圳、佛山、东莞、珠海等珠三角腹地。2007年，上述五市私营企业达45.1万户，占全省私营企业总数的74.8%。②而东西两翼及山区相对落后，民营企业在数量、产值、纳税等方面存在很大差距，不可与之相比。

首先，民营经济这种区域不平衡分布状态体现在生产总值方面。2003年，广州、深圳两个地区，民营经济生产总值合计占整体的32.9%，而经济欠发达的河源、汕尾两个市合计只占整体的3.5%，前者比后者高29.4个百分点。广州、深圳、东莞、佛山四市，民营经济占本地区生产总值比重高达51.6%。

其次，从税收的分布也可以看出广东省民营经济发展的地区不平衡。广东省民营经济的税收主要来源于经济比较发达的珠江三角洲一带。2002

---

① 邵国良，张仁寿等：《广东民营经济发展的贡献、不足及对策》[J]，《南方经济》，2004年第12期。
② 广东省统计局：《改革开放30年广东民营经济取得迅猛发展》，2008-12-23，http://www.stats.gov.cn/tjfx/dfxx/t20081222_402527965.htm。

年广州和深圳两个地区的民营经济税收占广东民营经济税收的58.9%，其他19个地市总共才占41.1%。①

再次，广东省民营经济区域分布的空间不平衡性还反映在民间投资的地域分布上，大城市和欠发达地区非国有投资比重较小，增速也较慢，发达的中小城市比重大、增速快。据不完全统计，广州、深圳、珠海等大城市国有投资比重约占当地投资总额的70%，增速一直较为平缓，而在粤东和珠江三角洲大部分地区，以及揭阳、汕头、中山、江门、佛山等地，非国有投资比重则超过70%，部分县区已超过80%，并且保持了较快的增长速度。②

（三）公司治理结构开始在一批企业中出现，但企业管理仍以家族式管理为主

目前，广东民营企业界普遍意识到必须对企业制度进行大的变革才能获得新的生命力，迈上新的发展台阶。观念的转变推动民营企业制度改革向纵深挺进。近年来，按照公司治理结构进行股份化、规范化经营的民营公司日益增多，有限责任公司越来越成为许多民营企业选择的主要财产组织形式和管理运营体制。1997年私营企业中有限责任公司所占比重：全国为46.1%，广东为65.3%。据统计，至2007年6月底，全省实有个人独资企业10.37万户，注册资金241.16亿元，与去年末相比分别下降1.15%和4%；合伙企业1.05万户，下降1.61%，注册资金57.66亿元，增长5.43%；公司制私营企业46.62万户，注册资本8682.46亿元，分别增长6.99%和6.89%。数据表明，公司制成广东私企发展主流。③

---

① 广东省统计局：《改革开放30年广东民营经济取得迅猛发展》，2008-12-23，http: //www.stats.gov.cn/tjfx/dfxx/t20081222_402527965.htm。

② 陈明淑，王元京：《民营经济发展的新机制、新动力和新机遇》[M]，云南人民出版社，2004年版，第106-107页。

③ 《广东私营企业数量超过企业户数2/3，公司制成发展主流》，广东信息，http: //www.njzq.com.cn/njzq/xwzx/xwzq_template.jsp?docId=165299。

但是，至今广东民营企业多为家族型企业，真正具备规范公司治理水平的企业不多，特别是中小民营企业不少缺乏发展目标和合理规划、缺乏相关管理制度以及操作流程、财务制度混乱。很多企业的管理仍以家族式管理模式为主，这种管理模式的确存在较明显的企业组织和管理问题，导致了广东省民营企业管理的专业化和社会化程度不高，个人经验式决策现象很普遍，融资渠道受到限制，人力物力不足，企业难以迅速获取社会资源和扩大规模，企业（特别是小型个体私营企业）诚信度不高，生产的产品质量较差——广东省民营企业产品抽样合格率大约只有60%左右。[①]

此外，不少民营企业虽然在形式上实行了公司制运作，但实质上并未彻底实现由家族经营模式转换为董事会、经理班子、监事会相互制约的现代企业内部治理结构，仍然是个人集权专制的决策和管理方式。如果扣除这些假公司制民营企业，真正建立了现代企业制度的民企就更是稀少。

（四）从业人员素质不断提高，但人才队伍建设任务仍很艰巨

民营企业越来越认识到人才是竞争制胜的关键要素，是核心竞争力的根本来源。基于这种认识，民营企业在人力资源上的投资力度大为增强，十分重视通过科学规范的人才招聘、培训、绩效管理、薪酬福利管理和劳资关系管理等工作来加强人才队伍建设，取得了显著的成效。据广东省工商业联合会、中共广东省委统战部经济处于2009年4月发布的《广东省私营企业主状况调研报告》中的数据显示，经抽样调查发现，目前广东省拥有大专以上学历的私营企业主已占总数的58.9%。深圳市总商会现任理事中拥有大专以上学历的有194人，占总数的78.4%，其中研究生（包括在职在读）以上学历60人，占23.6%。在省工商联系统担任省人大代表、省政协委员的会员有101名和130名，担任全国人大代表或全国政协委员的各有20名和40名。全省非公有制经济人士担任县级以上人大代表1700

[①] 邵国良、张仁寿等：《广东民营经济发展的贡献、不足及对策》[J]，《南方经济》，2004年第12期。

多名、政协委员 6500 多名①。

然而，尽管改革开放以来，民营企业人才队伍建设有了很大进步，但是还存在较大差距，民营企业人才问题仍然很突出。

首先是高层次人才非常奇缺。据有关部门 2005 年底在全省各地选取部分有一定代表性的民营企业开展问卷调查的结果看，拥有大专以上学历的人数低于全省平均水平。在接受调查的 477 户民营企业（共计 18.2 万名员工）中，每百名员工拥有大专以上学历 15.3 人，比全省法人单位 19.3 人（注：数据来自省统计局《广东省第一次全国经济普查主要数据（第一号）公报》）少 4 人。其中每百名员工中博士仅有 0.03 人，研究生 0.22 人，大学本科 3.88 人，大学专科 11.18 人。②

其次，以家族制模式运作的民营企业在人才管理上存在一个致命的弊端，就是由于血缘亲情关系和家庭伦理规范的影响，企业人力资源管理很难实现真正规范化，尤其是处理不好家族成员与非家族成员之间的关系。民营企业的老板往往认为家族成员更值得信任，而非家族成员不可信任，担心他们做出坑害老板和企业的事情，因而不敢放手对他们委以重任和实权，这使民营企业既难以从家族内部获得大量的高素质人才，也不愿意器重、提拔从外部引进的非家族成员的优秀人才。

家族企业不仅在管理非家族职员方面存在严重的制度障碍，而且对家族职员特别是企业掌舵者和高层管理者的接班人的培养也存在诸多问题，如缺乏较科学的家庭教育方法，没有建立合理有效的接班人甄选、培养、试用、接替、支持和关系协调机制，这是很多民营企业"福不过三代"的真正原因所在。

---

① 广东省工商业联合会、中共广东省委统战部经济处：《广东省私营企业主状况调研报告》，2009 - 04 - 29，http：//www.gdgcc.com/Articles/ArticleView.aspx? id = fb5cd941e25a4ceeb6e5a7cef52e41a9。

② 《广东民营企业人才发展问题与对策研究》，广东社会科学网，http：//www1.gzbio.net/career_ info.php? id = 3899&flag = 3。

珠江模式及其
发展前景

第三节 广东民营经济进入二次创业的新阶段

虽然广东民营经济近三十年来发展速度较快，但是近年来呈现出增长乏力的迹象，在全国民营经济中的相对地位呈下降趋势。同其他民营经济发展更快的省、市相比，广东省私营个体经济在经济总量中所占的比重约为20%，与全国水平相当，大大低于浙江省45%的水平。2006年，广东私营企业有51.01万户，不及上海（55.33万户），在全国排名已从2003年的第二位下降到第三位；广东私营企业注册资本（金）7,649.65亿元，不及江苏（8,312.25亿元）和上海（7,733.50亿元），从2003年的第一位下降到第三位；广东注册资本1亿元以上企业的户数为469户，超过江苏（396户）、浙江（368户）、山东（207户），但不及上海（623户）。① 广东民营经济增长步伐放缓，优势地位受到挑战，这已经引起全省上下强烈的紧迫感和危机感，开始彻底反思存在的问题，寻找突破增长瓶颈，实现二次创业的根本出路。

一、制约广东民营经济发展的瓶颈因素

不少民营企业经过若干年来的快速发展已初具规模，积累了一定的资本，但继续成长的步子在放慢，很多问题也显露出来，这就是民营经济的"增长之痛"。

（一）观念和认识陈旧僵化，尚未形成积极支持民营经济发展的社会氛围

由于长期以来受到陈旧思想框架的限制，人们特别是政府官员始终对

---

① 广东省工商局：《广东个体私营经济发展势头强劲》，2006-08-10，http：//www.gdgs.gov.cn/news/gsglxx/show_content.asp?id=3803。

民营经济怀有不屑一顾或敌视防范的观念和心态。有的认为非国有经济的发展，会冲击国有经济的主体地位；有的认为民营经济存在剥削问题，发展民营经济是走资本主义道路，会改变社会主义方向；有的仍然认为民营经济是社会主义公有制的"必要补充"，将其限制在像餐饮、零售、修理等这样的行业，甚至对某些民营企业规模扩大和影响力增强感到不安，想方设法抑制其发展。这些年，民营经济充满蓬勃的生机，发展成为中国国民经济的重要组成部分和新的经济增长点，发挥了公有制经济无法替代的作用。面对这种不争现实，很多人不得不在观念上大转变，重新审视民营经济的作用和地位，为改善它们的发展环境鼓与呼。但是，仍有不少人抱守"左"的思想看待民营经济，对民营经济的偏见和歧视现象仍较普遍，认可和支持民营经济发展的社会舆论氛围还远未形成。

(二) 歧视性政策尚未完全消除，民营经济发展的政务环境有待进一步改善

民营经济长期被当作另类对待，无法获得与公有制经济同等地位和机会。对民营企业的政策歧视主要是：行业准入限制，限制私人资本进入银行、保险、铁路、高速公路、电信、科教文卫等现代国民经济主导产业。即使允许进入的行业，与其他所有制企业相比，也设置针对民营企业的进入门槛，如注册资金要求过高、复杂前置性审批等；在土地使用、人才管理、社会保障、信息服务、户籍管理等方面将忽视民营企业的需要，甚至根本不纳入政府部门的视野之内，如技术职称评定、劳动保险就未覆盖到大多数民营企业；乱收费的现象突出，有些部门在执法中随意性大，各种名目的收费繁多，企业负担重。

除了政策性因素以外，某些政府部门仍习惯于以公有制经济为主要服务对象，尚未真正对全社会各类所有制和各种形式的企业履行社会管理职能。有些部门官僚作风严重，缺乏服务意识，办事拖拉，尤其是一些部门受本部门利益驱使，把民营企业当作"唐僧肉"，利用权利对其施压，以此索取或明或暗的好处，使很多企业主有苦难言。很多地方政府对民营经

济的鼓励、支持、引导和规范政策"雷声大雨点小",难以落实到位,更没有建立起以创造各类企业公平竞争环境为目标的管理体系。

(三)私营企业普遍采用家族制管理模式,成为束缚民营经济发展的制度障碍

绝大部分私营企业采用家族式管理,企业真正的权力控制在投资者手里,聘请职业经理人经营并有独立决策权的很少。私企主要投资人往往兼董事长、经理、厂长于一身,绝对掌握重大决策权甚至统揽日常事务的决策权。企业财会、采购、仓库保管等重要管理职务则主要集中在他们的配偶、父母、成年子女以及亲戚手里,因为他们认为由本人或其亲友来经营管理是为了企业的长期稳定发展。

私营企业采用家族式管理方式源于多方面的因素。一是中国传统文化的影响,中国人相信家庭可以为企业主提供支持、信任和安全,借助家族文化能够为其提供不可或缺的凝聚力;二是中国职业经理人的专业知识和能力欠佳,职业道德和操守让企业主不放心,而且职业经理人市场还未形成。

尽管私营企业实行家族式管理是在一定环境下的必然选择,有其合理性,但是经济管理学界一直批评这种家族制管理方法,认为这是私营企业诸多弊端的制度根源。这种管理方式使民营企业无法吸收外来资金、不能吸引外部人才和发挥他们的作用,是私营企业难以长大的主要原因。这种管理方式还导致企业管理制度不规范或难以执行,个人专权现象严重,惯于一竿子插到底,过分强调个人权威和个人忠诚等多种弊端。

(四)资金来源匮乏,民营企业增长乏力

民营企业在日常运营和规模增长过程中需要大量的资金,但是它们大多数没有有效的融资渠道,患上了严重的"贫血症",例如流动资金周转困难、项目因投资不到位而中断、打算扩大生产规模却无钱增加设备和人员……诸如此类问题,导致民营企业即便想快速发展也心有余力不足,这已成为民营企业"长不大"的最直接的瓶颈因素。

民营企业因其规模较小、信用等级较低、特别是中国计划经济体制下金融体制的弊端和私有制企业贷款歧视政策，造成它们很难获得充足的筹资来源。银行受政府调控将稀缺的资金全力用于支持国有企业脱困，根本无暇顾及民营企业。并且，银行负责人贷款给民营企业要担政治风险，很容易被疑为收受了贿赂。企业在证券市场发行股票的上市名额更是优先分配给国有企业，民营企业即使业绩优良、运作规范也较难获得股市融资的机会。

为此，广东正在努力探索建立民营企业融资服务体系，但是还很不完善和不成熟。近年来，各商业银行相继设立了中小企业信贷部，但是无法适应民营经济发展的需要。民间融资市场建设又严重滞后，信用中介服务体系还不健全，担保机构少，品种单一，提供的担保贷款数量太少。股票、公司债券等直接融资方式又门槛过高，对中小民营企业来说简直是高不可攀。

（五）企业整体素质不高，核心竞争力有待提高

尽管广东已涌现出一批实力雄厚、知名度高的民营企业，但是，从整体上看，大多数民营企业自身综合素质较差。从规模上看，很多民营企业达不到规模经济，单位产品成本高，主要依靠接了大定单后，安排工人加班加点而只付给较低加班工资来获取低劳动力成本优势；在产业方面，大多数民营企业只能局限于劳动密集型的传统产业和夕阳产业，恶性竞争现象严重，利润水平低，市场需求也不断萎缩，增长前景黯淡；不少民营企业的产品和服务质量低劣，技术含量比较低，产品更新换代慢，不能适应合顾客需求层次的提升；人才的数量、结构和素质偏低，人才管理模式家族色彩浓厚，相关制度的建设和实施很不规范；绝大多数的中小私营企业缺乏核心技术和核心组织能力，设备技术相当落后，热衷于模仿别人的技术，忽视自主知识产权和知名品牌的开发。

以上各方面的缺陷源于民营企业忽视核心竞争力的培育，他们的注意力集中在捕捉市场机会进行投机性经营或造假贩假以获取眼前收益上，这就很难维持企业在市场中的持久竞争优势，使企业在变幻不定的市场环境下难以保持持久生命力，具有很大的不稳定性，往往方生方死，寿命很短。

二、广东寻求民营经济二次创业的新努力

面对民营经济增长后劲不足、在全国地位下滑的趋势，广东省振奋精神，在多方面做出了巨大的努力，1997年以来先后颁布了《关于加快民营经济发展的决定》及其12个配套文件，加强对中小企业的指导和服务工作，推出了许多行之有效的举措，取得了不少成功经验。一些民营企业也大胆地迈出了新步伐，形成了二次创业的高潮将要来临的发展势头。

（一）确定民营经济未来发展战略规划

广东省委省政府明确今后民营经济发展的主要思路是：继续抓好"一、二、三、四、五"项工作，即：加快一法二系建设，着力推进三个创新，重点扶持四类企业，致力优化五个环境。"一法"，即加快民营企业立法，使民营经济发展真正做到有法可依；"二系"，即中小企业信用担保体系和服务体系建设，真正解决中小企业尤其是民营企业发展面临的一些共性、关键性的问题；"三个创新"，即致力推进民营企业制度创新、技术创新、管理创新，不断提高民营企业综合素质；"四类企业"，即着力扶持科技型、外向型、吸纳下岗人员再就业型、农产品加工型民营企业；"五个环境"，即致力优化法制环境、政策环境、政务环境、市场环境、舆论环境，为民营企业营造一个公平、公正的发展环境①。

上述基本思路是统领广东民营经济工作的政府行动纲领，如果能真正落实，无疑将为民营经济蓬勃发展创造前所未有的历史机遇。

（二）在全省形成高度重视民营经济发展的良好氛围

2003年2月份，省委、省政府召开了全省民营经济工作会议，要求

---

① 游宁丰：《广东省民营经济发展情况分析》[J]，《广东经济》，2004年第10期。

"不限发展比例、不限发展速度、不限经营方式、不限经营规模",提出"政治平等、政策公平、法律保障、放手发展"的方针,从政治待遇、扶持重点、资金支持、企业改革、人才队伍建设,发展环境和组织领导等各个方面提出了明确要求,努力营造民营企业从业人员在社会上有地位、政治上有荣誉、经济上有实惠的良好发展氛围[①]。

近年来,发展民营经济被当作省委中心工作,省政府计划在5年内从省财政拿出20亿元用于扶持民营经济发展,显示了广东推动民营经济再创辉煌、实现二次腾飞的巨大决心,这有力地推动全省上下迅速行动起来,共同帮助和支持民营经济加快发展。

(三)出台促进民营经济发展的相关法规政策

为了更好地贯彻落实《中华人民共和国中小企业促进法》和省委、省政府的《中共广东省委、广东省人民政府关于加快民营经济发展的决定》,为广东省民营经济发展营造良好的法制和政务环境,有关部门制定下发了《广东省贯彻实施<中华人民共和国中小企业促进法>指导意见》、《广东省关于放宽民营资本投资领域的实施办法》等12个配套文件,努力在经营领域、市场准入、土地使用、人才吸纳、资金扶持、税收优惠、对外交流等方面为民营经济做强做大提供有效的法律、政策支持和政务服务。省人大还着手制定《广东省促进民营企业发展条例》维护民营企业合法权益。同时,以实施《行政许可法》为契机,推进有关部门继续清除和修订限制民营经济发展的法规和政策。

(四)着力提高民营企业综合素质

民营经济的发展取决于企业综合素质的高低,包括资源存量、技术水平、管理能力等。广东省一部分企业已开始意识到自身的问题,努力推进现代企业制度建设,完善内部治理结构,对家族企业制度进行改造和调

---

① 游宁丰:《广东省民营经济发展情况分析》[J],《广东经济》,2004年第10期。

整，这些倾力打造"内功"的变革有的已取得初步成效。

同时，民营企业大多是中小企业，上规模上档次的较少，达不到规模经济，导致产品平均成本趋高，劳动生产率低，制约了广东民营企业的竞争力和发展潜力。2008年广州私营企业总户数达到了73.20万户，而同期规模以上民营企业总数只有为21658户，仅占私营企业总户数的3%。而在广州规模以上私营企业中，小型企业为20684户，占规模以上企业总数的95.5%；中型企业962户，占规模以上企业总数的4.4%；大型企业12户，占规模以上企业的比例不足0.1%。① 另外据统计，2003年广东民营工业增加值增长14.9%，低于全省工业5个百分点，而规模以上民营工业增长快于全省工业1.7个百分点。这种情况说明，导致广东民营企业劳动生产率低的一个主要原因是生产规模过小。因此，广东民营企业应当通过兼并、联合、重组等形式推动企业扩大规模，增强实力，使之向现代企业集团发展。②

---

① 参见2009年广东省统计年鉴。
② 邵国良、张仁寿等，《广东民营经济发展的贡献、不足及对策》[J]，《南方经济》，2004年第12期。

第五章

广东民营经济发展模式

自1978年中共十一届三中全会以来，广东民营经济在三十多年的发展过程中不仅取得了巨大的经济成果，为国民经济增长、人民致富、社会进步和改革开放事业做出了举世瞩目的贡献，更重要的是通过艰苦地探索逐渐找到了适合广东省情况的发展路径，形成了全国有名的民营经济发展模式——珠江模式。珠江模式最初在珠江三角洲地区起源和形成，随后逐步向广东省其它地区扩展，成为该省民营经济的基本发展模式。因而，我们完全可以说广东民营经济发展模式就是珠江模式。这一模式在广东省的空前成功引起了人们的高度关注。同时，进入新世纪以来，在新的社会经济环境中，此模式的内在欠缺和不足也显露出来。本文认为，只有适应环境的变化努力自我改造、自我完善、自我升级才能继续发挥良好的模式效率，成为促进广东民营经济发展的有效载体而不是阻碍其前进的桎梏。

珠江模式及其
发展前景

第一节 珠江模式的形成及特点

珠江模式作为在珠江三角洲这块沿海地域上土生土长的一种民营经济成长方式，是区域环境、区域资源和行为主体的主观努力之间互动融合的产物，具有其独特的模式个性，呈现出自身独有的一些特征。

一、珠江模式的形成

20世纪80年代初期，广东省珠江三角洲成为中国改革开放的前沿地带，个体工商户、私营企业和乡镇企业开始起步发展。20世纪80年代中期，国务院批准成立了珠江三角洲经济开发区，香港、澳门的一些制造企业纷纷转移到珠三角东部地区如东莞、宝安等地，不少乡镇很快发现"三来一补"是一种与国外资本和海外市场对接的便捷途径，于是以这种形式成立的集体企业逐渐蓬勃发展，这样，独具特色的外向性程度很高的民营经济模式——珠江三角洲经济模式（简称"珠江模式"）就初具雏形。此后，凭借毗邻港澳、华侨众多及国家优惠政策倾斜的优势，珠江三角洲地区的乡镇企业通过深化对外开放获得迅速发展，从最初的"三来一补"企业到大规模利用港澳资本和国际资本建立"三资"企业，大量吸收外部资本、技术、人才、先进管理制度和经营方式，并组建企业集团走上了规模经济的道路。珠江模式日趋成熟并向东莞、宝安以外的其他地区扩展，同样获得了成功，得到了广泛认可，其影响越来越大，引起了全国的关注。

从发展历程看，珠江模式的发展可以大致分为四个阶段：

第一阶段，萌芽阶段。从1980年5月国务院批复设立深圳、珠海经济特区至1984年5月邓小平第一次"南巡"为第一阶段。在此期间，南海、顺德、中山等地的农村工业化尚处于很低的原始阶段，而深圳、珠海两特

第五章 广东民营经济发展模式

区得益于对外开放政策展现了勃勃生机,个私经济活跃起来,并在一开始就把资本来源和产品市场瞄准港澳地区,充分利用开放政策的优势、地理区位优势、侨胞优势,初步探索形成了"珠江模式"的雏形。

第二阶段,形成阶段。从邓小平1984年第一次南巡到1989年"六四事件"为第二阶段。这一阶段珠三角被列为对外开放地区,顺德、中山等地的家电工业初具规模,以东莞、宝安等地为代表的珠三角东部地区成了香港加工业的外迁地。这些地区的农村普遍以乡镇政府牵头选择经济项目,投入集体资本并向村民募集资本;同时组织招商引资,用土地招租的形式达到以空间换资本的目的;以"三来一补"作为其农村工业发展的主要形式;从内地各省区广泛吸引招募劳动力资源,主要是发展劳动密集的低技术产品。这些发展路子在珠三角地区得到广泛推行,民营经济呈现一派如火如荼的发展景象,珠江模式在此阶段的末期基本上稳定成型,成为家喻户晓的一种民营经济模式,它最典型的三个特征已经凸显出来,即:资源和市场两头在外,以"三来一补"为主要经营形式,政府组织和民间力量共同推动农村走工业化的道路。

第三阶段,起伏阶段。从1989年"六四事件"至1997年6月亚洲经济危机爆发为第三阶段。1989年,一些外资撤出,一些企业陷于停产和半停产,其后"左"的思想有所抬头,民营经济处于徘徊地缓慢发展状态。1992年3月邓小平第二次南巡打破了僵局,有力地推动民营经济重新快速扩张。但是到了1997年6月东亚爆发金融危机,珠三角民营经济又遭遇迎头一棒,不少企业因东南亚市场需求萎缩,大量产品积压在库,资金周转困难。这一阶段,从产业结构来看,"股票热"、"房产热"、"债券热"在珠三角持续高温,吸引了全国的大量资金流向这里;从企业制度改革来看,顺德等地1995年推行了乡镇企业产权改革,一定程度上明晰了产权、理顺了政企关系,产权改革走在了在全国的前面,也使珠江模式得到了完善。

第四阶段,发展阶段。从1997年6月亚洲经济危机爆发至今为第四阶段。这是机遇与危机并存的阶段,一方面,民营经济的性质、地位和作用受到关注和认同,民营经济支持政策在逐步落实,民营企业的生存环境得到改善;另一方面,随着西部开发战略的实施和全方位开放内陆腹地政策的落实,广东省的政策优势逐渐淡化,加入 WTO 后跨国企业纷至沓来,特别是长三角区域、环渤海区域的崛起,对广东省造成了前所未有的竞争压力,又加上家电行业进入微利阶段,顺德、中山等地的家电企业开始重新"洗牌"。这一阶段,珠江模式过度依赖外部资源和市场的弊端和潜在风险日趋明显,而企业自身素质不高和制度不健全的问题也暴露无遗,到了非变革不可的地步。

在新的环境和条件下珠江模式发生了演变的态势,呈现出在各地分化的特点,衍生出一些各具特色的适应各地情况的子模式,如东莞模式、顺德模式、南海模式、江门模式、肇庆模式、深圳模式等。在产业方面有了新的变化,例如深圳、东莞等地的信息产业初具规模,而且通过 IT 业的辅助产品加工,加入了新的外围经济生长点,经营范围由单一行业向相关多元化领域转变。企业改制和兼并重组也取得一定成效,一批像华为、海王、格兰仕、美的这样实力雄厚的知名企业建立起来,成为广东省的支柱企业,其投资主体由单一所有制向混合型所有制转变,经营方式由粗放加工向高新技术产业转变。以上这些转变虽然还在探索之中,但却预示着民营经济的未来发展走向。①

二、珠江模式的特征

相对于全国其它民营经济发展模式而言,珠江模式有其特定的内涵和特征。我们把珠江模式的内涵界定为:在珠江三角洲地区发展起来的一种民营经济成长方式和路径,它是由政府和民间力量共同推动的产权多元化的外向型企业发展模式。

---

① 新望、刘奇洪:《三大模式 何去何从》[J],《中国经济快讯周刊》,2001 年第 29 期。

第五章 广东民营经济发展模式

珠江模式是大胆、智慧的广东人民在特殊的社会历史阶段和地理、经济、人文环境中创造出来的一种经济模式，带有明显的个性特点，主要体现为以下几个方面：

（一）在地域范围上，形成于珠江三角洲地区而后向周边地区拓展

珠江模式起初是在珠江三角洲经济开放区的佛山市、中山市、江门市、东莞市、新华镇和顺德、宝安等13个市（县）的农村形成的，这里侨胞众多，自然资源较丰富，经济基础较好，交通发达，海陆运输极为便利，具备创办工业制造型企业的良好条件，尤其是以开放、变通、重商为特点的岭南文化形成了发展市场经济的有利人文环境。在珠江模式定型之后，随着珠江三角洲经济向周边地区辐射，它又被模仿复制到广东省其它地区，从而得以广泛扩散。但这一模式能否适用于广东省以外的其它地区，也就是说与粤省具有类似环境和资源特点的外省可否学习珠江模式呢？这一点，从逻辑上思考显然可得到肯定的答案，不仅如此，从实践上也可找到实例予以验证。例如福建省晋江民营经济发展很快，形势喜人，它在资源获取、市场选择等方面与珠三角有着相似的特点，实质上是属于珠江模式。

（二）在资源获取上，以港澳资本和大陆内地人力资源为主要来源

任何一个区域必须有丰裕的物质资源和人力资源的支撑才能实现经济快速扩张，珠江三角洲保持了二十多年的持续增长，在资源获取方面主要受益于开放政策、有利的地理位置和广东人善于利用外力"借鸡下蛋"的聪明才智。各地充分利用政策优惠和交通优势，大力吸引港澳和其它各地的厂商来本地投资办厂，外部资本是主要的资本来源，特别是"三来一补"这种形式实现了原材料、半成品和配件、设备、技术以及市场的外部化。同时，他们还敞开胸怀，吸引全国各地数以百万的务工人员来粤打工，由此保证了人力资源的供给，从某种意义上说，珠江模式就是一种"民工经济"，它是本地人当老板，吸引外地资本和劳动力有效结合在一起，生产工业品销往五湖四海。

（三）在目标市场的选择上，瞄准外部市场发展外向型经济

珠三角地区的民营企业在营销战略目标上，面向国际和国内两大市场，注重开拓国际市场。它们通过引进国外生产线，发展精、尖、稀、优、偏产品，生产国内和国际市场需要的商品，建立出口生产体系；在全国各地形成营销点分布较密集、覆盖范围较宽广的市场销售网络，广泛宣传企业和产品，使"珠江三角洲"成为有很高知名度和较高美誉度的区域品牌，其产品在国内占有相当大的市场份额；采用三来一补、中外合资、中外合作等方式，充分利用合作外商的海外营销渠道，扩大产品外销比重，多出口、多创汇，发展外向型的民营经济。

（四）在所有制上，以产权多元化的乡（镇）村两级集体经济为主

这种模式下的民营企业多是通过乡（镇）村政府投资、吸引外资、群众入股创立的，因而企业资产的所有者具有多元化的特点。它是以乡（镇）村两级集体经济为主、五个轮子（乡办、村办、农民联户办、个体办和其他合作形式办）一齐转的多层次经营体系，体现了以集体经营为主，乡、村、组、联户和个体经营形式并存的特点。同时，积极发展同包括外商合资、合作经营在内的多形式的横向联营。这种产权结构和经营体系充分利用了农村闲散资金，调动各方面的积极性，形成工业产品的生产力，促进商品经济的发展和实现农村工业化。

（五）在驱动力量上，由政府部门主导和民间人士自主创业推动经济成长

珠江模式与苏南模式一样充分发挥政府的推动作用。珠三角的乡镇企业一开始也是由乡镇政府参与或支持创办的，但与苏南模式又有所不同，在乡镇企业起步后就开始推行"厂长经理负责制"、"利润承包责任制"等，赋予企业管理层足够的经营权和相应的责任，使企业成为自主经营、自负盈亏、独立核算的法人组织，尽量弱化政府对乡镇企业的直接干预，而将主要的财力用于发展交通、能源、通讯、教育等基础设施上，创造良好的经济发展环境。另一方面，乡镇政府也鼓励群众中的能人自主创业，积极投资经商或创办企业，很好地激发了蕴藏民间的能动力量。

（六）在产业结构上，以第二产业为主并积极发展新兴产业

上世纪八、九十年代，民营企业在初创期往往存在资本小、技术力量薄弱、管理素质差等弱点，于是在产业结构上不得不选择以传统加工制造业为主要领域，尤其以从事轻工业生产小商品的小厂子居多。后来，由于这些行业过度竞争或转变为夕阳产业而成为微利行业，而高新技术产业在中国越来越红火，珠三角一些文化素质较高的民营企业家和一些有创业愿望和能力的科技人员都把目光集中到发展高新技术企业，从而导致大量资本逐渐流向新兴产业，也使珠三角地区出现一、二、三产业协调发展的可喜局面。

（七）在企业生产和管理上，积极引进先进生产技术和经营管理体制

在发展初期阶段，珠三角地区的众多民营企业主要是在传统产业，大多聚集在低技能劳动力高度密集的小商品制造行业，主要依靠简单工艺和手工技术。伴随民营企业日益壮大，资本积累不断深化，产业结构不断升级，它们开始添置较先进的生产设备，引进国外工艺技术，推动企业的技术进步，同时注重企业改革，使乡镇企业的生产和经营管理逐步实现现代化和科学化。在企业经营体制上，也开始注重以重点产品、骨干企业为核心通过重组、兼并、联合等多种形式组建企业集团，提高企业应对市场风险的能力，有些企业开始着手明晰企业内部产权、建立现代企业制度，努力构建企业核心竞争力以维持自身在市场中的持久竞争优势。

（八）在空间布局上，形成以专业镇经济为单元的块状分布结构

民营经济的发展促进了一批以特色产品为主导的专业镇的迅速崛起，这些镇聚集了大量的民营企业，围绕主要特色产品构建产业链，形成比较完善的生产、销售和配套服务体系，像中山市古镇的灯饰、东莞市虎门镇的服装以及小榄镇的五金制品在省内外乃至国内外市场都占有重要的地位，形成了以乡镇为地域分工单元的空间经济分布结构，充分利用当地有利条件，具有良好的地域分工效应、规模效应和集聚效应。

第二节 珠江模式的优劣势分析

广东民营经济以珠江模式作为运行的载体,保持了长期的高速增长态势,实践表明正是珠江模式成就了广东民营经济的持续和快速发展。该模式的高效率主要源于它具备有效的内在自我组织功能和外部资源吸取能力,因而是一种蕴藏着显著优越性的民营经济发展模式。然而,珠江模式的缺陷也是很明显的,近年来表现得尤为突出,只有对其加以完善才能带领广东民营经济继续成长。

一、珠江模式的优势

(一)大力吸引港澳厂商,充分利用外部资源

广东省尤其是珠江三角洲地处沿海,毗邻港澳,海外华侨、港澳同胞众多,各市县利用这一有利条件开展招商引资活动,极力引进外部资本。民营企业以港澳资本和海外资本为主要来源,而集体资本和群众集资所占比例不大。近三十年来,珠江三角洲及广东其它一些地区与港澳地区结成了互惠互利、共同发展的经济合作关系,并被公认达到了唇齿相依、盛衰与共的程度。近来由于 CEPA 协议的签订和实施,不仅大大方便港澳资本引进到广东境内,更有利于先进技术和设备、经营管理理念和方法、商业信息频繁地流入,从而源源不断地为广东输入有用资源。

(二)开拓外向型经济,较早与外部市场对接

在早期"三来一补"的中外合资方式中,大多数零配件、原料、设备、技术来自海外,而且生产出来的产品也出口到海外市场,每年以销售收入的一部分来偿还外商的设备和技术折款,这种方式使广东人能够达到白手起家、借船出海的目的。他们借助外商的销售网络直接将产品销给海

外客户，克服了自己对海外市场不了解、缺乏知识经验的弱点，轻易就绕过了外部市场壁垒，节省了营销费用，找到了海外合作伙伴，形成了以外向型经济为主要特点之一的民营经济发展模式。

（三）构建地方政府主导的多层次经营体系，发挥多方面的积极性

在乡（镇）村两级集体经济的架构下，乡（镇）村地方政府部门统筹谋划当地经济发展，搭建基础平台，发挥了主导性作用，实现公共资源的共建和共享。同时，五个轮子（乡办、村办、农民联户办、个体办和其他合作形式办）一齐转的多层次经营体系，有效地将各方面力量整合在一起。这种以集体经营为主，乡、村、组、联户和个体经营形式并存的模式体现了统分结合的优点，既形成合力又激发各自的活力，既发挥地方政府统揽全局、全面调控资源的功能，又有利于调动群众的创业热情，动员他们贡献自己的智力、闲散资金和海外关系。

（四）灵活的劳动用工制度，大量吸纳省外人力资源

不少民营经济属于劳动密集型制造业，需要大量的人力资源，广东省本地劳动力数量有限，很多人缺乏技能，而且他们大多家庭较富裕，不愿接受劳动强度大而又工资较低的工作，宁愿在家打牌看电视悠闲度日，因此珠江模式只能采取从省外获取人力资源的方式。

与国有企业和事业单位相比，民营企业的劳动人事制度非常灵活。员工的薪酬福利主要根据企业经济效益各部门和个人的工作业绩来确定以提高他们的工作积极性；在用人方面，不论应聘者的身份、资历和地域，不受人员固定编制的限制，完全按照个人能力和企业生产经营活动的需求来招聘、培养和配备人力资源，广泛吸引港澳和内地尤其是泛珠江地区的劳动力和人才。可见，珠江模式不仅是一种强力吸纳域外物质资本和技术资本、而且是敞开引进域外人力资本和劳动力的外源性经济发展模式，既是一种由港澳商人及海外华侨的外资托起的"侨胞经济"，也是一种由外地务工者支撑的"打工经济"。正是这种灵活的劳动用工制度为民营企业解决了人力资源问题，也为中国扩大就业做出了巨大的贡献。

(五) 发展特色产品，填补市场空隙

除了少数高新技术知名大企业以外，大多数民营企业规模小，资本薄弱，技术研发能力低，生产工艺不先进，因而只能着眼于生产一些能充分利用本地资源优势的小商品，或在市场细分的基础上选择以满足市场空隙作为目标市场、针对特定顾客群提供差异化的个性化产品，即实施"专一化战略"和"聚焦战略"以规避与强大竞争对手的正面较量。这种民营经济发展模式也就是一些经济学家所谓的"小狗经济"。如此既可以实现规模经济，又可获得专业分工的好处，还容易形成区域品牌效应，这实质上正是专业镇经济所具备的效率优势的体现，是专业镇经济能获得成功的原因所在。

二、珠江模式的劣势

(一) 外资比重偏高，资源过度依赖于外部获取

珠江三角洲地区民营企业的资本构成中有相当大的比例是利用国外的资金、技术和设备，这些生产要素按照合同条款折合为一定价值或股份的资本投入企业发挥了巨大的资本效能。虽然外部资本、技术、设备对于广东民营经济贡献突出，但从长期的发展角度来看，对外资的过度依赖，不利于中小企业自身的独立发展。随着民营企业的壮大，掌握企业的资本控股权、核心技术和自制关键设备就显得越来越重要。否则，民营法企业不仅大量利润会流入外商囊中，而且难以摆脱受制于人的命运，只能充当外商的附属车间，为外商加工低技术含量、低附加值的外围产品，不可能培育和积累企业有价值的核心资产。

(二) 外向程度很高，受国际经济波动的影响比较大

立足海外市场，产品以出口为主是珠江三角洲地区民营经济的显著特点，这种高度外向型的民营经济对广东省外贸收入的高速增长起了巨大的推动作用，有效地开拓了国际市场。然而，这也是一种对外依存度很高的经济，受国际经济波动的影响比较大，例如亚洲金融危机、美国"9·11"

事件、国际金融危机就曾对珠江三角洲造成很大的负面影响。国际环境的高度复杂性和不确定性给广东民营经济带来难以预期的各种风险,导致经济增长起伏不定,对企业经营管理能力特别是应对国际风险的能力提出了严峻的挑战。

(三) 筹资渠道多样化,导致企业产权不明晰

虽然私营企业的产权单一,不存在产权难界定的问题,但是大多数乡(镇)村集体企业筹措资本的来源具有多样化的特点,往往是外商投资、银行贷款、政府注入集体资本、个人积累和挪借、侨胞捐助等多种渠道为企业输血,从而也给企业带来了资本产权的多元化。这些资本随企业的成长而逐步扩大,原始产权变得难以清晰界定。在模糊产权下,企业缺乏真正负责任的主体,或者主体之间责任不清,或者集体资本严重流失。而且,产权不清使企业很难继续吸纳外部资本,使企业陷入"长不大"的困境。

(四) 集体企业受地方政府频繁干预,私有企业家族制度盛行

乡(镇)村集体企业是在政府高度干预下运营的,由于有些行政领导干部受短期化和片面化政绩观的影响,利用行政权力直接介入企业内部经营、管理和人事安排,试图使企业按长官意志行事,努力塑造任期内政绩卓著的有为领导形象。但是,这只行政之手由于排斥市场之手发挥作用,必然导致资源配置结果违背市场机制的配置取向,尤其是压抑了企业作为市场主体所应具备的自主经营能力,使集体企业缺乏活力,乡镇区域产业结构和空间布局结构不合理。另一方面,私营企业受家族企业制度内在弊病的困扰,没有形成规范的内部治理结构,企业管理制度也不健全,或有制度得不到贯彻执行,管理活动具有很大的随意性,个人专权、主观决策现象较严重,人事管理受血缘、亲缘影响造成优秀人才不为所用和严重短缺。

(五) 聚集在产业的低价值链中,产品附加值低

珠江模式是一种两头在外的外向型经济,产品设计和销售置于香港、澳门和国外,产品加工、制造和安装则放在广东省内,前者与后者构成

"前店后厂"的格局,又像"哑铃型"的生产分工体系,前者在"哑铃"的两头,而后者处在"哑铃"的中间杆子上。从发展现状看,珠江三角洲民营经济的出口结构是一般贸易出口额比重偏低,而加工贸易出口额比重偏高。企业主要为外方加工成产品,再出口到海外,依赖外商的销售力量,也没有研发能力,仅仅是生产中心,实际利用的是廉价土地、原材料和劳动力,不少地区并没有达到吸引先进技术目的。就价值创造而言,广东省民营企业处在价值链的低端,创造的产品技术含量低因而附加值也低,只赚取了一部分加工费,所占比重甚少,对当地其它相关产业的拉动作用不大,人们所得经济实惠也有限。而且,大量民营企业滞留在加工制造的低端,拥挤在一个狭小的行业中,导致产品供过于求,企业之间的竞争进入了恶性的循环之中。

(六)以粗放型增长方式为主,资源和环境问题越来越突出

广东从海外承接了大量传统产业和夕阳产业,这些产业技术简单,大多属于高能源消耗、高资源投入、高环境污染的制造工业。这些在国外已被限制甚至禁止发展的产业转移到落后国家,虽然促进了当地经济增长,提高了人民收入,但却造成了环境和生态灾难,使当地走上了粗放型的经济增长道路。广东省民营经济主要是这种增长方式,近年来,在经济快速奔跑的同时,资源紧缺现象趋于严重,污染问题成为环境不能承受之重,生态系统的平衡逐渐被摧毁,造成经济增长缺乏后劲和难以持续的尴尬局面。

(七)各地竞相招商引资,形成恶性竞争

外资对地区经济发展有很强的刺激作用,然而有些地区把发展经济简单理解成为招商引资,因此,有的地区为了吸引外资,不择手段,地区之间相互进行土地价格杀价攀比和税收减免,或者将一些淘汰产业、环境污染产业盲目接纳进来。引进外资的恶性竞争使得利益外流他人而本地经济和社会发展受益很少,群众增加收入有限。虽然场面热热闹闹,但是好看不中用,只长骨架子没有肉,不能对人民脱贫致富起到助推作用。

第三节 广东民营经济发展模式的效率评价

广东民营经济发展模式的效率可以通过两方面的比较来权衡，一是对广东民营经济发展的历史数据进行纵向比较，二是将广东与全国其它地区的民营经济发展状况做横向比较。

一、广东民营经济发展模式效率的纵向评价

回顾考察广东民营经济历年来的发展状况，可以获得有关其发展模式的效率的历史数据。从1992年到2002年底，广东个体工商户数平均每年以4.6%的速度增长，居全国第一；从1992年到2002年，私营企业平均每年更以22.93%的速度增长，总户数居全国第二；从业人员平均每年以18.87%的速度增长，资本注册总额平均每年以48.1%的速度增长，总量居全国第一。从2002年到2003年上半年，私营企业平均每天增长100户，每天新增就业1592人，每天新增注册资金1.85亿元。这些数据表明广东省民营经济模式是一种高效率的模式，造就了该省民营经济增长速度的奇迹[1]。

有统计资料证明以珠江模式为主要载体的发展方式使广东民营企业在规模、效益、社会贡献方面都取得显著成效。2008年广东省私营企业和个体工商户增加至73.2万户和302.52万户；从所产生的经济效益来看，2008年广东省民营经济增加值15133.33亿元，对全省GDP增长的拉动率达到4.3%；从创造的就业机会看，2008年民营企业就业人员2015.39万人，2009年一季度达到2075.39万人，增加60万人，占全社会从业人员

---

[1] 邵国良、张仁寿等，《广东民营经济发展的贡献、不足及对策》[J]，《南方经济》，2004年第12期。

总数的36.9%；2008年民营经济缴纳税金2226.09亿元，同比增长25.4%，占广东税收收入的28.9%，比2006年、2007年分别提高0.4个百分点和2.9个百分点①。

上述历史数据的纵向比较是对珠江模式的高效率最有说服力的注解，这说明广东省选择这一模式是正确的。珠江模式效率源于它在外部资源获取效率、海外市场开发效率、五轮驱动的内部资源动员机制的效率、高效运行的乡（镇）村双层经营制度所节约的交易成本、中小企业之间灵活市场交换的交易费用低于大企业内部的组织成本，因此实现和提高珠江模式的效率关键是要充分挖掘这五个方面的效率优势和成本优势。

二、广东民营经济发展模式效率的横向评价

以珠江模式为典型的广东民营经济发展模式是否真正具有高效率还应当经得起与全国其它地区民营经济模式的横向比较。广东省民营经济起步早，比大部分其它省份自然更发达，所以进行横向比较应选择像江苏省、浙江省这样民营经济发展好的沿海省份作为比较对象。

江苏省尤其是苏南地区民营经济起步早、发展好，而浙江省以温州地区民营经济最为著名，虽然起步相对晚些，但其发展面貌令世人赞叹，其内蕴的强劲活力更是吸引了社会的广泛关注。那么，广东省民营经济与江浙对比输赢如何呢？我们可以根据一些相关的研究材料来得到结论。

有研究者对粤江浙三省民营经济发展水平作了比较，认为众多发展指标表明三省民营经济不相上下，各有先后。广东民营经济在某些总量指标、出口贸易水平和民营科技企业等指标上居前列。其一、广东个私经济在总量上占优势。从个体工商户户数和注册资本来看，到2009年9月，广东共有个体工商户322.83万户，注册资本645.19亿元，居全国第一位；从私营企业户数和注册资本来看，总户数2008年江苏以81.64万户居首，

---

① 广东省统计局：《2008年以来广东民营经济发展情况分析》，http://www.stats.gov.cn/tjfx/dfxx/t20090608_402564032.htm。

广东以73.2万户居次,浙江以51.79万户排第三;注册资本2006年江苏以8,312.25亿元居首,浙江以7,733.50亿元次之,广东以7,649.65亿元排在第三位;其二、广东私营企业出口额居首位,虽然江浙增长很快,但广东仍占优势,2008年出口额已达667.12亿美元,占全国私营企业同期出口总额的1/3,比2003年上升了10.7个百分点,比2007年增加197家,全国第一;其三、广东民营科技企业实力较强劲,据这次省民营经济工作会议提供的资料,2007年广东各级科技部门认定的民营科技企业8100家,民营科技企业总产值为7300亿元,技工贸总收入超过7800亿元,均居全国首位。在广东省国家级和省级高新技术开发区中,民营科技企业占企业总数的50%以上,涌现了一批具有竞争优势的行业龙头和名牌产品,如深圳的华为技术有限公司2009年全球销售收入1491亿元人民币(约合218亿美元),净利润183亿元人民币,[①] 为国内数据通讯产品的龙头企业,与同为民营科技企业的中兴通讯一起,占了中国程控交换机市场的80%。

但是广东民营经济在以下几方面处于弱势:其一,从民营经济增加值占地区GDP的比重来看,2007年浙江接近70%,比广东高近27个百分点,表明浙江民营经济对地区经济的推动力强于广东;其二,从注册资本金看,2007年广东个体户户均资本金额2万元,而浙江为3.6万元,是广东的1.8倍。广东和浙江私营企业户均注册资本金分别为162万元和192万元,浙江比广东高出18.5%,表明广东个体、私营经济在个体规模、整体实力上不如浙江;其三,区域分布不均,地区发展不平衡。广东民营企业集中在珠三角地区,广州、深圳、佛山、东莞、珠海等五市私营企业45.1万户,占全省私营企业总数的74.83%。2007年增加值增速最快的地级市达到40.2%,而最低的只有10%,相差达30.2个百分点;其四,民

---

① 《华为2009年销售收入1491亿净利润183亿》[N],《第一财经日报》,2010 – 03 – 31,http://forum.home.news.cn/detail/74851132/1.html。

营龙头企业和品牌偏少,创新能力较弱。根据2006年全国工商联公布的规模以上(营业收入在2亿元人民币以上)民营企业的调研结果,浙江有31家民营企业进入全国100强,203家进入全国500强,而广东进入500强的民营企业不及浙江的1/20。在中国制造业民营企业品牌竞争力50强中,浙江民营企业占有23席,广东只有6席。在中国社科院公布的全国民营企业自主创新50强中,浙江占19席,广东只有8席。广东民营企业在品牌影响力、创新能力方面不如浙江;其五,"走出去"能力偏弱。2007年,广东和浙江私营企业出口额分别为667.12亿美元和501.04亿美元,同比增长36.1%和44.8%,增速浙江比广东高8.7个百分点;广东和浙江私营企业户均出口额分别为10.71万美元和11.13万美元,广东比浙江少0.42万美元,表明广东私营企业在"走出去"上不如浙江。其六,吸纳就业能力不足。2007年,广东个体工商户户均吸纳就业人数(按照工商登记口径)为2.16个,浙江为2.17个,略高于广东;从私营企业吸纳的就业人数来看,差距非常明显,广东私营企业户均8.8个,而浙江16.9个,几乎是广东的两倍。[①]

广东民营经济竞争力下降的根源在于珠江模式的劣势因素在新世纪到来的历史环境条件下凸现出来,成为阻碍民营经济继续发展的绊脚石。

第四节 珠江三角洲模式的衍生子模式

珠江模式的成功使它很快被毗邻地区学习参照,但并不是原样照搬。由于广东省各地区存在差异性,珠江模式的初期原型在向其它地区扩散的

---

① 黄少雄:《继续解放思想 推动广东民营经济科学发展》,2009-02-17, http://www.gdgcc.com/Articles/ArticleView.aspx?id=5175841735b3436ca17c300a1df528db。

第五章 广东民营经济发展模式

过程中被加以局部调整以适应当地情况，这就在广东不同地区衍生出珠江模式的几种子模式，这些子模式保持了珠江模式的基本特点，但又具有地区差别。这提高了子模式与本地实际状况的契合度，防止千篇一律地死套模式，体现了因地制宜的原则，能够产生更高的模式效率。

当前，随着广东省民营经济发展环境和资源的变化，珠江模式与环境、资源的匹配程度在减弱，加之长江三角洲和环渤海经济圈内其它民营经济发展模式的形成和显著成效，使得珠江模式日益受到挑战，人们开始对其质疑、反思并试图改造它，于是各种子模式开始了不同发展路径的探索，其结果是子模式的差别在扩大，珠江模式内部分化的趋势在增强。

关于珠江模式内部应当包括哪几种子模式还无定论。一般认为当一个地区的民营经济发展方式既承继了珠江模式的基本特点（如资源和市场的外向性，驱动力量的多元性），又有自己的个性，并且取得了较大成功，具有一定影响时才能列为珠江模式的一种子模式。有人主张珠江模式应当包含四种各具特色的子模式：靠衔接外资产业链条起家的中山·东莞模式，通过转制民营经济越做越大的顺德模式，重视原生民营经济做大做强的南海模式，促进民营科技企业竞相绽放的广州－深圳模式。[①]

我们将广东民营经济发展子模式归结为这三种：东莞模式、顺德模式、南海模式，这些子模式发展较好，各有特点。

一、东莞模式

上世纪八、九十年代东莞是珠江模式的发源地，以电子、机械、服装、塑料、化工等为主要产业，属于高度的外向型经济，长期处于以"来料加工"为主要方式的阶段，重点是建立以乡镇企业为主体的传统加工制造型工业城市。但近年来，东莞产业重点放在制造业、商贸、科技信息服务等新兴产业上，努力打好城市牌、外贸牌、民营牌，着眼于实现三个转

---

① 刘秀莲：《珠江三角洲民营经济发展模式研究探究》，http：//www.zsstats.gov.cn/data_stats/2004nj/03/35.htm。

变(即由加工型城市转化为现代中心城市、依靠体制创新和科技创新提升第三产业、促进经济结构的战略性调整),确定新的发展方向是建成以"国际制造业名城"为特征的现代化中心城市。

(一)东莞模式的形成和发展

东莞毗邻港澳,地处珠江三角洲黄金地带,经济基础较厚实,具有发展个体私营经济得天独厚的条件。早在改革开放初期民营经济就开始萌芽和起飞,几年前东莞成为继沪、深之后中国第三大外贸城市。2001年,东莞市委市政府提出"三张牌"(外资牌、民营牌、城市牌)的发展战略,颁布《关于促进民营经济发展的若干意见》,促进了东莞民营经济的大发展,推动民营经济呈现以几何级数增长的奇迹,与外资经济、公有制经济三足鼎立。三年来,东莞在科学发展观的指导下,围绕"建设现代制造业名城、生态绿城、文化新城"和"一城三创五争先"的目标体系,按照"创立一网两区三张牌"的发展新思路取得了长足进步。其中"三创"就是要创新民营经济发展模式、创新发展能力和创新发展环境,这是促进东莞民营经济步入新的发展轨道实现模式升级的重大举措。

(二)东莞民营经济的现状和特点

东莞个体私营经济经过改革开放30多年的发展,已迅速成长为一股巨大的经济力量,在全市社会经济发展中占据了十分重要的位置,并呈现出一些显著的"东莞"特点:

1、保持了高速发展的迅猛势头

东莞自2001年后在有利环境和优惠政策地推动下走上了发展的快车道,表现为企业户数、注册资金、交纳税收、出口贸易等指标的大跨步提高,企业数量扩大,2008年,东莞民营经济实现增加值1203.34亿元,占全市GDP的32.5%。民营经济一、二、三次产业的比例为0.4:37.6:62。民营第一产业增加值占全市第一产业增加值的40.5%。民营第二产业增加值占全市第二产业增加值的23.2%,其中,民营工业增加值占全市工业增加值的21.2%。民营第三产业增加值占全市第三产业增加值的43%,其中，民营住宿和餐饮业增加值占全市住宿和餐饮业增加值的86.8%；民营运输仓储邮政业增加值占全市运输仓储邮政业增加值的75.8%；民营房地产业增加值占全市房地产业增加值的59%；民营批发和零售业增加值占全市批发和零售业增加值的55%。也就是说，民营经济以第三产业为主，在第三产业的部分领域已占据绝对优势。个体工商户412674户，其中，批发零售业占个体工商户总户数的66.2%，住宿餐饮业、居民服务业合计占个体工商户总户数的18.5%。全市共有规模以上民营工业企业1275家，占规模以上工业企业总数的25.6%；实现产值880.57亿元，占规模以上工业总产值的13.9%。[①]

2、产业集群崛起

东莞个体私营经济早期零星散布在各村镇，随后逐步向某些具有区位、环境、资源优势的村镇地域聚集，一些行业在这些地区相对集中，众多大大小小的民营企业密集一处构成所谓民营企业"扎堆"的壮观图景，形成了一批卓有建树的专业街、专业村、专业镇，如虎门镇的服装业、大朗镇的毛织业、横沥和南城的制鞋业、清溪和石碣的电子业、城区和石龙的信息业、大岭山和厚街的家具业、埔田片的塑料制品业、山乡丘陵片的五金冲压、模具制造业、东城区的房地产业等，形成了产业链较为完整的产业集群，具有明显的集群效应、规模效应、专业分工效应，创造了较为明显的区域优势，成为繁荣当地经济、增加百姓收入的支柱。而伴随产业集群发展起来的会展经济也方兴未艾，吸聚八方客商云集于此，带动了本地各行业的发展，成为民营经济增长的新亮点，如"东莞服交会"、"东莞毛织会"、"东莞家具展"、"东莞电博会"等，都是在国内外享有一定知名度的会展品牌。

---

① 陈桂明：《东莞民营经济发展的现状、问题和对策》，广东省经济和信息化委员会网站，http://210.76.65.61/zwgk/jmzk/gdjm/201003/201003/t20100326_100610.html。

3、民营科技企业实力越来越强

东莞个体私营经济在长期的发展中,产业结构由初级向高级循序渐进提升,起初主要经营商业、饮食业、服务业,再逐步迈向制造业、建筑业、农产品加工业,而近年来则在新兴高科技行业异军突起。东莞民营科技企业规模不断扩大,科技含量不断提升,全市不少私营企业产品的设计、规格、质量等技术标准已达国际水平?。它们不断加大科技投入,更新生产设备,引进具有先进水平的管理模式,生产效率不断提高,企业综合竞争力不断增强。一些公司与大学合作成立科技研究院和博士后基地,每年自主研发新产品,申请国家专利。一批民营企业跻身于机电、电子通讯、生物技术等科技行业,高新技术产业所占比重迅速提高。据统计,2007年上半年东莞新增市级民营科技企业66家,累计达到1366家,比2006年底增长5.08%;新增省级民营科技企业19家,累计达到378家,比2006年底增长5.3%。① 民营科技企业已成为推动东莞产业升级的重要力量。

4、形成一批颇有影响的知名品牌

初期的东莞民营企业主要是生产商品让外商包销,满足于赚取"加工费",没有发现品牌具有强大的市场吸引能力和高昂的价值含量。他们看到自己生产的产品贴上外商品牌就能卖得多、卖得贵后才翻然醒悟,认识到利用品牌战略开拓市场的重要意义,于是逐渐从单纯贴牌生产转变为自主开发培育产品品牌。随着中国加入WTO后面临"与狼共舞"的残酷竞争,不少民营企业竭尽全力推进名牌战略,树立"先赢社会,再赢市场"、"先创诚信,再创效益"的经营理念,大力吸引、培养和使用各类优秀专业人才,建立现代企业制度,引进国内外先进管理模式、设备和技术,强化质量管理和企业诚信保证体系,开发一流的产品和服务,塑造企业良好

---

① 《新增市级民营科技企业66家》,东莞网,2007 - 09 - 04,http: // www.dg.gd.cn/dgnews/view.asp? ID = 13241F8597C0F2HC01S4D6Q8。

形象，最大限度地满足顾客的需要。同时，它们还通过中小企业合并成大型企业集团的方式来加速资本集中，重组企业组织结构和生产流程，高效率地组合优势生产要素，增强企业综合实力。这些创立自身品牌的积极措施，取得了一定的成功，涌现了步步高、虎威等一批颇具实力的知名品牌。截至2009年8月，东莞民营工业共有名牌名标232个，占全市工业名牌名标总数的81%。其中，中国驰名商标13个，中国名牌产品13个，广东省驰名商标124个，广东省名牌产品82个，主要分布在电气机械、电子信息、纺织服装、食品、家具、造纸、化工等行业。[①]

5、政府助推力与企业内驱力相结合

东莞民营经济发展的动力来源一是政府支持，二是企业自身成长冲动，二者相辅相成，共同推进民营经济实现飞跃发展。

在推进发展战略转变和发展模式升级方面，政府提出了"建设现代制造业名城、生态绿城、文化新城"、"创立一网两区三张牌"、"实现一城三创五争先"等具有历史突破意义的发展路径转轨，用城市发展的转型引导和带动民营经济的转型；在提供政策支持方面，东莞大幅修订和清除了一些阻碍民营经济发展的条款，如率先向民间资本放开大型市政建设项目、率先放开大型公益文化投资项目等举措，从而为民营经济由传统餐饮业、制造业、零售业向现代制造业、信息产业、生物制药业等新兴产业转轨升级拆除了政策性障碍；在政务服务方面，东莞成立了由市委主要领导挂帅的"民营经济发展领导小组"、"民营经济发展协调办公室"及"民营经济服务中心"，逐步在全市建立起一个政府指导、结构严密、运行流畅、服务优质的民营经济发展服务体系。为解决民营企业融资难的问题，举办大规模融资洽谈会、成立国内第一家面向民企融资的"民营企业融资辅导中心"。同时，东莞还建立民营企业投诉中心、开通东莞民营网、多次组

---

① 陈桂明：《东莞民营经济发展的现状、问题和对策》，广东省经济和信息化委员会网站，http://210.76.65.61/zwgk/jmzk/gdjm/201003/201003/t20100326_100610.html。

织数百名企业家赴国内一流高校学习、邀请著名学者到东莞为民企提供咨询服务，在全市范围内开展"50强民营企业"评选活动。

东莞市政府在为民营经济提供支持和服务的过程中很注意尊重企业的自主经营权，努力为其发展搭建平台、保驾护航，但不直接干预企业内部经营行为，使企业的活力得以充分迸发。一批民营企业越来越注重练好内功，由简单模仿他人转变为以管理和技术创新为本，掌握自主知识产权，着力培育核心竞争力。有的企业不再单纯以短期利润最大化为惟一目标，而是立足于长远发展目标，以诚信为本，主动承担社会责任，旨在建立起较为完善的"持续发展机制"，这表明东莞民营企业在进一步成熟。不少企业已经放弃单一依靠自我积累实现增长的封闭型方式，而是以强强联合、企业包装上市的开放型方式实现快速做大做强。

二、顺德模式

顺德是珠江三角洲西岸的先进典型，被誉为广东"四小虎"之一，这完全是民营经济发展所创造的成就，可以说民营经济对顺德的繁荣和发达起到了最重要的作用。

（一）顺德模式的形成和发展

顺德模式的形成和发展大致经过了三个历史阶段：

第一阶段，20世纪80年代改革开放之初，顺德选择了"工业立县"的发展目标，以"三来一补"作为主要的中外合资方式，制造业迅速崛起，尤其是家用电器成为支柱产业，顺德因此而成为全国最大的家用电器生产基地，顺德作为"家电之都"初具雏形。但随着企业规模的壮大，企业"产权不明、责权不清、政企不分、管理欠善"等问题日渐突出，国有资产流失的现象十分严重。为此，顺德在全国最早推行放权让利的企业改革，在全县开始进行以行政体制改革为先导、企业产权制度改革为核心的综合体制改革，政府扶持一批优质企业通过市场机制进行优化组合。

第二阶段，20世纪90年代初中期，新一届顺德党政领导按照"抓住一批、放开一批、发展一批"的思路，采取多种形式如股份与股份合作制、出让股权、拍卖、赎买、租赁与承包经营等搞活企业。经过大幅度的改革，基本完成了对市镇两级的国有、集体企业转制的攻坚任务，企业中公有股的比重下降而外商及民间投资者股份的比重上升，初步形成了以混合所有制企业为主的布局，将企业改造成为市场主体，形成了政府独资、控股企业、私营企业、外资企业、中外合资合作企业协调发展的格局，初步建立了较彻底的市场经济的框架。

第三阶段，20世纪90年代末期，顺德以国有资本主动退出竞争性行业和领域、导入民营资本为主调，要求所有政府机关将原来隶属的经济实体都分离出去，实现政企分开和政资分离，从而为民营经济的起飞开辟了广阔天地，涌现了一批名牌家电企业如美的、万家乐、科龙等。众多民营企业抓住发展机遇趁势而上，迅速进入了一些基础性产业、主导产业，但家电产业在顺德仍保持支柱产业地位，从而步入一业为主、多业并举的新的历史时期。在引进外资方面，由于这个时期欧美资金大量流入，顺德在区内的广东高新技术产业开发区里设立欧美工业区，定向招商，一批大企业也开始与国际大企业合作，由过去仅把目光瞄准港澳资本转变为既重视引进港澳资本又重视引进欧美资金。

(二) 顺德民营经济的现状和特点

三十多年来，顺德民营经济在政府扶持下，狠抓企业改制改造，内挖潜力，外引资源和市场，重视产业多元升级、先进技术开发应用和品牌建设，从而推动顺德经济增长，速度之快堪称奇迹。总的看来，顺德民营经济发展模式有以下特点：

1、民营经济成为顺德经济的支柱力量

顺德曾因经济发达而被评为全国十强县之首，这主要应归功于民营经济的雄厚实力。据统计，2008年顺德区民营经济增加值993.21亿元，增长16.5%。在规模以上工业总产值中，2008年民营企业产值2315.11亿元,增长21.5%,对规模以上工业总产值增长的贡献率为68.7%①。在私营和个体经济发达的顺德,虽然遭受了国际金融危机的巨大冲击,但2009年以来工商户却大幅度增加。据顺德区工商局公布的最新统计数据显示,2009年上半年全区新登记个体工商户6824户,私营企业2037户,国有、集体企业68户,外资企业63户。平均每日新增38户个体户、12家企业②。

目前,顺德民营企业活跃在社会经济的各个领域,发展势头强劲,民营经济可说是占了顺德经济的"半壁江山"。民营经济已占顺德GDP的59.7%,总量上缴税收(未含海关代征)占全区57.2%,民营企业已占据顺德经济中的绝对主导地位,已成为支撑国民经济持续快速健康发展的主要力量。在"2006-2007年度广东省百强民营企业"评选中,顺德共有9家企业上榜。其中美的集团、格兰仕集团分别位居第一和第三位,乐从供销集团、新协力集团、精艺金属、顺特电气、顺德酒厂、科达机电、德美化工分居第16、42、45、47、52、76和79位。据悉,入选广东省百强民营企业基本条件为,企业评审当期两年平均营业收入达2亿元以上,纳税额1000万元以上,利润总额1000万元以上。评判标准有两项指标:包括营业收入、利润、纳税等在内的经济运行指标和包括专利、科技进步、品牌、质量认证、纳税信用等在内的创新性指标。这充分表明,近年来,顺德大量民营企业纷纷走向资本市场,通过股份制改造、建立现代企业制度,公司治理结构日益规范,规模和竞争力等综合素质都显著提升。③

---

① 参见《2008年佛山市顺德区国民经济和社会发展统计公报》,南方网,2009-04-30,http://fs.southcn.com/xwss/sz/content/2009-04/30/content_5113603_3.htm。

② 参见《顺德工商户日增50家》,奥一网,2009-07-23,http://fs.oeeeee.com/a/20090723/755852.html。

③ 参见《广东百强民企顺德占9家》,《珠江商报》,2008-09-01,http://info.yidaba.com/zxzx/qyjj/7785858.shtml。

2、国有集体企业改制是形成顺德民营经济的主要途径

随着顺德改革地深入，公有资产在一般竞争性领域陆续退出，在大力推进集体所有制企业改制的过程中，公有资本产权被转让出去，大量吸收民间资本，从而使集体经济在较短的时期内完成了向民营经济的嬗变。改制之后，在顺德原生型的私营企业、个体工商户，以及原国有、集体企业所占比例很少，而由集体企业改制后形成的民营企业成为顺德经济的主干力量之一，与外商投资企业平分秋色，例如在桂洲、龙江、乐从、陈村、勒流等镇，民营经济都占了镇经济的一半以上。

顺德的产权制度改革比广东以至全国其它地方进行得更早、更彻底，它的几家大型民营企业几乎都不是原生型的民营企业，而是从集体企业转制而来。例如2001年初，美的公司的管理层与工会共同组建一家投资公司——顺德美托投资有限公司，持有美的公司二成股份，成为公司第一大法人股东，公司管理层取代政府机构成为企业的控股者。还有万家乐公司，原是顺德一家市属公有制企业，后来民营广州汇顺投资有限公司成为该公司第一大股东，掌握了控股权，从此政府不再直接参与企业的日常管理。此外，科龙原来也是一家公有制企业，同年底，顺德容桂镇镇政府把自己所持有的科龙股份的股权转让给了格林柯尔发展有限公司，使它成为中国制冷行业规模最大的一家民营企业。

3、发达的家电产业是顺德经济的支柱

顺德享有"家电王国"、"家电之都"的美誉，因为顺德生产的电冰箱、空调器、微波炉、电风扇、电饭煲、电子消毒柜、热水器等十几个家电产品产销量均居全国第一，家用电器工业产值占全国同行业15%左右。顺德大道从南到北约10公里的车程内云集了五个中国驰名商标——科龙、容声、美的、万家乐、格兰仕。[1] 家电产业占了顺德GDP近一半的比重，

---

[1] 陈晟：《顺德：另辟新径转制民营》，南方网，2003-02-17，http://www.southcn.com/finance/gdmqgc/gdmqgcdfjy/200411180418.htm。

据统计，在顺德整个经济总量中，工业占了70%，而家电、电子信息占整个工业的71%。①

顺德的一批大型家电业企业都是改革开放初期就建立起来了的，当时政府提出"以集体经济为主、以工业为主、以骨干企业为主"的政策导向，给予这些企业有力的扶持，加上家电产品处于市场需求快速增长期，竞争对手较少，顺德家电企业赢得了难得的先发优势，很快在国内市场占据重要地位，以家电为代表的"顺德制造"享誉全国，使顺德成为当时全国县域经济的一个"标杆"。随后，大批国有和集体企业完成了向民营企业转制的历史性突破，大步迈上了发展的快车道。不过，近几年，由于全国家电的行业性不景气，顺德家电企业市场销售额停滞，利润日益减少，面临更激烈的竞争。为此，一些企业纷纷加大产品更新换代的力度，提出了从传统家电业向现代家电业升级的发展思路。

4、产业结构由"一业独大"走向"一业为主、多业发展"

目前面对家电市场饱和的严峻挑战，顺德意识到过分依赖传统家电产业的局限性，工业结构单一，未来的发展空间较小，而且"鸡蛋放在同一只篮子里"的风险较大，也不利于全面提高顺德的综合发展水平。于是，顺德对此作出了战略性调整，确定了要由"一业独大"向"一业为主，多业发展"转变的产业发展规划。

顺德新的产业结构可概括为：促进传统家电向现代高档家电提升，继续保持家电的支柱地位，以制度创新为依托，努力缔造"家电名城"，与此同时，努力发展电子通信、光机电一体化、生物制药、现代商贸物流业、旅游业、特色农业，形成以高档家电为主、其它新兴产业共同发展的局面。

为实现这一目标，顺德正在加速城市化进程，加大基础设施建设力

---

① 姚斌华：《昆山 VS 顺德："外企"战胜"民企"?》，人民网，2005-09-23，http: //unn. people. com. cn/GB/22220/39486/39492/3721617. html。

度，特别重视高新技术地开发和引进，为信息和生物技术产业创造条件；合理调整商业布局，引进一批大的国际零售企业，包括沃尔玛、吉之岛、特易购等零售巨头；发展旅游业，开发内容丰富的旅游项目，如文化旅游、水乡旅游、工业旅游、农业旅游、购物旅游、美食旅游等；顺德美食小有名气，很有发展潜力，有句话："食在广州，厨出凤城"，凤城就是顺德；顺德力争在特色农业方面有大跨越，例如陈村花卉世界已经成为人所尽知的大品牌。

5、顺德民营经济已具备相当雄厚的科技力量

顺德民营经济非常重视技术的作用，在科技开发方面投入大量的人力、物力和财力，努力建立技术创新和发明创造激励机制，抓好发明专利申报工作，保护知识产权，强化以企业为主体的技术产品开发机构，完善自主知识创新体系。这一系列行动取得了显著成效，科技成果获得了累累硕果。

在2008年，顺德专利申请量共有7500多件，其中6000多件获授权。2009年1~9月，顺德企业的专利申请量近6000件，其中4000多件获授权，专利申请量和授权量继续领跑全国县级区域。至此，无论是从专利申请量还是授权量，顺德已连续14年领跑全国县级区域。① 顺德目前有国家级专利试点企业"美的集团"、"科龙电器"等两家；省级专利试点企业有"康宝电器"、"科达机电"、"格兰仕"、"万家乐燃气具"、"伟雄集团"、"申菱空调"、"新宝电器"、"顺特电气"、"亿龙电器"等9家，以及区级专利试点企业"顺德开关"等8家。在这些专利试点企业中，大部分企业确立了专利工作的激励机制，对从事专利技术创造、保护和管理的工作人员加以奖励。尤其是在政府实施专利资助和奖励办法以后，部分试点企业也相应地调整和修改了相关的奖励办法，有的试点企业还专门设立了奖励

---

① 参见《顺德专利申请领跑全国县级区域》，中国顺德总商会网，2009-11-02，http://www.shundegcc.com/GccContent.aspx?ID=1269。

基金加大了奖励力度，奖励金额更高达100万元以上。这19家专利试点企业的专利申请量，已经占了顺德总体申请量的1/4。①

同时，顺德深刻认识到开发技术的关键在于开发人才，而顺德最缺的就是高层次人才。为此，顺德下大力气筑巢引凤，广泛延揽优秀人才，改革用人制度，形成人才辈出的机制，优化人居环境，建设人才高地。自1999年顺德首家企业博士后科研工作站在美的成立以来，截至2008年7月，顺德区已设立18家企业博士后工作站，分别占全省149家的近八分之一和全国1653家的百分之一强。全区企业博士后工作站共引进了85名博士后研究人员进站工作，目前已出站55人，其中13人留在顺德工作，1人留在禅城工作，目前仍在站30人。进站的博士后共开展了131个博士后科研项目的研究，其中国家级项目7个，省部级项目26个。企业博士后工作站的设立和博士后进站开展科研工作，不仅为顺德区企业直接或间接产生经济效益几十亿元，还为企业直接引进和培养了一批高层次专业人才，带动了企业自主创新和高层次人才队伍的建设，确立了企业在技术领域的领先地位和竞争优势，促进了顺德区经济和社会发展。②

三、南海模式

改革开放以来，南海经济和社会发展取得了长足进步，综合实力长期雄踞全国百强县（市）前茅，被誉为广东经济发展"四小虎"之一，形成了以非公有制经济，特别是民营经济迅猛发展为标志的"南海模式"。据统计，至2008年底，南海拥有民营工业企业2.1万家，实现工业总产值1893亿元，规模以上民营工业企业实现产值1779亿元。民营经济创造了全区75%的工业产值、50%的进出口总值和50%以上的税收来源，并为近

---

① 参见《顺德专利申请总量突破二万》，珠江商报，2008-01-08。
② 参见《引进博士后构建顺德人才高地》，佛山市政府网，2008-08-08，http://www.foshan.gov.cn/xxgk/zwdt/wqdt/sdzw/200808/t20080808_1026074.html。

80%的本地人口提供就业,是南海经济发展的中坚力量。①

(一) 南海模式的形成和发展

南海民营经济发端于改革开放,成长于八、九十年代,并在世纪之交逐步走向成熟,南海模式的形成和发展大致经过了三个历史阶段:

第一阶段,从改革开放初期至邓小平同志1992年视察南方之前。1984年,当时的南海政府提出"国营、集体、个体经济一起上","镇、公社、村、生产队、个体、联合体企业6个轮子一起转"的政令孕育了民营经济的种子,一批受惠于家庭联产承包责任制的农民"洗脚上田",创办了一批小五金、小冶炼、小化工等个体私营企业,使南海很快步入了中小民营企业崛起时代。到了上世纪90年代初期,南海的非公有制经济已经与国有经济和集体经济三分天下。

第二阶段,从邓小平同志1992年视察南方到党的"十五大"召开。邓小平南巡发表重要讲话后,计划经济体制开始解冻。在市场经济浪潮中,南海市委、市政府着力发展规模型和混合型经济,促进民营经济上规模、上档次,民营经济总量迅速扩张,逐步形成了以第二产业中的加工制造业为主导,以铝型材、建筑陶瓷、纺织等传统行业为支柱的产业发展格局。1997年南海区农村经济总收入达到541亿元,其中民营经济总收入275亿元,撑起了南海经济的"半壁江山"②。

第三阶段,从党的"十五大"召开到现在。党的"十五大"召开了,民营经济发展环境进一步改善,在此利好政策影响下,南海民营经济的整体素质和实力得到进一步提高,融资能力、管理机制、技术创新水平等都实现了质的飞跃。同时,2003年南海"撤市设区"并入大佛山后,南海区政府认为当时仍然占据南海经济相当比重的陶瓷、部分金属、塑料制品等

---

① 舒华:《南海区民营经济发展历程及现状分析》,佛山市政府网,2009-12-24, http://www.foshan.gov.cn/xxgk/ztjs/zxzllxx/llyt/xzgyth/200912/t20091224_1437329.html。

② 同上。

传统产业，由于附加值低、能耗环保问题已不再能够代表南海未来的产业方向，因此提出以内源经济为主，以外资经济扩充南海经济增量的"双轮驱动"策略，汽配、智能家电、电子信息产业等成为三大新主导产业。在这些政策引导下，南海民营产业开始优化升级，信息产业、化工粘胶、汽车及摩托车轮、摩托车整车和配件、家电、内衣、装饰板材等行业迅速崛起，成为了南海民营经济新的增长点。非公有制经济总收入占农村经济总收入70%以上，真正成为支撑南海经济发展大厦的"顶梁柱"。

（二）南海民营经济的现状和特点

与珠江三角洲许多地区不同的是，南海的产业集群大多是自发形成的，以内源性经济为主。经过三十多年的发展，从家庭小作坊到规模化经营，从简陋的设备到现代化生产线，从简单的粗加工到引进高新技术进行更新换代，从在地理上的简单集聚到内部形成专业化分工合作体系，南海的产业集群正在逐渐走向成熟。总的看来，南海民营经济发展模式有以下特点：

1、以专业镇为依托形成强大的产业集聚效应

南海产业集群的发展大多从"一村一品、一镇一业"开始发展壮大，逐渐形成气候，故有专业镇经济之称。1985年10月4日，广东省政府批准南海九江、盐步、平洲、官山（西樵）、小塘、大沥、里水、官窑八镇为珠三角经济开发区第一批重点工业卫星镇。技术创新和行业分工合作的日益专业化，使南海各个专业镇逐渐在国内相关行业建立起举足轻重的地位，品牌效应随之提升。2001年，原金沙镇被广东省科技厅确定为广东省五金专业镇；随后，从2002年到2004年，金沙、西樵、里水等八个镇陆续成为国家行业协会和省有关部门核定的"专业镇"。至此，南海基本形成了"一镇一品"的产业格局。

目前专业镇产业的特色化、集中化、网络化和区域化相对显著，特色产品的产销量在全省甚至全国占有相当的比例，如大沥以铝型材为主的有色金属加工业产值占到全镇工业产值的65%，年产铝型材达80万吨，产销量约占广东市场的 50%，全国市场的 30%；产品畅销全国各地，远销东南亚和欧美。平洲是华南地区最大和全国著名的制鞋产业基地，其产品在国内外市场都享有较高的声誉，产量达 4000 多万双，在国内市场占有率约 30%，在广东市场占有率约 60%，产品出口率达 50% 以上。官窑是全国有名的塑胶、布绒玩具生产基地，其加工生产的玩具销往世界各地。中美玩具厂是官窑玩具的龙头企业，生产的芭比娃娃占全球产量的 35%，精品芭比产量占 90%。金沙的小五金产值可以占到全镇工业产值的 80% 以上，产品在国内市场占有率约 20%，在广东市场占有率逾 40%，产品直接和间接出口近 50%。专业镇这种经济形态，既是当地经济发展的特色，更对当地经济发展起到重要的支撑作用。①

2、建立现代企业制度，大胆走规模化、品牌化企业发展之路

南海众多的家族式管理的民营企业在完成原始积累之后，并没有满足现状，而是及时、充分认识到实行产权制度改革和管理制度创新、建立现代企业制度是企业增强竞争力的重要途径，因此在近些年纷纷开始了以管理创新和科技进步为推动力的"二次创业"。目前，南海区共有规范的民营有限公司、股份公司 3096 家，有 5 家上市公司，有十多家企业正在或准备进行上市辅导，不少大型民营企业通过股份制改造，吸纳社会法人和个人资金，建立起多元化的产权结构和法人治理结构，引入现代公司制的管理方式，实行产权制度与管理制度的创新，实现了由私人资本向社会资本、由家族管理向科学管理的转变。如联邦家私集团有限公司建立起比较完善的公司法人治理结构，汇聚了大批专业人才，由当初十几个人的小作坊式家具厂发展成为享誉国内外的大型家私企业集团。到目前为止，南海区产值超亿元的民营工业企业已达到 322 家，共拥有 5 个中国驰名商标、

---

① 参见《"南海模式"的新内涵》，南海中小企业网，2007 - 04 - 13，http：//www.nhsme.gov.cn/cyjq_show.asp? id = 3。

15个中国名牌产品、58个广东省名牌产品、67个广东省著名商标①。

3、从模仿到自主创新,民营经济市场竞争力不断提高

南海民营企业的发展是从仿制开始起步的。随着企业规模的不断扩大和市场环境的变化,从上世纪90年开始,南海民营企业开始逐渐意识到自主创新的意义,从1999年开始启动行业技术创新中心建设,西樵、金沙、盐步、松岗、大沥、平洲、官窑以及南庄纷纷依据自身的产业特点组建了技术创新平台。

不管是过去的产品模仿还是现在的自主创新,在南海民营经济的发展过程中都起到了关键性的作用。如西樵布料产业集群有上千家纺织厂,以前主要是靠"剪刀织布"。企业家从外地出差或参加展销会时,把自己看中的布料式样剪下来带回来,然后进行模仿生产。当地企业家形成了一个根深蒂固的观念——纺织就是仿制。针对中小企业普遍存在科技含量低,研发投入不足的缺陷,1998年,西樵开始全力实施"科技兴纺"战略,在政府的积极扶持下,成立了电脑制版公司和南方纺织技术创新中心,并和东华大学合作建立博士后流动站,与国家纺织工业局信息中心和产品开发中心合作创办纺织流行趋势研究和开发中心。这些措施不仅使整个区域实现了从剪刀织布到电脑设计织布的转变,而且在创新中心的带领下,当地的一些中型企业纷纷设立了自己独立的技术开发机构。中心成立几年,共开发了1万多个新品种,市场命中率高达80%以上,新产品开发到上市的周期从原来的20~30天缩短为3~5天,新产品开发的成本下降50%。②到2006年,西樵共有100多个面料品种荣获国家纺织产品开发中心授予的"中国流行面料"的称号。

据初步统计,到目前为止,南海民营企业中已有国家火炬重点高新技

---

① 舒华,《南海区民营经济发展历程及现状分析》,佛山市政府网,2009-12-24, http://www.foshan.gov.cn/xxgk/ztjs/zxzllxx/llyt/xzgyth/200912/t20091224_1437329.html。

② 参见《"南海模式"的新内涵》,南海中小企业网,2007-04-13, http://www.nhsme.gov.cn/cyjq_show.asp?id=3。

术企业 3 家,省级高新技术企业 107 家,省级民营科技企业 108 家;有 2 家民营企业拥有院士工作室,拥有省级工程技术研究开发中心 22 个,市级工程技术研究开发中心 53 家,区级工程技术研究开发中心 125 家。① 这些研发机构地建立为企业不断更新产品、巩固国内外市场发挥了重要作用。

4、积极参与国企改革,通过兼并联合与收购重组迅速做大做强

"十六大"我国正式吹响了国有资产管理体制改革的号角,2003 年底国资委和财政部又共同发布《企业国有产权转让管理暂行办法》,在这些政策的指引下,南海区加快了国有企业改制、国有资产重组的进程。而在这一进程中,南海一些民营企业积极参与并购国有企业、受让国有股、购买国有资产,成为南海国有经济改革的主要参与者。目前,南海市属、集体企业转制已达到 95.2%,其中民营经济的介入面超过 90%,成为国有、集体企业顺利转制的接力棒。同时,近年来,南海民营企业已积极走出国门,通过兼并联合与收购重组的方式做大做强。例如,2001 年,亚洲铝厂与美国鹰都铝业实施强强联合战略,投入巨资 2 亿多元,兼并两家铝型材厂,迅速扩大国内外市场份额,并成功在香港证券交易所上市,在短时间内完成了爆炸式扩张,成为铝型材行业的世界十强企业。又如,华光板材厂抓住亚洲金融危机造成东南亚各国货币贬值的有利商机,果断出击,以低廉的价格在马来西亚买断了近 1000 平方公里的山林开发权,组建直升机运输队和远洋运输船队,规模迅速膨胀,成为亚洲最大的胶合板生产基地②。

---

① 舒华,《南海区民营经济发展历程及现状分析》,佛山市政府网,2009 - 12 - 24,http://www.foshan.gov.cn/xxgk/ztjs/zxzllxx/llyt/xzgyth/200912/t20091224_1437329.html。
② 刘秀莲:《珠江三角洲民营经济发展模式探究》,http://www.zsstats.gov.cn/data_stats/2004nj/03/35.htm。

第六章

广东民营经济的主体：民营企业发展状况

民营企业是民营经济的细胞，广东民营经济的发展最终取决于民营企业的发展水平。从制度的视角审视，民营企业主要为家族企业；从规模的视角看，民营企业主要为中小型企业。本章拟在介绍广东民营企业的发展状况的基础上，对家族企业和中小型企业的一些深层问题进行探究。

> 珠江模式及其
> 发展前景

第一节 民营企业发展概况

改革开放以来,广东民营企业的发展一直处在全国前列,已成为国民经济中最为活跃的经济增长点,在经济建设中起着重要的作用,逐渐显露出它在优化资源配置、创造社会财富、优化产业结构、扩大就业以及稳定社会等方面的重要作用。但是,广东民营企业总体水平还比较低,企业的发展层次还不高。广东民营企业的总体发展状况主要表现在以下几个方面:

一、民营企业的总量和规模

经过30年的发展,广东民营企业总量逐渐扩大,实力不断增强。民营企业的固定资产投资的力度在不断加大,2008年全省民营经济共完成固定资产投资4258.86亿元,增长20.1%,占全社会固定资产投资的38.1%;民营企业的社会就业人数逐年增加,2008年,民营单位从业人数2015.02万人,比上年底增长4.6%,占全省总从业人数的36.9%;产值上,2008年全省民营经济实现增加值15133.33亿元,同比增长9.5%,民营经济对全省GDP增长的拉动率为4.3%;税收上,2008年全省民营经济实现税收收入2226.09亿元,同比增长25.4%,占广东税收收入的28.9%。① 特别是一批大企业逐渐成长起来,如太太药业、广东榕泰等一批上市的民营企业都是在行业领域享有很高声誉的大型企业。

但由于先天和后天的诸多不足和不成熟,广东民营企业总体水平还比较低,单个企业的发展层次还不高,存在着"民营经济总规模不少,民营

---

① 广东省统计局,《2008年以来广东民营经济发展情况分析》,http://www.stats.gov.cn/tjfx/dfxx/t20090608_402564032.htm。

第六章　广东民营经济的主体：民营企业发展状况

企业上规模的不多；产值总量不少，上缴税收不多；注册总户数不少，有特色的不多和私营企业家不少，知名度高的不多以及新增民企不少，近年增幅不多"的明显发展滞后现象。2006年上半年，广东省个体工商户为237.35万户，远远领先于江苏的177.76万户、浙江的176.94万户、山东的172.65万户、上海的28.09万户，但具有较大规模的私营企业发展水平广东却并不占优，在全国仅排在第三位。至2006年上半年，广东私营企业共有51.01万户，不及上海的55.33万户、江苏的54.72万户；注册资本（金）广东7,649.65亿元，也不及江苏的8,312.25亿元、上海7,733.50亿元。注册资本1亿元以上企业广东为469户，也不及上海（623户）。[①]

二、民营企业的产业结构

广东民营经济的产业结构不合理，高新技术产业所占比重小，且多以劳动密集型产业为主，主要是集中于第三产业的一般加工业、运输业、小商品经营，生产设备、生产技术和产品工艺都处于低水平，相当数量的是手工劳动或半机械化操作。大量民营企业挤拥在资本投入少、资金回笼快、科技含量较低的一些狭小行业中，在产品供过于求的情况下，企业之间也就陷入了恶性竞争之中。

当前广东省民营企业的区域发展不平衡，东西两翼和山区等地区的民营经济实力偏弱，民营企业的规模、实力和生产总值都还不够理想，发展主要集中在交通、信息、现代化程度都比较发达的珠三角和粤东一带。广州、深圳、佛山、东莞、珠海等五市私营企业45.1万户，占全省私营企业总数的74.83%。佛山的陶瓷业、东莞的服装和小商品、顺德的家具制造业、阳江的刀具、中山的灯具、惠州的制鞋业、云浮的石材业等等，都表现出较高的发展势头。2007年增加值增速最快的地级市达到40.2%，而最

[①] 广东省工商局，《广东个体私营经济发展势头强劲》，2006-08-10，http://www.gdgs.gov.cn/news/gsglxx/show_content.asp?id=3803。

低的只有10%，相差达30.2个百分点。① 因此，广东民营经济如果能真正形成一种区域协调发展的格局，那么将极大地增强广东的经济活力。

三、民营企业的管理架构

大多数民营企业是家族与企业合而为一的结合体。从企业运行角度分析，它不可能完全按照家族运行的规则，也不可能完全按照现代企业的规则，存在较严重的制约民营企业成长的制度缺失。

在企业组织形式方面，有限责任公司已经成为民营企业的主要法律组织形式。民营企业主为了规避制度风险和改变企业自身形象，组建有限责任公司，健全监督制衡机制，但是这些往往流于形式，相当程度上只是一种摆设，其本身并没有真正形成现代企业的公司内部治理机制，业主和家族成员在企业股份中占有主体地位，处于绝对控股状态，业主具有"一言九鼎"的绝对决策权，监事会的监督徒有虚名。自2001年以来，得益于管理层对民营企业上市政策的松动以及扶持力度地加大，一批家族企业如太太药业、广东榕泰等纷纷上市，建立起完全意义上的股份有限公司。但这些民营企业都是家族绝对控股的企业，并不符合现代企业的基本制度特征，带有产权结构单一和决策机制高度集中的缺陷，中小股东的权益容易被忽视，个人决策失败的可能性较大，使民营企业经营具有较大的风险。

在企业治理结构方面，所有权与经营权没有分离，业主及其家庭成员在企业中几乎掌握了企业所有的权力。由中国社会科学院社会学所、全国工商联研究室共同组织对21个省市自治区的250个市县区的1947家中小私营企业进行的抽样调查显示：中小私营企业所有权与管理权紧密结合、决策权和管理权高度集中在企业主手中，"董事长兼总经理"是最普遍的老板身份，大部分企业是投资者与经营者一体化，家庭成员在企业中身居

---

① 黄少雄：《继续解放思想，推动广东民营经济科学发展》[J]，《广东经济》，2008年第4期。

要位，表现出深厚的家族控制特色。①

四、民营企业的企业文化

加强企业的制度文化建设是民营企业突破成长约束的一个关键。民营企业经营者对企业文化的认识还很模糊肤浅，企业往往缺乏价值观念的强有力支撑、思维方式的启迪、行为规范的引导、共同愿景的凝聚。即使有些家族企业自觉推行了企业文化管理，但也处于自发的管理阶段，与现代企业文化管理相距甚远。

但是，民营企业文化还是有其特殊的内涵和特征。许多民营企业是"家长式"的家族企业文化，具有血缘性、亲缘性的特征，充满类似家族的文化特色及组织功能。组织遵循的是企业创始人长期形成的个人价值理念；领导有意无意地建立家长式的权威，且将此种权威建立在道德伦理基础之上；组织内强调和谐的家庭气氛，特别重视形成"组织是一个家、全体员工都是一家人"的感觉；组织内以家庭中的长幼辈分形成明显的层级化等级秩序，依关系亲疏形成组织内的核心成员与非核心成员；建立私人感情以维持特殊的合作关系和相互信任；鼓励团队精神，刻意形成以组织领导为中心的骨干团体和以血缘、亲缘为纽带联系起来的泛团体。

第二节　家族特色的民营企业

家族企业作为一种至今仍遍布世界各地的企业组织一直受到国内外的高度关注，在中国也有着悠久的历史，现在和将来依然具有存在和发展的客观依据，学者对家族企业的本质有着多角度的理解，而关于代际传承、

---

① 应焕红：《家族制与民营企业的制度创新》[N]，《经济参考报》，2004年9月22日。

内部治理机制等问题也一直是困惑理论界和实业界的热点。

一、中国家族企业的历史渊源

将中国家族企业放在历史背景中加以审视，把研究视野伸向历史，探讨中国家族企业的演变，考察中国家族企业起源及其制度变迁，可以从中探询中国家族企业成长的特殊环境和路径，表明家族企业在历史上曾是具有强大动力的组织形式。

中国的家族企业可谓是源远流长，最早可以追溯到春秋吴越时的范蠡，他协助越王勾践灭了吴国之后，"乘扁舟浮于江湖"，与儿子一起经商，成为巨商，史称"陶朱公"。之后，历朝历代以家庭为单位从事经商的活动绵延不绝。自宋明起，中国商品经济的经营单位便由小家庭自然地扩大为家族集团，中国明清资本主义萌芽时期的徽商就是巨大家族式的工商业集团。一直到清末和中华民国时期，人们一般都是以家庭或家族为依托从商和创办企业，家族制企业的数量和规模达到了空前的水平。

新中国成立后的三年过渡时期，家族制企业曾一度步入繁荣，但在"社会主义改造"中，主要生产资料转归全民和集体所有，家族制企业很快全部被"改造"为公有制企业，例如荣毅仁家族企业的公有制转型就是当时的一个典例，荣毅仁因此而被誉为"红色资本家"。

直至改革开放初期，沉寂了二十多年的家族企业又开始兴起，到现在已有近30年的发展历程。这一时期家族企业的发展大致可分为三个阶段：第一阶段：1978年~1992年，一批进不了体制内企事业单位的城镇个体户和农村专业户自谋出路，这时兴起的自由企业组织——个体工商户就是由家庭组织直接衍生而来，其劳动者主要由家庭内部人员组成，开始了以家庭为单位的经营，迈出了中国家族企业发展的第一步。第二阶段：1992年~1997年，邓小平发表南巡讲话，同年，党的十四大召开，家族企业进入了高速发展时期。第三阶段：1997年至今，1997年，中共十五大把民营经济确定为国民经济的"重要组成部分"，家族企业由此进入理性发展的时期。这一时期家族企业有两个特点,一是开始实施产业多元化和国际化,二是开始进行创新产权制度和管理制度和探索。例如希望家族四兄弟共同创业,智慧分家,精心设计产权利益纽带,从单个的家族企业发展成了四个企业集团组成的企业家族。南存辉三次主动发起股权之变,以家族股份稀释整合更多社会资源,率先提倡"新集体主义";朱宝国家族以职业化代替家族管理,取信于资本市场,利用资本市场"做更多的事"。

二、家族制企业继续存在和发展的理由

家族企业不仅有悠久的发展历史,而且预计将来家族企业在很长时期内也仍然是民营企业的主流,中国最近一轮家族企业勃兴的事实也说明,在家庭这种古老的组织中仍然蕴藏有相当神奇的力量,在现今中国转轨这种独特的市场环境中,家族特色企业仍然有存在和发展的根据和必然。

(一)家族成员之间有较强的信任关系

市场经济本身是信用经济。市场经济中的竞争包含一系列深刻的人类生活秩序,尽管市场经济是竞争的经济,但是这种竞争不同于动物间的野蛮厮杀,要求竞争主体遵守以信用为核心的行为规则。市场经济作为人类文明的历史形式,在道德建设上所要求的核心在于信用,否则便无市场经济秩序而言。因为,市场经济的一切交易活动,无不遵循信用关系,例如商品市场和要素市场上的买卖、银行对企业的借贷、证券市场上的交易等等,都要以信用准则为基础,要求各方恪守信用。

既然信用关系是市场经济中作为客观存在的经济关系,那么,它就对社会提出供给信用关系的需求。而以家族为核心的伦理道德观念恰恰确立起来了一种信任关系,对于降低经营风险能够起到重要的作用。在中国的转轨时期,由于旧的制度化信任的瓦解,而新的制度化信任长期无法建立,信任已经成为中国市场化过程中最为稀缺的资源。在这种情况下,以血缘构筑起来的天然的信任关系,就成为企业填补制度化信任成本最低的替代品。换句话说,中国的特殊环境中,家族企业可能是一种理性的企业组织形式。这实际上是中国企业长期无法超越家族企业形式的一个更加本质的原因。①

从委托代理的角度看,对于不可信的经理人,为了激励、监督和约束他们,所有者需要付出很高的代理成本。家族内的信任关系规避了委托代理风险,简化了企业的监督和激励制度,降低了心理契约成本、激励成本、监控成本和代理成本,使企业可以低成本运作。从这个角度观察,家族企业作为一个有效率、有竞争力的经济组织就是一件容易理解的事情了。由于中国职业经理人市场的不成熟和社会信用体系不健全,家族企业不敢信任和聘用外部经理人,这就造成私营企业所有者必然选择家族治理结构,因为他们相信以血缘亲情为基础的信用而不相信以契约约束为基础的信用。

(二) 家庭具备协调内部关系的高效机制

依据现代企业理论的观点,市场经济下人们对交易方式和交易组织的选择会受到交易成本的影响,交易成本决定交易方式与组织形式。人们之所以选择家族形式的企业制度而不是更先进的现代企业制度,与家族制企业较低的交易成本密切相关,家族企业通过企业与家庭的有机结合,来降低企业内部的交易成本,从而增加企业收益。简言之,人们是为了节约交易成本而选择家族企业的组织形式,家族制企业之所以能够继续存在和发展是因为它是一种高效的企业治理方式。

家庭具备一整套完备的伦理道德规范和观念体系来约束父子、夫妇、兄弟及其他亲属关系。中国家族企业中的家长权威制度、遗产继承制度、亲情规则等传统家庭伦理法则能够有机地协调成员之间的劳动和经济关系,从而大大降低企业的组织成本。特别是在市场经济发展初期,市场秩序不够正常,产权和契约法规尚不完善的环境下家族制度成为一种有效的替代制度。千百年来家庭都是有效的基本经济单位,例如中国传统农业就

---

① 徐泰玲:《解惑家族制》[J],《董事会》,2005年第8期。

第六章 广东民营经济的主体：民营企业发展状况

是以这种小家庭为单位承担的。同样，在工业经济生活中，由家庭成员组成的小企业或个体商贩，家庭伦理法则起着协调全家男女老少生产劳动与生活劳动、管理劳动与手工业劳动、主要劳动与辅助劳动、户外劳动与户内劳动的作用，可以最充分地发挥家族成员的功能，把人和物密切地结合在一起最大限度地利用时间、节省原材料、降低成本。

家庭、家族及其扩展的地缘、朋友关系形成了一个大家熟悉的制度环境，在这个环境中，每个人的性格、爱好、行事风格、品德都彼此熟悉，降低了成员之间的磨合成本，工作中易于形成默契的协作关系。

传统家族制度中的等级制度和"尊上"、"忠信"、"服从"观念，在家族中形成了家长制权威，有利于组织和领导，将其运用于企业的经营管理过程中，可以减少企业内耗，降低管理控制难度，节省管理制度的制定与执行成本。

（三）家庭亲情有很强的凝聚力

传统家族中的血缘关系、伦理规范、家族制度形成一根强有力的纽带将家族成员紧紧地整合在一起，特别是家族中的亲情友爱，将全体成员紧紧联系在一起，同甘苦共患难，使企业具备很强的凝聚力。建立在血缘关系上的个人合作有显著的优越性，它弥补了契约合作中人际关系紧张、分工僵化、制度生硬的缺陷，这对家族企业的生存和发展无疑有重要意义。在中小型民营企业中，以人为本的管理文化严重缺失，而家族亲情一定程度上起到了补偿作用。

以几千年儒文化为代表的传统伦理特别强调家庭价值，使家庭成员更容易建立共同的价值观和目标，从而更容易进行合作。在委托代理关系下，资产所有者和代理人的目标常常不一致，客观上也存在着代理人的"逆向选择"和"道德风险"问题，企业资产所有者可能面临资产流失的危险。而家族成员之间具有共同的价值理念，具有实现家族繁荣的共同奋斗目标，并且由于他们能够共享家族发展的成果因而具有共同的利益，因此，他们有强烈的企业奉献精神。家族企业组织有别于一般的经济组织，其内部的人际关系直接根源于与生俱来的血缘关系，成员间有密切的联系和依恋。家族亲密关系为实现个体效用最大化与家族企业效用一致化提供了机会，效用的一致必然促进家族成员紧密的团结协作。

三、家族企业的本质探讨

家族企业的本质问题是研究家族企业的基础，但是对于家族企业的本质，目前理论界尚未达成一致的认识。家族企业并不是一个在法律意义上可以注册登记的企业组织名称，也不是一个仅仅从经济学和管理学的角度就可以界定清楚的企业组织，学者们通常从家族成员参与度、家族所有权、家族管理控制权、家族文化、社会关系、家族愿景等维度来研究家族企业的本质。

（一）以家族成员的参与程度来界定家族企业的本质

这是西方学者提出的具有操作性的一种方法，即以家庭参与程度和参与模式为变量对家族企业进行界定。这种观点认为，应从家族参与和影响企业的程度来判断一个企业是否是家族企业，同一个家族至少有两代参与这家公司的经营管理，并且这两代衍接的结果，使公司政策和家族的利益与目标有相互影响的关系。

在家族企业的演变成长过程中，家族成员在企业中的参与度是不断变化的，从而家族企业内部的治理结构、运作方式和组织行为也有程度不同的特征，相应的也造成人们对家族企业做出了几类不同的理解。对应家族企业不同发展阶段家族成员不同参与程度，家族企业可分为三种形态：第一类形态是企业成员只包括亲属的纯粹意义上的家族企业，以饮食、杂货、文具、日用品的小商店以及制造食物或简单日用器具的小工厂居多，人员几乎来自同一家族，只有在忙不过来的时候，才会雇用少数几个帮手；第二类形态，企业管理层和一些核心岗位都由家族成员占据，而其他职员都招聘外部人员；第三类形态，企业只有高层管理岗位被家族成员控制，其余均为非家族成员；第四类形态，家族只掌握企业控股权，参加董

第六章 广东民营经济的主体：民营企业发展状况

事会，但不参与企业日常经营管理。①

（二）从企业资本所有权的角度界定家族企业

从所有权角度来界定家族企业是至今理论界的主流看法，以盖尔西克②为代表的观点认为，应从所有权的角度来界定家族企业，这是判定一个企业是否属于家族企业的基本轴线。具体而言，如果企业的全部或大部分的企业产权归家族所有，并且建立了长期家庭契约以行使对企业资源的使用权、收益独享权和转让权，这类企业可以判定为家族企业。非家族企业则是基于市场交易关系构建的关于企业产权的契约结合体。

相当多的学者就是从这一基本轴线出发对家族企业进行界定的。从这种观点出发，一般认为家族企业是指公司的创始人或他们的后代在公司中担任重要职务，并控制着相当多的公司股份的企业，或指企业的资本和股份主要控制在一个家族之中，领导层的核心位置由同一家族成员出任的企业。③

有的学者认为家族持股比率应当大于某个临界控股持股比率才能算做家族企业，但临界控股持股比率是多少并无公认值，家族到底该掌握多少股权才能被视为家族企业，由于不同家族企业的财产所有权的集中程度不同，再加上不同国家或地区的公司法的差异，很难用一个明确的量化标准来界定家族企业。④

（三）以经营控制权为核心来界定家族企业

与盖尔西克等不同，有的人主张以经营控制权作为判定家族企业的标

---

① 储小平：《家族企业研究：一个具有现代意义的话题》[J]，《中国社会科学》，2005年第5期。
② K·盖尔西克：《家族企业的繁衍》[M]，经济日报出版社，1998年版。
③ 周琦光：《用科学发展观引导家族企业可持续发展》[J]，《今日科技》，2006年第4期。
④ 应焕红：《家族制与民营企业的制度创新》[N]，《经济参考报》，2004年9月22日。

准,例如孙治本提出要以经营权为核心来定义家族企业①。他认为:当一个家族或数个具有紧密联盟关系的家族直接或间接掌握一个企业的经营权时,这个企业就是家族企业。金祥荣和余立智②也倾向于以创业家族是否掌握以及在多大程度上掌握企业的控制权作为区分"家族企业"与"非家族企业"的基本识别标准。尽管人们对这种界定家族企业存有很大歧义——因为在所有权和经营权经常分离的时代,大多数人都认同应以所有权而不是经营权作为区分企业性质的根本标尺,但是企业内部的经营控制权的配置也的确是家族企业研究必须关注的一个关键问题,因此,也有不少人从这一角度去认识家族企业。有的观点认为,由一位或数位家族成员所拥有和控制的企业即为家族企业,血缘、工作、所有权这三种共同体构成家族企业的精髓;有的认为家族企业是由创业者掌管大权、次要管理职位则由其家族成员担当的企业,或完全采用人治管理方式,或是从人治过渡到法治,规章制度成为其重要特点,或是经营权与所有权分离,即自己拥有所有权,而非家族成员掌握经营权的现代意义上的企业。③

(四) 从社会关系网络的角度定义家族企业

家庭、家族关系及由此延伸的泛家族关系是一种特殊的关系契约,家族企业的创建和成长、治理效率都可以从这种关系契约中得到解释,这是家族企业的显著特征,所以,我们可以通过观察企业是否以这张网来支撑自己来识别它是不是家族企业。从这一角度定义家族企业的主要是一些社会学者。费孝通认为,中国乡土社会采取了差序格局,利用亲属的伦常去组合社群,这社群里的分子可以依需要,沿亲属差序向外扩大,直至天下

---

① 孙治本:《台湾家族企业的内部整合及其领导风格》[J],《战略与管理》,1996 年第 5 期。
② 金祥荣、余立智:《控制权市场缺失与民营家族制企业成长中的产权障碍》[J],《中国农村经济》,2002 年第 8 期。
③ 储小平:《家族企业研究:一个具有现代意义的话题》[J],《中国社会科学》,2005 年第 5 期。

可成一家。正是中国人"家"的概念的伸缩性，使得从网络结构的角度透视华人家族企业具有特别的意义。汉密尔顿[1]认为中国的家族企业通过一系列随着时间地点的变化而扩张或收缩的联系而表现出来，企业的界限经常是模糊的，因为它们不能完全通过财产权、所有权、控制权来定义。相反，企业的界限是由通过社会性的关系使人们联系在一起的网络来定义的。[2] 家庭、家族关系网络及其延伸的泛家族关系网络是家族企业生存与成长的土壤，家族企业有了这张网才得以创办和有效运作，因此，从社会关系网络的角度理解家族企业能够打开我们探索家族企业的眼界，获得新的认识成果。

（五）从文化的角度定义家族企业

这一维度是雷丁[3]界定家族企业的侧重点，他认为，家文化规则是支配家族企业的重要维度，缺少这一个维度，就不能完整地把握家族企业这一复杂的组织体。即使在那些注重规范化治理的家族企业中，尽管家文化氛围可能较淡薄，明确的职业分工和严格的制度管理会逐步形成，但家文化始终渗透其中。

按照这一观点，华人家族企业实质上是一种文化产物，是华人调节人际关系、工作运作方式的长期习而不察的基本模式，也是中国家族企业的一个重大特色。家文化规则在人力资源地整合中起着润滑剂的作用，并随着家族企业治理制度而逐步演变，从用人唯亲到亲情能力并重，再到适当接纳、唯贤是举，再到以人为本主义的组织文化为主导。

---

[1] 转引自潘必胜：《乡镇企业中的家族经营问题》[J]，《中国农村观察》，1998年第1期。

[2] 储小平：《家族企业研究：一个具有现代意义的话题》[J]，《中国社会科学》，2005年第5期。

[3] 雷丁：《海外华人企业家的管理思想－文化背景与风格》[M]，上海三联书店，1993年版，第158－159页。

（六）行为主义的观点

这种观点主张从行为的角度研究家族企业，在理论界不占主流。研究家族企业的目的，是为了区分家族企业与非家族企业的企业治理行为和企业绩效的差别，因此，揭示企业的本质应采用行为主义方法定义家族企业，目的在于探寻提高企业绩效的谜底。从行为主义的角度看来，家族企业的产权是一种行为选择权，是影响企业绩效的治理行为。最具代表性的是 Chua，Chrisman 和 Sharma，他们认为家族企业的产生源于对家族成员共同愿景的追求，是由一个或少数几个家族提出愿景、控制且能够接代持续的企业。[①]

（七）从多维的角度来界定家族企业

这是从企业产权、控制权、行为主义等多个维度来揭示家族企业的本质，具有代表性的如美国企业史学家钱德勒。钱德勒从所有权和经营控制权这个角度出发，对家族企业的定义是："企业创始人及其最亲密的合伙人（和家族）一直掌有大部分股权，他们与经理人维持紧密的关系，且保留高阶层管理的重要决策权，特别是在有关财务政策、资源分配和高阶人员的选拔方面"，[②] 这是关于家族企业的一个经典定义，也被称为结构主义的研究范式。有的从这一角度出发，认为家族企业可以包括两部分，一是家族拥有的企业，二是家族控制的企业；还有的从行为主义和产权两个角度将家族企业定义为：家族为了追求家族愿景在约束条件下做出的家族跟企业耦合的一种选择，是基于亲属关系构建的关于企业产权的契约结合体。

四、家族企业要解决的基本难题

近几年家族企业研究已成为热门话题，学者们对家族企业的研究也是

---

① 转引自罗斌：《伦理治理与标准治理》[D]，2007 年。
② 转引自罗斌，《伦理治理与标准治理：家族企业内部治理的双重机制及其优化》，经济学家，2006-04-14，http://www.jjxj.com.cn/articles/9952.html。

第六章　广东民营经济的主体：民营企业发展状况

多层面多维度的。本书为了把对家族企业的研究继续推进一步，这里，就两个基本问题的研究做进一步的分析，以期引发更多的深入探讨。

（一）企业内部双重治理机制的协调

在中国的特殊环境中，家族制在未来相当长一段时间内，将仍然是家族企业治理的一个主流模式。对于家族企业，我们可以期望的不是家族制度的根本性转变（对中小家族企业而言尤其如此），而是如何在不改姓的前提下使家族制向更加现代的形式演进，促使家族企业与时俱进，不断更新"家"的概念才是家族企业关注的核心问题，也是家族企业有效推行委托代理制的难点所在。

从逻辑上判断，只要制度创新带来的边际收益大于边际成本，企业主作为理性的经济人，一定会采取"效率"更高的企业治理模式。而现实当中大多数企业主并不愿意完全放弃家族制，往往采取将家族制与先进的治理制度结合的办法，那么一定有它存在的理由。仔细深思，我们认为其原因在于家族企业内部实际上可以结合双重治理机制：家族制的伦理治理机制和公司制的正式治理机制。伦理治理机制与正式治理机制在家族企业内并不具有尖锐矛盾，而是可以相辅相成的。

家族企业的正式治理机制，是指基于市场交易关系的正式契约建立激励与约束机制，协调企业内部的责权利关系。这种以市场交易关系形成的正式契约形式多样，如员工雇用合同、企业规章制度等。家族企业的伦理治理机制是指家族企业把家庭伦理作为引导企业发展的一种手段，运用基于血缘关系的非正式契约——家族契约来建立相应的激励与约束机制，协调企业内部的责权利关系。正式治理机制和伦理治理机制作为家族企业内部治理的双重机制，二者同时存在，相互制约，协同作用。正式治理机制对伦理治理机制的缺陷具有弥补作用，是对伦理治理机制的一种优化；伦理治理机制的强化会制约正式治理机制发挥作用的范围和强度，同样，伦理治理机制的强化会弱化正式治理机制的影响力。正式治理机制与伦理治理机制的作用范围具有一定的交叉性和替代性，因此，家族企业能否成为一个有效率的组织形式,关键在于其内部治理双重治理机制能否达成有机协调,共同发挥各自应有的作用以优化企业的治理行为。①

具体来讲,二者发挥作用的范围和强度主要取决于企业的规模,即可以在企业内大体上按以下原则结合:对于中小规模企业,可偏向于家族型企业,即伦理治理机制在企业的内部治理中居于主导地位,正式治理机制处于次要地位;对于较大规模企业则偏向于现代公司的委托代理制,正式治理机制比伦理治理机制更居于主要地位。双重机制相配合力求达到的目标是:既要明确企业内家族成员的资产所有权,又要明确企业内非家族成员的权利和责任,增加企业成员对自身应有收益预期的稳定性,增强对企业的责任感和归属感;既要充分发挥家族伦理治理集中决策所具有的快速、权威的特点,同时也要扩大企业民主,鼓励企业内非家族成员参与企业治理;既实现经理人员的社会化,又保护和发挥家族成员的积极性,妥善安排创业元老的分流,有决策能力但管理能力不强的可以进董事会,两方面能力都差的可以进监事会,无合适岗位的则只做股东,家族内缺乏的人才可面向社会公开招聘。

(二)企业主的代际传承

选好企业接班人是任何家族企业都无法回避的问题。虽然目前中国多数企业还处于创业阶段,绝大多数企业处于创业者的掌控之中,传承问题并不凸现,但接班人的选择和代际传承机制的建立问题已经产生。进入新世纪之后,第一代民企创业者经过20余年的奋斗,如今平均年龄介于50至60岁之间,我们发现很多家族企业的第一代创业者开始淡出视线,逐步退居幕后,有的已经由第二代顺利接班,如广东金辉集团,将企业发展壮大的重任传承到第二代民企所有者身上,以代际传承为契机促进企业实现新的发展战略和向现代公司制过渡,延续家族企业的生命线,为企业进行

---

① 罗斌,《伦理治理与标准治理:家族企业内部治理的双重机制及其优化》,经济学家,2006-04-14,http://www.jjxj.com.cn/articles/9952.html。

第六章 广东民营经济的主体：民营企业发展状况

二次创业提供新的推动力。家族企业的传承是敏感又易发生问题的重大事项，直接关系到家族企业的生命延续。部分家族企业，由于没有妥善解决企业掌控权的传承，不仅没有给企业带来稳定和发展，反而因为新管理者的上台和权益进行再分配导致一系列问题，既得利益者的权利被损害，使其它主要利益关联人产生了心理抗拒，家族成员间发生信任危机。当重要岗位进行人事大调整时，往往使企业内人心不安，优秀员工由于担心被炒鱿鱼而干脆自己跳槽，使企业人才流失严重。很多家族企业并不是在继承者手里发展壮大，而是引发混乱，甚至陷入困境。所以，家族企业绝不可疏忽代际传承机制的建立和完善。

家族企业面前的接班人人选无非两种：一种是家族后代，私有产业以世袭的方式传承看起来是顺其自然的事，因为中国传统的"子承父业"和"肥水不流外人田"的观念；另一种是职业经理人，当企业主亲属成员中没有能胜任的接替者时，就只好从社会上引进职业经理来掌管企业。

从现实看，大多数家族企业主都是让自己家族的后代来做接班人。主要通过以下途径解决企业接班问题：一是子女接受国内外大学教育后回企业接班，许多家族企业领导人都把子女送往欧美或国内名牌大学接受高等教育，毕业后再进入企业；二是让子女独立创业，鼓励子女另起炉灶，自办公司，使之从中得到锻炼，这在学历为大学的企业主中较常见；三是在本企业内工作，这是主要的接班方式。企业家们一般都非常重视子女在本企业内的"实战"训练，子女学成回来后从基层做起，一个台阶一个台阶地走上去，逐步走上掌门人位置。为了让自己的后人顺利接班，许多家族企业都不惜从娃娃抓起。据说，李泽钜和李泽楷八九岁时，李嘉诚便专设小椅子，让他们列席公司的董事会；四是先安排子女到别的企业供职，学习别人的长处，然后再回来工作。

然而，"子承父业"作为众多家族企业普遍采取的方式，在实践中存在一些问题，由于深受传统文化、家庭环境、父子亲情、业主心理、子女素质和利益相关者等多因素的影响，常常引致激烈的父子冲突、子辈冲突、所有权与经营权两权矛盾和"逆向选择"接班人的现象。为此,家族企业一定要将建立完善的代际传承机制当作一项关系企业存亡的基础性工作,要在家族内挑选继承人时,及早制定家族企业的传承计划,形成解决传承矛盾的协调机制,确保家族的和谐以及企业传给后代的持续性。

首先,选择内部接班人关键要看家族成员是否拥有良好的综合素质,传承者是否有能力承担推动企业向前发展的重任。西方家族企业在传承人问题上的一些经验对中国家族企业具有借鉴意义:美国家族企业非常重视接班人的素质状况,在已选定了接班人的家族企业中,84.5%选择的是40岁左右受过大学教育的家族成员。在制定了接班资格认定政策的企业中,38%的企业要求接班人具有在家族企业以外至少3年的工作经验,22.3%的倾向于给对企业贡献大的家族成员更多股份,而10.1%的则计划给那些不参与企业管理的子女较少股份,甚至有6%的不给其任何股份。[①] 因此,家族企业要有一套健全而完善的内部接班人培养、选拔机制,利用有效的内部人才培养机制,寻找真正了解企业并有具备杰出管理才能的接班人。例如国际知名的IBM公司就是利用所谓的"长板凳"计划来培养自己的专业管理人员,日本的职业经理人中有80%通过内部培养的方式成长起来。[②]

其次,安排接班人应努力实现企业掌门人的平稳转承,在接班人正式接管企业之后,上一任管理者应为新的管理者提供必要的咨询意见及家族内部协调工作,采取"扶上马,送一程"的方式帮助企业在权力交接期内平稳过渡,使接班人在企业内逐步树立威信;对于其他与企业有关的家族成员,应多做解释、疏导的工作,以化解矛盾形成齐心协力支持新当家人开创新局面的企业内部氛围。

---

① 苏启林,郑海天:《中美家族企业比较》,中国经济网,2004年9月2日,http://www.ce.cn/new_ hgjj/hongguanzl/200410/18/t20041018_ 2016135.shtml。

② 郑磊:《打破家族企业再发展的坚冰》,中国营销传播网,2004年2月5日,http://www.emkt.com.cn/article/139/13921.html。

第六章 广东民营经济的主体：民营企业发展状况

第三节 中小型规模特色的民营企业

从规模上考量，民营企业大多规模较小，以中小型企业为主，因此，思考中小企业如何发展对于探索民营经济发展模式就有着非同寻常的意义。

一、中小企业的发展态势

广东中小企业在经历二三十年的成长后，其增长速度、规模结构、地域分布、产业特征以及组织形式发生了显著的变化，与国内其它省份相比，也有着本省的地方特色。

（一）中小企业的增长

广东中小企业的发展出现了新的发展潮，已经成为广东经济增长的新亮点，主要表现在以下方面：

其一，民营经济增长幅度喜人。至2009年9月末，广东省实有私营企业79.54万户，同比增长7.7%，注册资本14772.74亿元，增长13.47%；国有、集体及其控股企业18.47万户，负增长4.25%，注册资本14767.54亿元，增长13.86%。私营企业实有户数和增速都大大超过国有和集体企业。个体工商户达到322.83万户，同比增长6.71%，资金数额645.19亿元，比上年末分别增长7.32%[1]。2008年，全省民营经济实现进出口总额1096.49亿美元，占全省进出口总额的16.0%，同比增长10.6%，增速比全省平均水平高1.8个百分点。[2]

---

[1] 广东省工商行政管理局：《2009年广东省第三季度市场主体情况及分析》，http://gzzz.c-gec.cn/news_view.asp?id=252。

[2] 广东省统计局：《2008年以来广东民营经济发展情况分析》，http://www.stats.gov.cn/tjfx/dfxx/t20090608_402564032.htm。

其二，中小企业市场表现要优于其他类型企业。2009年上半年，规模以上中小工业实现增加值4981.57亿元，占规模以上工业增加值的71.21%，其中小型工业完成增加值2548.07亿元，同比增长12.2%，分别比规模以上工业、规模以上大型工业和中型工业高出7.8个、8.7个和14.3个百分点。①

（二）中小企业的规模

经过多年的蓬勃发展，广东中小企业仍以小规模为主，但是其中有一些企业已经达到相当大的资产规模。2008年，广东中小企业所占总企业数量比重合计为99.26%。按100万以下、101万~500万、501万~1000万以及1000万以上分级，调查企业注册资金规模的分布为47.62%、25.56%、10.53%和17.29%，净资产规模的分布情况是15.04%、24.81%、12.78%和27.82%。这些数据说明注册资本和净资产规模上1000万元的中小企业在广东已占有相当比重，广东中小企业的企业资产规模特征正在逐渐变化。

（三）中小企业的地区布局

广东中小企业地区分布很不平衡。2008年的数据显示，无论是企业总量还是各类型的企业，珠三角都占有绝对优势，企业在省内各地域的分布极不均衡。从企业数量看，珠三角、粤东、粤西和粤北的企业数量占全省企业总数的比重分别是79.45%、8.74%、7.05%和4.76%，珠三角的企业数量占有绝对优势。② 而在粤东的潮州、揭阳，粤西的阳江、云浮和粤北的清远、河源等6个地级市则根本无大企业，当地经济发展和社会进步主要靠中小企业支撑。

---

① 广东省经济贸易委员会综合处：《2009年上半年广东省中小企业和民营经济企稳回升》，http://www.chinaacc.com/new/403_425/2009_9_25_xu752015265152990028200.shtml。

② 参见《对接创业板　广东中小企业有优势》，http://www.gzxz.gov.cn/Article/ShowArticle.asp?ArticleID=18572。

(四) 中小企业的产业分布

2008 年的调查显示,广东中小企业的产业分布面广,其中化工、电子、机械、建材、商业、轻工、其他服务业、食品、纺织位列前十。过去,人们一般认为中小企业只能进入门槛不高、资本构成低、劳动密集型的行业,但现今随着大批高新技术中小企业的设立,传统中小企业的产业特征在悄悄地发生着变化,反映出广东中小企业的技术结构和产业结构在向更高层次转化。近年科技型民营企业迅速发展,成为广东高新技术产业发展的重要力量,2008 年,全省各级科技部门认定的民营科技企业 7740 多家,比上年增加 197 家,占全省高新技术企业 50% 以上。在省国家级和省级高新技术产业开发区中,民营企业数占开发区企业总数的 80% 以上。[1]

(五) 中小企业的组织形式

广东中小企业的组织形式越来越与主流的现代企业组织形式的发展同步。广东中小企业中,采用了股份有限公司的组织形式,占所有企业的 10.91%;采用有限责任公司组织形式的企业有 49.09%,采用这两种企业组织形式的企业数量占调查企业数量的 60%。此外,采用个人独资形式和合伙制形式的企业数量分别占调查企业总数的 21.12% 和 16.36%。[2]

三、中小企业发展对策

中小企业要在激烈竞争的市场格局中求得生存和发展,需要政府的有力支持,也需要企业进行自我改造,克服自身的先天不足,释放自身的能动性。

(一) 制定和落实全省中小企业发展基本思路

广东省确定中小企业发展的指导思想是:以邓小平理论和"三个代表"重要思想为指导,按照党的十六届三中全会、中央经济工作会议和省

---

[1] 广东省统计局:《2008 年以来广东民营经济发展情况分析》,http://www.stats.gov.cn/tjfx/dfxx/t20090608_402564032.htm。

[2] 参见《对接创业板 广东中小企业有优势》,http://www.gzxz.gov.cn/Article/ShowArticle.asp?ArticleID=18572。

委九届四次全会精神,认真贯彻落实《中华人民共和国中小企业促进法》和省委、省政府《关于加快民营经济发展的决定》及其12个配套文件。以加强指导、完善服务为宗旨,以加快民营经济大发展大提高、引导民营企业积极参与国有和集体(乡镇)企业改革为主题,以创造公平发展环境和促进建立各类社会服务体系为重点,继续抓好"一、二、三、四、五"项工作。"一法",即加快民营企业立法,使民营经济发展真正做到有法可依;"二系",即中小企业信用担保体系和服务体系建设,真正解决中小企业尤其是民营企业发展面临的一些共性、关键性的问题;"三个创新",即致力推进民营企业制度创新、技术创新、管理创新,不断提高民营企业综合素质;"四类企业",即着力扶持科技型、外向型、吸纳下岗人员再就业型、农产品加工型民营企业;"五个环境",即致力优化法制环境、政策环境;政务环境、市场环境、舆论环境,为民营企业营造一个公平、公正的发展环境。重点解决三难(中小企业立项难、用地难、融资难)和打响一个品牌(办好中国中小企业博览会,使之成为一个品牌)。①

值得强调的是,这些构想只是明确了政府的努力方向,反映了政府对中小企业未来发展的宏观期望,最终还需落实到中小企业的微观管理当中去。中小企业应当积极顺应政府的政策导向,充分利用好各项优惠政策,密切配合政府相关管理举措的实施。只有发挥政府和企业两个方面的积极性,广东中小企业大繁荣的局面才能实现。

(二)构建中小企业扶持体系

要克服不利于中小企业发展的体制性障碍,形成扶持民营经济发展的政策法规体系、融资体系、技术开发支持体系和服务体系,促进中小企业的发展环境得到优化。

其一,完善发展中小企业政策法规体系。积极开展立法调研、论证和

---

① 参见《广东省中小企业局2003年工作回顾和2004年工作安排》,2004年2月12日,http://www.szsmb.gov.cn/content.asp?id=4547。

座谈,积极推进中小企业发展条例的立法进程。以实施《行政许可法》为契机,推进有关部门继续清理或修订限制中小企业发展的法律、法规和政策,消除歧视性政策。贯彻落实《广东省贯彻实施<中华人民共和国中小企业促进法>指导意见》,促进我省民营经济发展迈入法制化轨道,出台和落实《广东省促进民营企业发展条例》,为促进中小企业成长提供有效的政策法规支持。

其二,进一步推进中小企业服务网络建设。为了落实省政府颁发的《关于加快我省中小企业服务体系建设的意见》,要努力办好《广东中小企业服务网》、《广东中小企业信息网》和《广东民营经济信息》等方式,及时把有关政策信息传递到有关部门和民营企业;国土部门要认真落实《关于支持民营经济发展若干用地政策的实施办法》,对有关用地扶持政策落实情况严格检查,切实解决民营企业用地难问题;民营企业投诉中心要强化对民营经济政策落实情况的监督,妥善处理民营企业投诉;鼓励中小企业服务机构举办多形式的企业经营管理人员培训、技术培训、技术专题研讨会和专家咨询活动,为中小企业和民营企业提供优质高效服务。

其三,认真贯彻《关于加快我省中小企业信用担保体系建设的意见》,调动金融机构、信用担保机构与中小企业合作的积极性,进一步拓宽民营企业的融资渠道。2008年,全省备案的信用担保机构有202家,比2002年末的18家增加了184家;2002年到2008年累计提供担保额2460亿元,累计担保企业6.8万户,其中,2008年为1.89万户中小企业提供担保贷款789亿元。[①]

其四,鼓励中小企业加快技术进步。广东近年出台并实施了《广东省财政扶持中小企业发展专项资金技术创新、技术改造项目专家评审办法》、《广东省财政扶持中小企业发展专项资金技术创新、技术改造项目跟踪管

---

① 参见《信用担保机构也要经受起信用考验——访广东省信用担保协会秘书长任玉桐》[N],《中国经济导报》,2009年6月26日。

理办法》、《广东省财政扶持中小企业发展专项资金技术创新、技术改造项目实施效益评价办法》，逐年制定省财政扶持中小企业发展技术改造、技术创新、服务体系建设项目计划，组织中小企业申报技术改造项目、技术创新项目。这些财政扶持举措为提高中小企业技术创新能力发挥了资金支撑作用，起到了良好的政策导向作用。同时，在税收上给予优惠待遇，对于国务院批准的高新技术产业开发区内企业提供税收减免的优惠政策。

三、增强中小企业创新管理能力

过去长期以来，一些中小企业通过复制他人的技术方法、市场营销方式和管理模式能够低成本地快速追上行业领先者，模仿已成为众多民营企业普遍的生存之道和成功模式，其结果是大多数民营企业丧失了创新动力和创新能力。然而，在当今市场竞争愈演愈烈的环境下，企业必须凭借管理创新和技术创新才能构筑核心竞争力，才能获得持久的竞争优势，而模仿的危害就在于它不能构成企业独特的竞争优势，而且，由于每个企业自身资源的不同以及所处的环境差别，盲目模仿成功企业有如"东施效颦"，可能引发毁灭之灾。因此，创新思维就成为民营企业必备的素质之一，企业只有拥有内含自主知识技术产权的产品、建立独特的核心业务流程、创立企业知名品牌，才能支撑企业保持持久的市场竞争优势，走可持续增长的健康成长之路，促进企业由粗放式扩张模式向集约式发展模式转轨，从"短命企业"向"长寿企业"转变。当然，创新总是有风险的，这就要求中小企业在敏捷发现和把握市场机会的同时，不仅要具有敢冒风险的精神而且能够采取适当措施规避创新的风险。

四、健全中小企业职业经理人制度

中小企业引进和任用职业经理人主要涉及到两个关键性制度问题：

其一，激励与约束机制的完善。职业经理人的作用在很大程度上取决于对职业经理人的激励与约束措施的有效性，只有健全激励与约束机制才能真正发挥他们对企业的推动作用，引导他们在维护所有者利益的基础上

第六章　广东民营经济的主体：民营企业发展状况

争取自身利益，实现资产保值和增值。

这就要在报酬方面充分体现职业经理人自身的价值，建立合理有效的激励机制。职业经理人作为重要和稀缺的人力资本，要按照市场经济的要求，尊重和承认他们的特殊价值并在收入分配上得到体现，提高他们的待遇。要使之收入与企业绩效挂钩，完善年终奖制、年薪制、股票期权制，尤其要强化职业经理人长期激励机制，鼓励他们选择有利于家族企业长期发展的经营方案，使家族企业由"短命"走向"长寿"。

在对职业经理人激励的同时更要有效地约束。一方面，要健全企业内部监督约束机制，规范职业经理人的经营管理行为。要完善企业法人治理结构，强化股东大会、董事会、监事会对职业经理人的监督。要建立监事会、财务总监、审计三位一体的监管体系，规范财务管理，建立职业经理人年度审计制度。要建立风险约束机制，对高管层实行风险抵押制度。另一方面，要完善外部监督体系，如产品市场约束、产权资本市场约束、经理市场约束等，从而建立内外结合的职业经理人监督约束体系，防止职业经理人"杀鸡取卵"的短期行为、偷懒行为、"内部人控制"、违背诚信原则和缺乏社会责任感等问题的发生，引导家族企业走健康持续发展之路。

其二，赋予职业经理人对企业拥有相对独立的经营权。拥有对生产要素的控制权是职业经理人在不确定性环境中从事经营管理活动的前提条件，职业经理人通常需要面对不确定的内外环境，充分的经营自主权是发挥他们管理能动作用的基本前提。控制权最早是由哈特针对契约的不完全性而提出的，他认为控制权是契约规定的权利之外，决定资产使用的权利。科斯说，通过契约，生产要素为获得一定的报酬同意在一定限度内服从经理人的指挥。周其仁将控制权定义为"排他性地利用企业资产，特别是利用企业资产从事投资和市场营运的决策权。"[①] 当企业的股东——物质

---

① 转引自霍生平、吴启勇、苏学愚：《职业经理人创新素养对企业的推动作用》，集团经济研究，2006 - 04，第88页。

> 珠江模式及其
> 发展前景

资本所有者将自己的物质要素交给职业经理人去经营运作时,职业经理人掌握生产要素控制权相对独立地经营管理企业,对企业的生产要素、生产过程、市场营销进行组织、协调与创新。

第七章

广东民营经济发展模式的走向

我们应当对广东民营经济发展模式的未来走向进行理性思考,遵循模式演进的客观规律,在一定的指导原则下结合外在环境和内在条件,在模式完善和创新中推进老珠江模式向新珠江模式升级换代,从根本上为广东民营经济继续发展探索出一条新路径。

> 珠江模式及其
> 发展前景

第一节 选择广东民营经济发展模式要解决的关键问题

一、政府主导与市场主导的问题

从工业化的发动者看,"温州模式"属私人发动型,"苏南模式"更倾向于政府(社区)发动型,"珠江模式"则兼而有之。在发展和变革过程中,珠三角与苏南一样,市场化与逆市场化两种潮流交汇在一起,选择政府主导还是市场主导或者说是偏重于前者还是偏重于后者始终是各界讨论的根本性问题之一。上世纪九十年代初,鉴于苏南模式的成功,地方政府被认为是规划和促进区域经济发展的必不可少的角色,在企业成长与变革中也发挥着不可替代的推动和指导作用。但是,随后由于温州模式的巨大成功逐渐盖过了苏南模式的光彩,并且苏南模式的内在缺陷也越来越突显出来,受到很多人的置疑和否定,于是有的说"苏南模式已经历史终结",并向温州模式靠拢[①],更有很多人极力主张要在全国"扬温抑苏",俨然市场主导型已彻底战胜政府主导型而成为民营经济发展的主流模板。

应该说人们由赞同政府主导转变为青睐市场主导是有一定现实和理论基础的。

从现实发展状况来看,凡是市场化程度高的地区,经济发展质量和水平就明显好,反之则相反。江苏、浙江可做一比,2000 年以来浙江的工业总产值、工业增加值、营业收入、利润总额、实交税金,全面超出江苏,以江苏的物质技术基础、经济区位条件、人力资源储备而言,这是无论如何也说不过去的事。在现代市场经济发展中,凡是与市场化背道而驰,注

---

① 谢健:《民营经济发展模式比较》[J],《中国工业经济》,2002 年第 10 期。

第七章 广东民营经济发展模式的走向

定经济发展不会走远,珠海就是珠三角最典型的例证。珠海是珠三角第二个经济特区,拥有五个国家、省级开发区,毗邻港澳,有水、陆、空交通便利,但珠海经济发展和综合实力并无引人注目之处。十年前,珠海一年的经济总量与深圳的一个季度相当;十年后,珠海一年的经济总量只及深圳的一个月。珠海除了"航展"、"车赛"外,经济发展上并没有特别吸引人的地方,西区还有相当部分贫困农民户。从根本上讲,这是珠海过于强化政府主导作用而忽视市场规律所致,珠海过去以走"上层路线"而出名,获得了其他地区所没有的政策资源,然而,并没有把政策资源转化为经济资源,政府越俎代庖行为成为了经济发展的最大阻力。

存在上述现象的根源在于政府主导的经济发展模式存在诸多问题,主要表现为:其一,党政权力向市场领域延伸,权力介入资源配置和利益分配问题,干扰了市场机制在要素配置中发挥正常功能,阻碍由计划经济体制向市场经济体制的转轨。其二,党政企不分,给权力寻租带来了有利条件和机会,造成了腐败的温床,导致腐败现象丛生、官本位的等级制等诸多问题,从本质上看,像政企不分、产权模糊、所有者缺位、内部人控制这些弊端的根源都应归因于"政府公司主义"。其三,企业董事长、总经理由政府任命或专职党务人员和公务员兼任,冲击了企业家队伍的形成,从而制约了独立的企业家队伍生成机制的形成。其四,由于干部政绩考核上的缺陷,许多地方出现形象工程、重复建设、区域经济割据化等问题,"政绩经济"、"小计划经济"、"块块封闭式经济"等严重影响了当地经济的健康发展。

广东的情况也证实市场主导比政府主导具有明显优势,市场化已经成为不可逆转的潮流。例如东莞的市场发育较成熟,在东莞,企业就是市场主体和产业结构调整主体。因此,东莞的产业能够自然而然实现由传统产业向信息产业转移,实现可持续发展,目前东莞已成为全国、乃至世界最大的电脑外设生产基地,尤其在亚洲经济危机中没有受到冲击,1998年出口创汇以两位数的速度增长,成为广东一道最亮丽的风景线。顺德市政府早在1993年就开始主动理顺政企关系，退出企业经营管理领域，此举促成了顺德经济能够长久不衰。深圳作为中国第一个经济特区，固然有其独特的优势，但不可否认，深圳的市场化发育程度更是其经济快速发展的一个重要原因。

然而，政府对于民营经济成长的积极作用是不可忽视的。首先，政府作为市场秩序的"守夜人"，对于市场交易行为的规范和交易费用的降低无疑是绝对必要的。实际上，只有在政府行政力量和法规制度成为市场有序运行的有效维护者后，市场才能成为对资源配置起基础性作用的调节机制。其次，政府制定经济发展计划，可以在区域范围内自觉规划经济布局和产业结构。其三，提供公共产品，如进行基础设施建设，提供指导信息。广东自改革开放以来取得了举世瞩目的经济成就，这显然在很大程度上要归功于地方政府在完善投资环境吸引外部资源和提供民营经济支持政策方面发挥的关键作用。

因此，我们认为，对于是选择政府主导还是市场主导的经济驱动模式这一问题，广东的思路很清晰，就是要继续发扬珠江模式的特点，即"政府"与"市场"两手结合，但是一定要坚持一条基本原则：以市场机制驱动为基础，以政府力量驱动为辅；政府要立足于维护和补充市场机制的作用，而不是干扰或替代它的调节职能。

二、家族企业制度与现代企业制度的结合问题

中国的民营经济是在特殊的体制环境下通过个人和亲友合伙创业而成长起来的，大多数民营企业选择了家族企业制度作为主要的运行机制和架构。虽然家族企业制度过去一直是民营经济的合适载体，但是随着时代环境的变化和民营经济的壮大，它的缺陷越来越凸显出来。同时，家族企业制度的积极功能并没有完全隐退，它依然显示着自身的优越性，焕发着生命力。现今，对于很多民营企业家来说，家族企业制度似乎像一块"鸡肋"，放弃还是延续这一制度已经成为困扰他们的一个重大问题。

第七章 广东民营经济发展模式的走向

目前，家族企业制度的局限性越来越受到各方面的批评，不少人因此对民营经济的家族企业制度怀有强烈的怀疑态度，认为它是阻碍民营经济发展的关键因素。

1、家族企业制度的缺陷是制约民营企业快速发展的瓶颈

（1）家族企业制度的封闭性造成它很难获得外部资源，难有发展后劲

民营企业的初始积累不足，起步水平不高，在快速成长的道路上需要大量的投资才能支撑，但是，它们很难上市直接融资，即使向银行借贷也因制度歧视所得资金非常有限。民企来自外部的社会资金的匮乏，根本原因在于家族企业制度的排外性。业主们往往担心引进外资会失去企业控制权，因而只从家族成员内筹集资金，而且，也不愿与其他企业合并，更不愿被其他企业收购和兼并，一般不愿接受股份公司的企业形式，这是民营企业难以长大的重要原因之一。

（2）业主制和合伙制企业的无限债务责任限制了企业扩张

对民营企业而言，由于政府限制多、有限责任公司组建难度大、公司上市成本高、融资环境差等方面因素，使得多数民企在成立之初一般不会选择公司制，实行有限责任公司的企业所占比重往往较小，主要是个人业主制企业和合伙制企业，企业的业主和合伙人负有无限连带清偿责任，无限责任使得经营者的经营风险很大，这就使得他们的投资决策行为过于谨慎，影响了他们的投资热情。

（3）人力资源管理面临困境

民营企业在吸引和使用人力资源方面具有较强的封闭性，不愿外人进入，如果家族的主要成员的能力不随着企业的发展而提高，就会成为企业发展的障碍；民营企业内部往往形成了家长式的领导，如果投资者缺乏管理技能，就容易发生决策失误；家族企业是靠亲缘关系来维系的"人和"的企业，一旦家族成员间的利益冲突超过了亲缘的维系力，企业就会分裂甚至倒台。

2、家族企业制度的优越性和生命力不能全盘否定

然而,家族企业制度的优越性和生命力不能全盘否定,也无法全盘否定。就世界范围来看,家族企业具有悠久的历史,虽然股份公司已经成为主导性的企业制度,但是世界大多数中小企业仍然采用了这一制度形式,这一事实证明了家族企业依然具有较强的生命力。

世界各国和地区大多数的中小企业都采取这种相同的管理模式的主要原因在于家族企业有其优越的地方。

(1) 民营家族制企业的市场主体意识强,所有权与经营权高度统一

无论是个人业主制企业,还是合伙制企业,甚至于民营有限责任公司,个人对企业资产拥有清晰的产权,对资产保值和增值有浓厚的冲动和责任感,这就使企业具有强烈的市场竞争主体意识;民营企业的所有者与经营者基本上合二为一,所有者同时又是经营管理者能够产生竞争优势。在所有权和经营权高度结合的企业治理结构下,企业行为目标与所有者目标高度重合,所有者亲自管理有利于对生产经营活动实行直接控制,降低产品成本,充分发挥企业的生产效率。

(2) 民营家族制适合于中小企业,管理效率高

民营中小企业内部的组织结构简单,没有太多的管理层次,管理权利统一地集中在所有者手中。一般说来,多数民营中小企业的内部管理职能只进行简单的分工,没有进行深度专业分工,往往是所有者身兼多职,组织、指挥、协调、监督的过程较为迅速,费用支出较少。管理者与一般从业人员之间具有一定的血缘、亲缘、地缘等关系,企业的领导成员间容易沟通,信任度高,具有决策快、管理成本低,容易保护商业秘密等优点。民营中小企业不像大公司那样有健全和规范的规章制度,管理的人格化现象比较突出,管理者尤其是企业的创业者往往是企业运营的最有力推动者,并通过个人魅力为企业文化打上深深的个人烙印,成为企业创立和成长的关键因素。

尤其是在农村,家族组织作为最强有力的非正式组织,能够高效动员

和组织蕴藏于民间的资源用于创建民营企业实体，长期以来中国的社会信用受到极大的破坏，人们彼此间的信任度减低，缺乏经济合作的基础，民营企业选择以三缘为基础的合作方式动员亲戚朋友一起合伙创业远比由政府和法人组织组建起来的现代公司制要可靠得多。

三、内源与外源的问题

近年来，国内经济学界将各地经济发展模式归纳为两种：一种是通过持续大规模利用外资，发展外向型经济，推动本地工业化和现代化进程，称之为"外源型"或"外生性"发展模式，其典型是广东。另一种是主要依靠本地的资金、技术、人才等生产要素发展经济，推动工业化和现代化进程，称之为"内源型"或"内生性"发展模式，其典型是浙江。

内源型经济增长模式与外源型经济增长模式的差异，主要取决于引起社会经济发展的决定性因素是内在的还是外在的。外源型经济指主要通过大规模地利用外部资源生产产品销往外地市场，其核心是依赖外部资源和外部市场来推动本地工业化进程和经济发展。而内源性经济则主要是依靠本地资源生产产品销往内外地市场，其核心是加快技术进步、提高人力资源素质和产品研究开发水平，而非单纯依靠外国资本、外来技术和外国市场当作保持经济持续增长的根本动因。

迈入新世纪新阶段，广东经济发展要增强综合实力、竞争力和发展后劲，必须在继续大力发展外向型经济、提高"外源性"经济质量和水平的基础上，高度重视挖掘经济增长体系中的"内源性"因素，要从战略上加快推进广东省经济从以"外源性"为主，向"内源性"与"外源性"协调发展的转变。

（一）片面依赖外源性经济的局限性

广东经济是在工业基础十分薄弱的情况下，在外资推动下迅速成长起来的，带有明显的外源经济特征。改革开放之初，广东抓住港澳制造业转移内地的有利机遇，通过大规模发展外向型经济，完成了工业化的原始积累,迅速实现经济起飞。外源型经济的优越性在于资源来源广泛,发展速度快,是欠发达地区追赶型战略的主要方式,具有起点低、发展快的特点。广东借助毗邻港澳、改革开放早、海外华侨众多等优势,选择了"两头在外"的外源型经济发展道路,借助区域外投资克服了资本短缺,又借助国外订单解决了市场问题、技术、管理等问题,实现了广东工业化的跨越式发展。

然而,外源型经济在给我们带来巨大好处的同时,也带来了困难。随着改革开放的不断深入,广东的地缘优势和对外开放的政策优势将逐渐弱化,外源型经济也面临新的挑战。毕竟外源型经济的根在别人那里,主动权在别人手中,发展容易受制于人。许多广东企业没有自己的自主技术、海外市场和营销网络,主要靠模仿别人的产品和外商的销售渠道,对外依存度大,受国际经济影响大,发展不稳定,抗风险能力弱。广东人长期满足于与香港的前店后厂模式,一旦香港人拿订单的能力出现变化,广东经济就受到影响。事实上这个问题已经出现,2003年广东净出口数字已经下降,说明香港订单、广东生产的模式已经开始受到挑战。而且前店后厂的利润主要在香港人手上,广东赚的只是小利。广东外源型经济为香港第三产业、金融服务业每年增加了数百亿元人民币的增加值,但广东自身第三产业、金融服务业的发展却受到了影响。

从长远来看,广东不能永远依赖引进外资来发展经济,最根本的是提高本土经济的竞争力。如果本土经济发展缓慢,不仅外资经济的优势不能充分发挥,而且由于缺乏本土经济作为依托,靠外资经济建立的产业和经济规模优势也极不稳固。世界经济强国美国、德国、日本,以及亚洲"四小龙"的台湾、韩国等国家和地区,他们的共同之处,就是拥有扎根于本土经济的著名大型企业集团和跨国公司,美国拥有微软、IBM,德国拥有大众、西门子,日本拥有丰田、SONY,韩国拥有三星、大宇。

外源型经济往往是一个地区经济发展处于工业化初期时特有的历史现象。当一个地区经济从工业化初期进入工业化中期,外源型经济就退居次要地位，发展内源型经济的重要性开始凸显，目前广东正处在这样一个微妙的历史转折关头。

内源型经济虽然具有资源来源有限、空间配置范围小的局限性，但是经济发展的内在基础比较稳固，主动权比较大，增长波动小，具有活力强、发展后劲足、适应力强和抗风险能力强的特点。尤其是"内源性"经济紧紧扎根于本土，吸收和消化外源性经济的有益成分，有利于自身核心竞争力的成长，有利于实现经济的长期稳定健康快速增长。事实上，所有的发展最终都必须是从各自社会内部中创发出来的，而不是简单地从外部移植过来的。

（二）构建外源经济与内源经济良性互动的新模式

为此，广东要在继续大力发展外向型经济、提高"外源性"经济质量和水平的基础上，大力发展"内源性"经济，形成"外源性"经济和"内源性"经济相互促进、协调发展的新格局。

从理论上看，内源型经济发展模式与外源型经济发展模式各有所长，各有所短，内源型经济是推动一个国家或地区经济发展的最终和持久力量，外源型经济是加速经济发展的外部推动力。内源型经济和外源型经济结合的优势在于使二者相互扬长补短，既促进内源经济吸收消化外源经济的有利因素，又提供与外源经济配套的内源经济发展水平，并推动广东经济利用本地和外地两种资源、两个市场，既有强大的外部张力又有强劲的内在活力和后劲，既有高速度又有持久竞争力，从而长期保持快速、健康、稳定和可持续发展的势头。

从实践来看，广东需要发展内源性经济，以增强广东综合竞争力和发展后劲。面对全国全方位对外开放格局进一步形成的新格局，广东片面的外源性经济在兄弟省市竞相展开的新一轮引资热潮中面临严峻挑战，广东经济增长近几年与江浙对比略显逊色，主要原因在于内源经济的不足，表现为内源型经济规模和实力有限，大多数民营企业缺乏自主知识产权，技术创新能力很薄弱，当发展到一定阶段就没办法继续往前走了。因此，在当前广东经济向工业化中后期迈进的情况下，我们对加快发展内源型经济必须有强烈的紧迫感。当前不少地方领导对外源型经济有一种明显偏好，对发展内源型经济热情不高。因为外源型经济周期短、见效快、政绩明显，一旦引进GDP、产值、税收马上就上去了，而内源型经济周期长、见效慢、政绩不明显。这种倾向是非常有害的，严重阻碍了内源型经济的成长。

当然，毫无疑问，广东的历史和现状也决定了它绝不能放弃发展外源型经济，可以预见在中短期内广东仍然改变不了以外源型经济为主要支撑力量的局面。广东在引进外部资本、技术、管理等方面仍将继续具有强大的吸引力，发展外源型经济仍具备一定的优势。

因而对广东而言，构建"外源性"经济和"内源性"经济相结合的发展模式，使"外源性"经济和"内源性"经济形成相辅相成、互相促进的良性互动关系是一个恰当的战略选择。

第二节 推动广东民营经济发展模式演进升级的原则

广东必须遵循一定的模式选择、改进、转换和创新基本规则，才能推进民营经济发展模式转型，实现模式地演进升级，促进广东民营经济进入新台阶和新境界。

一、借鉴全国各地民营经济发展模式成败得失和发展趋向的原则

迄今，中国各地出现了多种民营经济发展模式，客观的说各种模式在中国改革开放和社会主义市场经济体制建设中都做出了不可磨灭的贡献，其中，"珠江模式""温州模式"和"苏南模式"是最具代表性的三种模

式，在这里我们通过比较三大模式特点及其互动关系获得有关广东民营经济发展的借鉴意义。

（一）三大模式各具特色

从政府对民营企业的影响和作用来看，"温州模式"的基本特征是"以家庭经营为基础、以市场为导向、以小城镇为依托、以农村能人为骨干"，民营经济是民间能人聚集亲朋好友闲散资金经过自发创业成长起来的，市场机制发挥着广泛的作用，政府的作用主要表现在提供制度环境和公共产品上，管理职能相对弱化，被概括为"市场解决模式"、"自发自生的发展模式"和"自组织模式"；"苏南模式"是在地方政府主导下致力于发展乡镇集体经济的模式，被讽为"地方政府公司主义模式"和"政绩经济模式"；珠三角和苏南的乡镇企业起初都是由乡镇政府参与或支持创办的，但珠三角在乡镇企业起步后尽量弱化政府对乡镇企业的直接干预，而将主要的财力用于发展交通、能源、通讯、教育等基础产业上，创造良好的经济发展环境。因此，温州模式是自我发展的"弱政府"型，苏南模式是政府超强干预的"强政府"型，珠江模式则介于两者之间。

从资源取向来看，"温州模式"和"苏南模式"都属于内向型，主要立足于发掘内部资源，虽也有一定程度的外资利用，但在推动经济增长中不起主要作用。在温州，由个人支配资源和积累财富，或者通过股份合作制、股份制等方式组合民间资本实现个人资源和财富的聚集，而在苏南，则由乡镇集体支配资源和积累财富；珠江三角洲地区的乡镇企业的外向度很高，以"三来一补"的形式大规模地利用港澳资本建立"三资"企业，因此，"苏南模式"和"温州模式"倾向于资金自给型（内生型），"珠江模式"则倾向于引进外资型（外来型）。

（二）三大模式之间既分化又趋同

三大模式既有继续存在并分化的一面，也有融合互补、殊途同归的一面。

一方面，"模式"既是特定时代背景下的产物，也是区域历史文化背景下的产物,因此,植根于温台地区、苏南地区和珠江三角洲区域特有环境中的三大模式各自特征的差异和独特个性还将会继续存在。而且,三大模式在其发展过程中还呈现出不同的变动特征,有的改变了发展路径,有的出现了发展的障碍,有的继续保持着发展的活力,也有的消失"终结"了。

另一方面,模式间的制度性差异趋于淡化,呈现趋同的态势。如引进外资型工业化已经不局限于珠三角,苏南的外资企业已经成为工业化的重要力量,由私人创业建立民营企业实现农村工业化也不局限于温州,在苏南、珠三角也已渐成气候;政府驱动不仅在苏南和珠江,而且在温州也被重视起来。此外,三大模式在现代企业制度建设,产业升级及民营化等许多方面都在走向趋同。

(三) 由三大模式所得到的启示

通过对各种模式的比较,我们总结了以下几条关于模式变迁的重要启示:

一是要完善市场取向的要素配置体制改革。要使市场机制充分发挥调节作用,就要解决政企不分的问题,限制专职党务人员和公务员兼任企业董事长、总经理,防止党政权力向市场领域过溢;尤其要规范市场经济秩序,构建诚信激励机制,温州人曾因假冒伪劣产品而自毁声誉,之后,逐渐认识到遵守市场规则、维护市场秩序的重要,纠正了自己的行为,注重了产品的质量,重建了市场信誉。

二是大力发展非公有制经济以培植民间经济的基础。

原温州市委书记董朝才说:"温州这些年发展很大,归根结底是发展非公有制经济,非公有制经济后面是什么呢?是人民社会主义,人民来建设好自己的社会主义"。[①] 杜润生将温州模式的实质概括为:民办,民营,

---

① 转引自董辅礽:《"温州模式"与中国民营经济的发展》[J],《宏观经济研究》,2002年第9期。

民有,民享。董辅礽①认为民营经济具有很强的利益的激励和约束机制,温州放手发展民营经济符合人们要求致富和追求过好生活的愿望。在利益的激励下,蕴藏在人民中的巨大的积极性和创造性焕发出来,转化成促进经济发展的强大动力。

三是为民营经济的发展创造适宜的宽松环境。一些地方政府总会给民营经济以各种优惠,这在刚起步时可能有必要,但从温州的经验看,要发展民营经济,最重要的是为民营经济的发展创造适宜的宽松的环境,让人们自己去闯,去创业,去克服困难,去承担风险,只有这样才能培育出市场经济的文化。现在,各地都在提倡发展民营经济,但许多地方民营经济发展的环境并不好,政府并不懂得在市场经济下应该做什么,要么管得太多,要么步步设卡、处处干预,要么各个部门都把民营经济当作一块肥肉想要吃一口;有的地方一看到民营经济发生了这样或那样的问题就把民营经济看作一团黑,借整顿之名,将其封杀;有的地方则是从本地利益出发,对制造假冒伪劣的商品者,肆意包庇——这样反而会断送民营经济的长期健康发展。

四是把富民放在发展中的优先位置。各地支持民营经济发展,根本目的应当是促进百姓创造和积累财富,建设殷实富裕的小康社会。一定要让百姓得到真正的实惠,而不能仅仅为了官员的晋升而大做表面文章,搞政绩工程或形象工程式的经济改革和建设。从苏州来看,到2004年,苏州经济发展一路高歌,GDP总量首超深圳,但被喻为"只长骨头,不长肉",GDP上去了,政府的财政收入上去了,老百姓的口袋仍是鼓不起来,利润的大头被外企拿走,苏州人拿的只是一点打工钱。为此,江苏省委书记李源潮提出了"富民"的目标:"把富民放在发展中的优先位置,努力建设

---

① 董辅礽:《"温州模式"与中国民营经济的发展》[J],《宏观经济研究》,2002年第9期。

一个不含水分、人民得实惠、老百姓认可的全面小康。"①

五是知识教育和文化观念的建设急需进一步加强。例如"温州模式"把千千万万的农民卷入到创业的洪流中，虽然经过"干中学"的锤炼，在温州已经产生了一批很有作为的企业家，但是这些早期创业的老板的文化教育水平低，素质不高，随着企业规模扩大和市场环境不确定性增加，他们的知识水平和经营管理能力越来越不能适应这种形势。其次，在收入较宽裕、生活较宽富足后，群众亟待进一步提高文明程度，树立民主、文明意识，注重精神层面的幸福，这样才能为经济发展提供成分的智力主持和精神力量。

二、民本经济的原则

我们过去搞的计划经济是一种典型的官本经济，通过政府的意志和行动来包揽资源配置和全社会的经济活动，抑制了蕴藏于民间的活力，造成了人民的惰性。有中国特色的社会主义的根本出发点应当以民为本，从某种意义上讲，市场经济就是民本经济。所谓民本经济指的是以民为本的经济，是民有、民营、民享（人民共享）的经济，即民本经济强调人民是财产所有权的主体，是运用资产创造财富的主体、是享受财富积累成果的主体。

温州的成功就是一个有说服力的范例，温州模式的崛起和不断的推进，正是千千万万温州人共同努力的结果，是温州人人人都要当老板的强烈愿望造就了无数的民营企业和无数的企业经营者，这正是温州经济充满生机和活力的基础。温州人有很强的致富欲望和创业精神，有长久经商的传统，有手工业制造的技能，他们不安于现状，不墨守成规，不甘愿过贫苦的生活，人们为了追求富裕的生活，乐于吃苦，善于学习，敢于冒险，勇于进取，不远千里到全国各地开发廊、办服装店，甚至摆修鞋摊，他们

---

① 新望：《两个政府师夷长技　温州苏州模式合流》[N]，《南方日报》，2005年3月2日。

善于挖掘赚钱的机会，从事内地人不愿意干或不屑于干的行当，无论到哪里都能扎根，生存，发展。①

与温州模式通过私人创业发展民营经济不同，三城模式通过国企民营化改革发展民营经济却面临"转磨"的困惑，究其原因，是因为这三个城市的国有、集体企业的改制都缺乏一个共同的基础，就是缺少广大人民群众参与改革和创业的热情，缺少民本的基础。发展市场经济，不能单靠少数上层几个领导的策划和安排，"诸城模式"、"海城模式"和"兴城模式"的矛盾说明了只有全社会民众都适应了市场经济发展的规律，参与到经济建设的大潮中，寻找商机，积极创业，民营经济才会蓬勃发展起来。

三、适应环境的原则

中国各种民营经济模式不断地涌现，其根源在于各地区的自然环境、经济结构和社会文化传统等约束条件复杂多样，这种物质基础、制度存量和文化积淀的地区差异性决定了不同区域民营经济发展的不同模式。只有适应自己所处的环境的模式，才能对民营经济发展起推动而不是阻碍作用，才能有效率，才能被当地模式选择的主体——政府或企业付诸实施。

从静止的视角看，在民营经济起始阶段特殊的区域环境决定了各地区发展模式的形成，并通过路径依赖原理而逐步固化定型，所以起始阶段的约束条件是模式形成的基础。

例如，珠江三角洲地区因为毗邻港澳，得益于对外开放风气浓厚，逐步地选择了"外源型"的民营经济模式，即主要通过利用外资和借鉴国外经验发展本地经济和确立市场规则。

就苏南地区来说，从起始约束条件看，由于当时的经济发展水平明显高于其他地区，集体经济也较强，因此这里市场化的起始阶段主要是依靠集体经济；又因其计划经济程度高于其他地区，苏南模式受计划经济影响

---

① 董辅礽：《"温州模式"与中国民营经济的发展》[J]，《宏观经济研究》，2002年9期。

很大，因而选择了以计划经济和乡镇政府推动发展民营经济为突出特点的模式。

温州则因为资源贫瘠，原有经济发展水平低，产业仍处于传统领域，使得温州缺少吸引外资企业和外部人才尤其是高级人才的条件，导致民营经济只能是在"一穷二白"的基础上开始"内源性"的原始积累；温州虽未在计划经济中受惠，但也未受到计划经济的管束，其经济的市场化、自由化和民营化程度要比当时的苏南高得多。

从动态角度看，伴随环境的动态变化，模式也要不断变化，或者作出某些方面的调整，或者走上不同的轨道，或者消亡终结。每一种模式都没有定型，都还处于发展中。我们可以发现，现在的温州模式、苏南模式和珠江模式都已经不是当年的模式，不能再以当年起始阶段的模式特征来评判它们了，温州在吸收苏南的政府强力干预，苏南在效仿温州的市场机制，珠江三角洲在学习江浙的内生型经济，而江浙也在加大引进外资的力度……这些模式的新变化，归根结底，源于各区域外部环境、内部条件和人们的主观认识发生了变化。如江浙的内源潜力似乎将要挖尽，因而转向外部寻求资源；珠江依赖外源的机会因内地加大对外开放越来越有限，于是将眼光转向内部挖潜，这些变化显然都是模式为适应环境而自我修正的结果。

四、模式创新的原则

本地民营经济的发展不能局限于遵循过去僵化不变的模式，也不能依靠生搬硬套其它地区已有的一种或几种模式，而必须结合整体的发展环境，融合各种模式的长处，大胆进行模式创新，跳开模式来开拓民营经济的未来发展路径。实际上，各地民营经济发展模式都是人们在实践中探索成功并于事后总结出来的，不是先有了某种先验性的设计好了的模式然后才去付诸实践。这正如鲁迅所言："世上本没有路，走的人多了也就成了路"，模式终究是人们在实践摸索中创造的成果。

第七章 广东民营经济发展模式的走向

珠江三角洲模式的演进也应当是永不停息的创新过程,主要包括政府职能创新和民营企业内部创新两方面。

民营企业内部最重要的创新是制度创新、组织创新和技术创新三类,这三类企业创新是相互作用和有机联系的,共同构成推动企业生存发展的完整的创新机制。

民营企业制度创新的关键是产权制度创新,而产权制度的创新又有两个方面的内容:一是产权的明晰,二是产权结构的合理配置。对于集体企业,明确所有权和法人财产权有利于划清股东和经营者的权利和责任;对于家族企业,明确家族成员产权有利于避免他们之间争夺财产导致冲突和分裂;至于民营企业产权结构的合理配置,主要就是解决股权过于集中造成一股独大的问题,如果股份过于集中于少数人手里,就不可能在企业内部实现三权制衡机制。目前,民营企业制度创新的形式多样而各具特色,比较常见的形式主要有股份合作制改造、公司制改造、联合结盟、外资改造、兼并收购、分离、委托代管、租赁、承包等,其中,股份合作制改造、公司制改造和联合结盟是最为常见的形式。

从企业组织创新来看,除内部组织结构创新外,构建新的企业外部合作组织大有可为。前者主要是改造传统的直线职能制、科层制、机械式结构转变为网络制、扁平化、有机式结构;后者是企业间进行紧密的联合,联合的形式主要有企业集群、企业集团、企业联盟和虚拟企业组织等四种形式。这既可以通过大公司与中小企业的控股、参股和契约合同等多种形式紧密联合在一起,也可以建立松散的以专业化协作为中心的合作生产制度,或围绕着一种或多种产品,以大中型企业为中心,以众多的中小企业为卫星,建立中心卫星制度,还可以以营销企业为龙头,以制造企业为基础,建立生产经营一体化企业集团。在国内,广东和浙江等东部沿海地区的民营中小企业的联合已经呈现出良好的态势,实现优势互补,形成规模经济,因而往往成了民营中小企业生存和发展的有力武器。

技术创新(如新工艺、新方法)和技术创新的结果——新产品是企业参与市场竞争、满足顾客需要以及为社会提供贡献的手段和实体,同时也是企业企业制度创新和组织创新的物质技术基础和推动力。20世纪90年代中期之后,改革开放进入了一个新的阶段,市场竞争的格局出现了新的变化,全国各地的民营企业相继步入技术创新的阶段。起初温州远不如珠江三角洲的民营企业,温州的民营企业虽然从事的是诸如纽扣、拉链、服饰这样不起眼的小产品,但在小商品领域温州产品的优势就比较明显了,因此形成了"小商品,大市场"的气候。

第三节 广东民营经济发展模式的基本构想

一、驱动力量模式:由政府主导走向政府和市场两"手"配合互补

珠江三角洲被认为是政府与市场共同驱动的介于苏南和温州之间的一种模式,但实际中是偏向于政府主导型,存在政府过多或不恰当干预民营经济发展的现象,为此,政府机构要大大简化,政企关系必须重新定位,要彻底改变那种"政府忙得首尾不顾,市场力量始终缺席"的状况,构建政府与市场有机配合和互补的运行机制。实现这一目标的关键是要对政府职能正确定位,做到不越位、不缺位,政府的责任应当限制在制定宏观经济发展规划和民营经济支持政策,优化经济环境,完善基础设施,规范经济秩序,依法收税等领域。

近几年,温州苏州两个模式出现戏剧性的合流之势,这表明政府与市场配合型的经济调节机制是未来必然趋势。这两年,温州发展速度在浙江省排在末流,温州问题的症结在于一味强调遵循市场主导而忽视了政府的引导力量,忘记了政府应成为一个适度的有为政府。面对发展颓势,温州政府频频动作,温州有为政府的形象日渐丰满。2004年底,原杭州市委副书记兼萧山区委书记王建满继任温州市委书记后,将温州加强有为政府的态势推向了一个高潮,似乎温州将要改变一直被外界视作弱政府、无为而治的形象,走上以政府为主导的新苏南之路。

与之相反,一贯倚重政府推动力量的苏南地区在发展民营经济过程中,开始转向加强市场力量,由强势政府向适度政府和市场导向转换,新苏南模式似乎要趋同于温州模式。例如苏州积极发展民营经济,2004年初,政府下发《关于促进民营经济腾飞的决定》,之后,苏州工业园区发布支持民营经济发展的"38条",从税收、政策等方面对民营企业加以支持,当地私营经济开始显示活力,显示了苏州开始转向以政策导向市场和富民为目标的新姿态。

温州模式和苏南模式这种殊途同归的合流新态势给珠江三角洲提供了一个启示:"有形之手"——政府和"无形之手"——市场同样重要,选择政府与市场相结合是一种必然的选择,关键在于掌握二者的平衡。

二、资源取向模式:由"外源性"走向"内外源"结合

广东在资源取向上的基本思想是从以"外源性"经济为主导的经济发展模式向"内源性"经济协调发展转型,实施这一思想的基本途径是加快发展民营经济以促进内源经济的成长,以"外源性"经济带动"内源性"经济成长,有效地促进"外源性"经济优势不断地转化为内源经济优势,形成相辅相成、相互促进的良性互动关系。

(一)将民营经济作为发展内源经济的支柱

对广东来说,民营经济在增强经济内源性中扮演主要角色。民营企业已成广东经济发展、经济生活中最活跃、最有活力的因素,但相对于迅速发展的外资经济,民营经济的实力和发展水平都与之不相适应,潜力远未得到发挥,成为内源经济薄弱的重要原因。广东要建设经济强省,不断增强广东国际竞争力和发展后劲,就必须在发达的外向型经济基础上,大力发展扎根于本土、快速健康发展的"内源性"经济。我们要站在增强经济

内源性因素的战略高度,来认识加快发展民营经济的重要性与迫切性。广东内外源经济长短腿造成内外源经济不协调,不仅外资经济的优势不能充分发挥,而且由于缺乏本土经济作为依托,靠外资经济建立的产业和经济规模优势也极不稳固。为此,各级政府要拿出当初抓外资经济发展的劲头来抓民营经济的发展,要采取积极措施,增强民营企业的实力,克服包括资金、技术、人才、土地在内的发展瓶颈,通过大力发展高新技术产业消化吸收国外先进技术、设备和管理经验,培育拥有自主知识产权和知名品牌的大企业集团和大公司,使之成为广东"内源性"经济的主导力量,使民营经济这只"轮子"快速转动起来,在发展水平上与外资经济相匹配,在产业结构上与外资经济相衔接。

(二) 以外源经济带动内源经济增长

广东在以"内源性"经济为根本的同时,要以外源型经济的发展促进和带动内源型经济的成长,这是实现广东经济持续发展的一个重大课题。利用外资的理论认为,外资通常是相对于国内投资有更高效率的投资,外资的引进要能够促进国内投资的增长和投资效率的提高,最终实现经济健康和自主发展,否则,将导致经济发展对外资的长期依赖,经济增长难以持久。广东的不少民营企业家是靠早期在外资企业打工或与外商合作的经验起家的,广东民营经济的相当部分是在外资的示范和带动下成长起来的,实际上广东专业镇经济的早期发展也与外资经济有着密切的关系,如南海盐步的内衣制造业、东莞大朗的毛织业和中山古镇的灯饰业,无不发端于外资企业。广东民营经济的这一特色,使外资不仅带动了广东本地民间投资的发展,而且使民营经济具有相对较高的起点,体现了外资对广东经济效率的促进作用。为此,要积极调整对外资企业的管理政策,通过推动外资企业与国内企业的合作与融合,挖掘和释放外资经济对民营经济的带动作用,通过外资经济的示范和关联效应催生与加速广东民营经济发展,有效地促进外源经济优势不断地转化为内源经济优势,这是借用外资促进广东投资增长的主要形式。

温州的经验值得广东学习。温州实施的是"以民引外，民外合璧"的引资战略，就是利用本地各自成型、各具特色的块状民营经济和由为数众多、充满活力的民企所建立的比较完善的产业集群、物美价廉的产业配件为外企提供良好的配套，让外企嫁接在民企上，从外因上助推民企改变家族制治理方式，同时促使温州本地产业向技术密集性和资本密集性企业过渡，从而形成"民外合璧"、"内外并重"协调发展的局面。

三、经济增长模式：由粗放型增长走向集约型增长

改革开放三十年来，广东实现了历史性跨越，在经济奇迹背后存在的重大隐患就是过度依靠要素投入拉动经济增长，走的还是粗放式增长的路子。时至21世纪，这种大量消耗资源的粗放式增长模式已难以为继，必须在科学发展观的指引下走集约式增长的路子。

（一）粗放型增长模式必须转变

在过去很长一段时间内，广东依靠大量要素投入和投资拉动推动了产业规模高速增长，但在新世纪新形势下，粗放型增长模式已经走上尽头，已经接近资源和环境条件的约束边界。

广东省就土地而言，在国家严控土地的大政策背景下，不仅是珠三角地区，就是东西两翼和北部山区，土地供给都比较紧张，再靠拼土地消耗来换取经济增长已经完全走不通；就投资而言，如果按照以往的模式去发展经济，广东金融机构融资加上外资一起也已经无法支撑广东进一步持续快速的发展；就资源和环境容量而言，广东土地面积不大，而常住人口已经过亿，人口资源环境的容量已经逼近临界值，从数量上已经不能再增加。

有统计资料表明近年来，广东人均资源和环境质量呈逐年下降趋势，作为资源小省和经济大省的广东越来越受到了粗放式增长的瓶颈制约。2008年广东的人均耕地比1980年的1.27亩减少了2/3，以常住人口计算，

人均仅占有耕地面积0.37亩，仅为全国平均数的1/4。① 2008年全省人均本地水资源占有量为2100立方米，低于全国人均2200立方米的水资源占有量，比1998年的2913.67立方米大幅下降了27.9%。而且水资源量分布极不均匀，人口密集的珠江三角洲人均年占有的水资源量更低，其中深圳市只为295立方米、东莞市349立方米，为广东省人均水资源量最少的两个市，佛山、中山、广州的人均水资源量也都在1000m3的缺水线以下。② 广东省是一个石化能源资源缺乏的大省，2009年人均资源占有量仅为33吨标准煤，约为全国的二十分之一，能源自给率只有12.4%，石油对外依存度高达70.4%，远高于全国30%的石油对外依存度。在本地污染源及外部输送的共同影响下，2008年全省66.7%的城市受酸雨污染，酸雨污染问题突出。其中，广州、深圳、珠海、佛山、茂名、肇庆、惠州、东莞、中山等9个城市属于重酸雨区。③ 由于资源供给无法跟上经济的快速增长，煤电油运已出现全面紧张，尤其是用电十分紧张，电力短缺成为制约经济发展的主要因素。

总之，依赖劳动和资本投入拉动经济增长的空间正在迅速缩小，广东只有彻底抛弃粗放式增长模式才能保持可持续发展的状态和能力。

（二）出路在于通过节约资源和技术创新走集约式发展道路

广东民营经济走出资源困境的出路在于通过节约资源和技术创新走集约式发展道路。

广东在"十一五"规划中提出了建立资源节约型社会的目标，制定了硬指标："十一五"期间，广东省单位生产总值能耗要下降16%。要大力

---

① 参见《广东人均耕地面积为全国平均水平1/4》，央视《经济半小时》，2008年5月9日。

② 参见《2020年广东将建成节水型社会 水资源费全面征收》[N]，《南方日报》，2008年12月3日。

③ 参见《广东空气环境质量好转 酸雨污染加重》[N]，《信息时报》，2008年9月4日。

推行各项节约资源的政策和措施，发展循环经济，严格控制环境污染。特别是在目前能源愈趋紧张的情况下，要按照国家发改委、国家能源办和国家统计局联合下发通知的要求，从 2006 年开始实施 GDP 能耗指标公报制度，以促进各地区大力节能降耗，提高能源利用效率。要加快产业结构调整，建设节能型产业结构，从劳动力密集型传统加工产业向低资源消耗的服务业转移，在有条件的地方还要发展高知识含量的服务业（如现代金融业），坚持走新型工业化道路，加强对耗能大户的管理，督促其进行技术改造，对有的已经不适应产业结构的耗能大户应当淘汰。

知识技术和创新是现代经济最有力的推动力，是替代资源消耗的有效途径，是集约式发展的关键。要努力建设技术创新型广东，尽快建立和健全区域创新体系，这就必须建立创新人才支撑体系、创新资金支撑体系、创新成果转化服务体系、公共技术和资源共享平台等，大力开发资源节约型技术，发展高新技术产业。深圳的技术创新目前已走在全省乃至全国的前列，广东其它各地也在努力借鉴和推广深圳的成功经验，例如东莞市前不久召开了实施"四项工程"工作会议，把"科技东莞"工程列为"四项工程"之首，全市将斥 50 亿巨资全力打造"科技东莞"。

四、企业制度模式：由以家族企业制度为主走向理性选择家族企业制度与现代企业制度

家族企业固然有其优越性的一面，但这种组织形式和治理结构最大的问题是，由于产权的内闭性和信息不透明，主要在家族内部募集所需的金融资本和人力资本，随着企业的扩张，对资源获取的约束会变得越来越紧，使企业终止成长或者过早夭折。因此，民营企业要想做大做强，就必须对家族制加以"扬弃"，同时引进现代企业制度的经营机制。

（一）发扬家族企业制度优越性，创新企业内部的组织形式

对于大多数规模较小的企业，尤其是微型企业，完全可以沿袭或扬弃家族经营体制，不必盲目照搬大中型企业的部门齐全的"小而全"的管理架构，也同样可以充分发挥血缘亲情、家庭伦理和家族秩序在建立和谐内部关系中的润滑作用。在组织结构上，仍以短小精干为主要原则，宜采取简便有效的直线制或直线职能制，压缩组织层次，管理职能划分不必过于细化，从而提高管理的效率和效益。

（二）学习现代企业制度，将某些先进治理机制嫁接到民营企业中来

即使在家族企业，也可以考虑引进三权制衡机制，明确董事会、监事会和经理班子的权利和责任划分，同时保持家族控股和家族成员在这三个机构中占支配地位，这种"家族公司制"经营模式很适合中国国情，同时又紧跟时代步伐契合了现代市场经济体制的要求。另外，有些企业还可在最上层保留家族控股，而将其属下的企业改制为公司制的企业。这样也可以既保留家族企业，又突破家族企业的约束。[①]

（三）家族企业在向现代企业制度转变中要坚持循序渐进

目前政府和学者普遍希望民营企业能够实现由家族企业向现代企业制度的转变，但转变的可行路径应当是循序渐进而非一蹴而就的。大多数能够做大做强的家族企业，其成长路径往往是循着核心家族企业→扩大化家族企业→公众上市公司的路径演进的，是通过沿亲疏差序向外扩大家族股东成员来逐步突破家族企业的局限性，不断吸纳外部的金融资本和人力资本，并非采取休克疗法似的彻底改制，一夜之间完全放弃家族控制权而转变为公众公司的。从组织治理制度看，民营中小企业也不应急于求成，在早期不宜急于建立现代企业制度，即使是有限责任公司，也并非一定要建立完善的三权分离的法人治理制度不可，相反，所有权与经营权适当的结合更有利于企业的发展。

---

① 董辅礽：《"温州模式"与中国民营经济的发展》[J]，《宏观经济研究》，2002年第9期。

第七章 广东民营经济发展模式的走向

五、产业结构模式：由以传统产业为主走向传统产业与新兴产业协调发展

随着知识经济的兴起、周边内陆地区经济的崛起，珠江传统产业结构日益受到挑战，一些地区正在进行产业结构的大调整，呈现由以传统产业为主走向传统产业与新兴产业协调发展的新格局。这主要表现在以下两方面。

（一）广东民企开始从旧的产业结构中跳出来，从传统产业向新兴产业转移，走上了从低级向高级进化的产业结构演进轨道

过去，珠江模式面临的一个发展问题就是大量的企业挤拥在一个狭小的行业中，在产品供过于求的情况下，企业之间的竞争就进入了恶性价格竞争的循环之中。南海私营企业、顺德乡镇企业以及中山和珠海等地企业的传统产业或产品已经进入衰退期，如何进行产业结构调整已成为最迫切的问题。近年来内地各省经济迅速发展，它们在传统产业中具有资源和劳动力优势，使广东民营企业面临巨大压力。在四面重围之下，广东的民营企业必须摆脱产业发展路径依赖的局限性，及时从传统的产业领域转移出来，向高新技术产业发展。目前珠三角在产业结构方面，东莞、深圳等地已经先走一步，以家用电脑为主信息产业已经成为了主导产业。在东莞，企业已成为产业结构调整的主体，市场机制发挥着基础性作用，这使得东莞的产业能够自然而然实现由传统产业向信息产业转移，目前东莞已成为全国，乃至世界最大的电脑外设生产基地。在深圳，知识创新体系的建立和投融资机制的形成已走在全国前列，高新技术产业蓬勃兴起。

（二）逐渐摆脱原来的三来一补式的加工出口贸易业，从家庭作坊式的小、散、低产业状态向创建知名品牌和自主研发迈进，走上了品牌经营、规模化和高科技化的产业发展轨道

广东在出口结构上，一般贸易出口额比重偏低，而加工贸易出口额比重偏高，主要是通过与港澳和毗邻东南亚地区形成"前店后厂"模式，利用国外的资金和原材料,为外方加工成产品,再出口到海外。虽然这种"三来一补"式的加工贸易对于珠江三角洲经济贡献突出,但是,就价值创造而言,所占比重甚少,实际利用的是廉价劳动力,珠江三角洲的民营中小企业仅从中赚取较少的加工费;从长期的发展角度来看,不少地区并没有达到吸引先进技术的目的,企业并没有研发能力,仅仅是生产中心,不利于中小企业的可持续发展。

今天,对于继续留在传统领域的企业,必须改变原来的对来料进行低技能劳动力密集加工的经营模式,适度扩大经营规模以获取规模经济和学习曲线效应,做大做强民营企业的品牌;加大研究开发投入,积极开展技术创新,努力发展自己的核心技术,提高产品的技术附加值,全面提高自身的素质,从根本上改变低层次的竞争格局,实实在在地扩大出口额。

第八章

影响广东民营经济模式转型的环境因素

广东省民营经济近三十年来得到了快速发展，这与体制转轨过程中外部环境的不断优化密切相关。2003年2月份，广东省委、省政府召开了全省民营经济工作会议，出台了《中共广东省委、广东省人民政府关于加快民营经济发展的决定及12个配套文件》，提出"政治平等、政策公平、法律保障、放手发展"的方针，制定了"不限发展比例、不限发展速度、不限经营方式、不限经营规模"的政策，努力使民营企业从业人员在社会上有地位、政治上有荣誉、经济上有实惠。政府一系列方针政策地出台对于营造民营经济良好发展的外部环境起到了极大的推动作用。

但是，不可否认的是，广东还存在诸多阻碍民营经济发展的不利环境因素，如何创造一个有利于促进民营经济发展模式转型的外部环境始终是民营经济发展中一个突出的问题。因为环境是民营企业生长的土壤，广东

| 珠江模式及其
发展前景

民营经济能否在发展模式升级中脱胎换骨，在很大程度上受到政治、法律、经济、社会文化等因素的影响。我们认为为了实现民营经济发展模式的飞跃式提升（即由政府主导走向政府和市场两"手"配合互补，由"外源性"资源取向走向"内外源"结合，由粗放型增长走向集约型增长，由以家族企业制度为主走向理性选择家族企业制度与现代企业制度，由以传统产业为主走向传统产业与新兴产业协调发展），必须从法制政策环境、经济环境、服务环境和社会文化环境这四个方面努力创造有利于民营经济发展的外部条件。

第八章　影响广东民营经济模式转型的环境因素

第一节　法制和政策环境

当前民营经济面临不利的法制和政策环境,亟待今后着力加以改善,要从以下两个方面进行:一是针对民营经济的法规建设滞后。相关法律多数建立在中国经济体制转型初期,很多已经难以适应当前的形势和民营企业发展的现实需要。直接适用法律仅有《民营企业暂行条例》、《乡村集体所有制企业条例》、《合伙企业法》、《乡镇企业法》、《个人独资企业法》等少数几种,难以覆盖形式多样的民营企业。二是对民营企业应有的公平地位和待遇未能提供有效的政策保障。旧的政策存在对民营企业明显的歧视倾向,而新定的有关保护民营企业的政策又得不到彻底贯彻落实。

一、完善相关法律制度,优化民营经济法制环境

为了优化民营企业的法律环境,必须在确立民营企业法律地位、加快立法进程和加大执法力度等方面下大力气。

(一) 确立民营经济的平等统一法律地位,摈弃对其歧视观念

在保护合法财产方面,不同的所有制是完全平等的,只要是合法财产就应受到法律保护,不合法的财产无论是外资企业、国有企业还是民营企业都不能得到保护。要切实加大保障民营企业合法权益的力度,按照公平、公正的原则,清理和修改现行各种歧视和不利于民营经济发展的地方性法规;要组织专门力量,结合《行政许可法》的贯彻实施和行政审批清理工作,限期清理限制民营经济发展的行政法律法规和部门规章、政策;政府及其部门出台与民营企业有关的政策和管理措施要充分听取民营企业的意见,建立面向全社会的政策制定过程的意见征询制度,有关法律、法规和政策必须及时、广泛公布并征求社会各界意见。

(二)加快促进民营经济发展的立法进程,切实保障民营企业合法权益

应当说,与保护国有企业、外资权益的法律相比,目前有关保护民营经济权益的法律已经严重滞后。今后,广东要积极推进民营经济的立法进程,加快制定和完善保障民营企业和民营企业家合法权益的地方性法规与政策。推进有关部门继续清除和修订限制民营经济发展的法规、规章和政策,消除体制性障碍。提高合法权益保护的标准,细化合法权益保护的法律,完善权益保护的法律体系,出台、完善并实施《广东省促进民营经济发展条例》,维护民营企业合法权益,让民营企业从业人员没有顾虑地创业和发展。

(三)统一不同所有制企业的执法力度,促进民营经济公平地参与市场竞争

目前,中国对国有企业、外资企业与民营企业权益保护的执法力度不一致,对民营企业在承担义务方面执法较严,而在权益保护方面执法不严。对此,应严格遵循法律面前不同所有制企业权责平等,加大对民营企业合法权益的保护力度,打击侵害其合法权益的违法行为。

在执法当中,要坚持使用同一把尺子,做到一碗水端平,不偏袒不护短不歧视,例如在税费上一视同仁,公平对待。广东省为认真贯彻落实《中华人民共和国中小企业促进法》和省委、省政府有关民营企业发展的政策规定,促进广东省民营经济发展步入法制化轨道,2001年制定并下发了"广东省贯彻实施《中华人民共和国中小企业促进法》指导意见",狠抓贯彻实施《中华人民共和国中小企业促进法》,并积极开展政策法规的宣讲、咨询和人员培训,帮助民营企业熟悉相关法规和政策,这些举措的出台较有效地推动了民营企业权益保护法规的落实。

其次,还应当重视民营企业家的人身财产安全保护。针对危害民营企业家犯罪行为增多的现象,公安部门主动加强与民营企业家的联系,及时掌握有关信息并给予支持帮助,对具有重大社会影响力的民营企业家,建

第八章 影响广东民营经济模式转型的环境因素

立个人安全的登记备案制度,并主动协调各方面的保卫力量,切实做好安全防范工作。

二、切实改善民营企业政策待遇,营造公平竞争环境

在政策待遇方面,民营企业一直享受非国民待遇,如:不得参与使用稀缺资源的生产,不得从事关系国计民生的重要行业的活动,不得参与可能对公共安全产生影响的活动。要把国务院的政策规定落实到位,真正营造公平竞争环境,使民营经济发展的体制性障碍得以消除。其中,最为重要的是在市场准入、退出以及政府采购方面让民营企业享受到国民待遇。

首先,要在绝大多数领域尽快制订不同所有制企业统一的市场准入条件,除极少数关系国家安全和必须由国家垄断经营的行业以外,都应当放开,允许民营资本包括个体、私人资本投资经营;应当立即做到内资外资一视同仁,即凡是允许外资进入的,都应该允许各种民间资本进入,应鼓励民营经济尽快进入电力、水利、铁路、公路、港口、机场、公共工程、城市改造,以及粮库、车库、公园、旅游等设施的建设;对于电信、邮政、金融、保险、教育、卫生、医疗、文化、体育等行业,也应抓紧制定政策,降低准入条件。广东省工商局在市场准入方面实行了"十个放宽"、"五个突破"新举措,重点扶持科技型、出口创汇型、扩大再就业型、农产品加工型四类企业,这些扶持措施对促进全省民营经济的发展起到了积极作用。2003年制定了《关于改革企业登记注册工作的若干意见》,本着对市场主体"宽进严管"的原则,制定了10条改革措施,对市场主体实行公平待遇。同时,精简前置审批项目,提出了除法律和全省地方性行政法规规定的103项企业登记前置审批项目外,其它审批项目原则上不作为前置审批项目。若因特殊情况,确需保留前置审批的,须经省政府批准。各地在市场准入方面与法律法规不相符的做法、措施,一律取消。

其次,完善民营企业退出机制。政府要采取措施,完善民营企业退出机制。民营企业退出分为主动退出(战略退出)和被动退出(死亡性退出）。前者是指经营者退出但企业依然存在，这就要求在产权转让方面有便捷的条件；后者是指企业破产，此时应给失败者阶梯可下。应加大对民营中小企业的政策优惠，要注意研究借鉴国外一些好的做法，降低民营企业退出壁垒，促进民间资本自由配置到高效益的行业。

再次，建立和完善政府采购制度。政府采购在西方国家已实行了200多年，以其公开、公正、公平的特征，被称为"阳光下的交易"，而在中国政府采购制度还很薄弱。美国在政府采购时提出了"搁置购买"、"拆散购买"等举措，"搁置购买"是指在参与合同招标时事先选出适合于小企业的合同项目搁置一边，等待小企业投标。"拆散购买"是指从专项合同中分离出一般性合同，或将一个单一合同分成多个小合同。我们同样可以将政府采购量划出一定的比例给予民营企业，或在商品服务质量无明显差别的情况下，适当优先考虑中小民营企业的商品以扶持中小民营企业。

三、规范政府的行政行为，建设服务型政府

广东的政务环境还存在很多不足之处，各级政府要按照多服务、少干预，多帮忙、不添乱，多设路标、不设障碍的要求，积极改进对民营企业的管理与服务。

现今在广东，有些政府部门在行政管理当中存在严重的官僚主义问题。很多政府部门普遍缺乏服务观念，例如长江三角洲地区和珠江三角洲这两个地区政府在扶持民营经济发展上有两种不同的观念：长江三角洲地区认为，每一个来投资办企业的人都对当地经济发展作出了贡献，政府应当感谢他们，主动为他们服务是理所当然的事；而广东相当部分地区的观念是："东西南北中，发财到广东——你能到这里落户办企业，是我给了你发财的机会，你得好好感谢我"。这种观念源于上世纪八十年代初三资企业在广东一枝独秀的特殊环境。现在环境变了，但有些地方政府观念还依旧严重落伍。有些政府职能部门效率低，办事拖拉，存在着审批程序多、关卡严而使民营企业丧失发展新项目的机遇；有些部门服务意识欠

第八章　影响广东民营经济模式转型的环境因素

缺，管理人员服务态度生硬，有关部门信息不透明、不公开，办事地点没有办事指引和业务咨询台，有些部门甚至要请吃、送礼、给红包才给办事。这些问题致使民营企业家们经常忙于在职能部门跑关系，忙公关，在一定程度上增加了民企的交易成本和交易时间。

为此，要以行政审批制度改革为重点，简化办事程序和环节，除国家和省的法律、法规规定外，企业登记的前置审批条件一律取消或改为登记备案制，认真贯彻落实《行政许可法》，坚持依法行政，依法监督，逐步实行和完善便捷的审批方式，切实推行规范登记程序、公开政务、限时办结等措施，尽量用法律手段减少行政行为对企业经营行为的干预；强化机关作风建设，促进各项工作全面发展，坚持抓好先进性教育活动，落实中共党风廉政建设责任制，加强领导班子和干部队伍建设；要按照建设和谐好班子的要求，提高班子引导产业发展、调控经济运行和指导经贸工作的能力；继续抓好纪检监察，定期或不定期组织民营企业对政府职能部门的管理和服务工作，进行民主评议，并向社会公布评议结果。

其次，各种不合理收费增加了企业负担，使企业不堪重负。现实当中对民营企业收费多，甚至是乱收费等等，挫伤了民营企业经营者的积极性，限制了民营企业做大做强的空间。不少民企反映，经常遇到政府有关部门的不合理收费，这些收费一是名目多而滥，二是收费项目不清楚，重复收，三是贵。例如经常有规定之外的所谓手续费、录入费、学习费、资料费、会员费、培训费以及各种罚款；有关职能部门搬迁，企业被迫赞助装修费；有关职能部门出差或家属出游，企业也要出赞助费；到有关部门盖个章、查份资料、到工商所开证明续照都要交数额不等的费用。

因此，要严禁有关部门对民营企业乱收费、乱罚款、乱摊派、乱检查。各地要相应建立民营企业的投诉机制，设立民营企业投诉中心，抓好治乱减负工作，查薄弱环节和突出问题，加大对涉及企业"三乱"案件的查处力度，营造良好市场环境。

第二节 经济环境

广东民营经济在发展生产力、培植地方财源、扩大劳动就业、满足社会多样化需求、创造地区经济繁荣、促进社会主义市场经济体制的形成等方面发挥着重要的作用,反过来,广东经济发展模式的变迁进程又受到相关经济环境的巨大影响。

一、经济运行持续保持良好态势,创造有利的宏观经济形势

预期未来几年广东经济将保持良好的快速增长态势,主要指标保持景气向好,消费、工业生产持续加快,物价小幅上升,投资和外贸稳步增长。CEPA 的实施将促进粤港澳经济交流进一步加强,泛珠江三角洲区域合作的逐步深化将扩展广东经济发展的空间,一批重大项目的建设竣工将促进广东民间投资、民营工业等的快速发展,市场消费开始进入升级阶段,内需的持续释放给广东民营经济保持持续快速增长提供了坚实的基础。

同时,广东经济也存在隐忧。经济结构矛盾依然存在,某些行业生产供给出现过热现象,资源和能源将长期处于紧张状态,用电紧张局面难以马上改观。为此,政府应当加强对宏观经济的调控力度,密切关注经济运行态势,采取及时有效措施解决经济中出现的苗头性问题,为民营经济发展创造健康有利的经济氛围。

二、完善基础设施建设,提供优越的发展条件

要努力完善基础设施建设,为民营经济创造优良的发展条件。具体构想包括以下方面:建设布局合理、运行高效安全的交通、通信、能源、水利、环保等基础设施网络;构建覆盖全省主要城市的铁路快速客运网络,

第八章　影响广东民营经济模式转型的环境因素

把白云国际机场建成亚太地区的航空枢纽，建设客运快速化和货运物流化的智能型综合运输体系，形成快捷、高效、协调的陆海空交通网络；加强电源和电网建设，积极发展清洁能源；提高防灾抗灾能力和安全供水保障程度，全面建成节水型社会。

到 2020 年，公路密度达 90 公里/百平方公里，中等以上城市接入网基本实现光纤到楼、宽带接入到户，互联网普及率达 85%，电话普及率（含固话和移动）超过 100%，人均装机容量约 1.5 千瓦，水电、核电、气电和风电等清洁电源装机容量占全省装机容量的比重达 40%。[①]

三、加强环保生态建设，走集约型经济发展之路

大量污染密集产业的不断涌入，给珠江区域生态环境造成了严重的破坏，极大地损害了可持续发展的基础，给人口素质和生活质量的提高留下了许多隐患。广东省要树立和落实科学发展观，通过环境保护、生态建设和资源节约，促进环境、资源与经济相协调，构筑起全省可持续发展的基础，真正实现经济增长方式由粗放型向集约型转变。

这就要强化环境保护和生态建设，建设环境友好型社会。加强江河综合整治和污水处理，强化对大气污染、固废污染和噪音污染的综合整治，建设青山、碧水、蓝天、白云、绿地、花簇的优美环境。积极推行清洁生产，创建清洁生产示范企业。保护重点饮用水水源水库。力争使城乡环境质量指标达到或优于国家标准，使大中城市成为国家卫生城市。加强生态环境监测，加快建设生态公益林体系，防止海洋生态恶化。

同时，还要大力推进资源节约，发展循环经济。结合产业结构调整，逐步淘汰浪费资源、污染环境的落后工艺、技术设备和产品，促进节能降耗降成本、减污增效，加强资源的综合高效利用。抓好资源的循环利用，积极发展循环经济，将发展循环经济与积极推动生态工业园区建设结合起来。

---

① 何静文，《2004 年广东民营经济发展状况》，广东经济，2005 – 07。

四、重视支持本土民营企业成长,促进内源型经济增长

本土民营企业的发展对于广东经济发展的意义重大。发展本土民营经济,对于广东省的整体经济水平提高有重要意义,本土成功企业对拉动地方经济成长的效应很大,对于人民奔小康致富具有巨大作用,发展本土企业是贯彻富民政策的切实措施。

广东省要转变观念,将地方发展注重招商引资转变到注重扶持本土企业成长上来,积极扶持本土民营企业成长,促进内源型经济增长。广东支持本土企业的重点是要让本土民营企业与国有企业、外地企业和外资企业享有同等待遇,处于相同起跑线上。必须关注企业的生存发展环境,用有效的政策来支持民营企业做大做强,对本土企业成长快的地区要给予政策倾斜,选择扶持城市化的城镇要优先考虑本土企业成长快的地区。同时,要促进市场体制发育、支持本地民营企业改制和重组、提供基础设施、提供法律保障、以及实施宏观政策为民营经济发展营造良好环境。

要将扶持本土企业成长作为考核地方政府政绩的主要考核指标之一,将本土企业生存状态作为检验服务型政府的重要依据。如果本土民营企业都不能得到很好地发展,就不能说当地政府真有治理社会经济环境的能力。如果地方政府对自己本土的民营企业都不能很好对待,就更没有能力吸引外面的企业进来。如果愿意用很大的气力和很好的条件去招商引资,就更应该将这些优惠给予自己本土的民营企业。检验发展环境好坏的标准就是本土民营企业的成长状况,如果本土民营企业都成长不了,或者要迁出,说明当地企业生存环境较恶劣,政府对民营企业支持不够。

五、规范市场秩序,形成成熟的市场机制

继续加大"两大整治"力度,坚决取缔无照经营,打击走私贩私、制假售假、偷税漏税和欺行霸市等扰乱市场经济秩序的行为,引导民营企业规范经营和守法经营。

加大对市场违规行为查处力度。继续加大查处无照经营的力度,立案查处违法违规企业，进一步规范企业经营行为，打破地区、部门（行业）垄断，打假维权，实施"食品药品放心工程"等，开展各项专项整治行动。通过整顿市场经济秩序，营造良好发展环境，为保护合法经营，为民营企业公平竞争和发展创造广阔的平台。

完善企业监管制度。2003年广东省已制定出台了《关于加强重点行业企业监督管理的意见》，对涉及人体健康、公共安全、生产安全和社会稳定的易燃易爆品、危险化学品、食品等重点生产经营企业分成三大类进行监管，对这三类企业分别规定了检查的形式和频次，规定了定期检（巡）查、回访抽查制度和对违法违规行为的处置办法等；改革企业年检和个体工商户验照制度，全面推行个体工商户滚动式验照、扩大年检免审企业范围、简化企业年检资料、逐步推行网上年检和对部分企业实行上门年检等措施，方便个体工商户和私营企业。通过年检，发现和纠正企业虚假出资、擅自改变登记事项等问题。

加强民营企业诚信建设。信用建设是市场经济的内在要求，2004年广东省工商部门制定了《广东省工商行政管理系统企业信用分类监管办法》，形成工商部门监管和社会监督相结合的企业信用监管良性机制，对切实增强企业信用意识、促使企业合法经营、推动社会信用体系建设产生了十分有效的作用。同时，要强化经营者诚信教育，对民营业主加强自律教育，经常性地宣传遵守规则的意义，教育经营者要自觉地严格遵循市场"游戏规则"，注意维护民营企业自身形象。

六、优化民营企业融资环境，克服资金短缺的制约

无处融资已经成为制约广东省民营企业发展的瓶颈。据2007年广东民营企业的资金来源调查数据显示，国内贷款566.88亿元，占23.7%；利用外资48.57亿元，占2%；而自筹资金则高达1774.7亿元，占74.3%。①

---

① 徐亚辉：《广东中小民营企业融资问题研究》[A]，2009年4月9日，http://www.gdgcc.com/Articles/ArticleView.aspx?id=b92d3c83617747d0a2f72d8815828de4。

可见，目前广东民营经济的融资来源中还是以自筹为主，民营企业融资困境问题相当普遍。

民营企业的融资问题主要源于以下几个方面：一是国有商业银行对民营企业支持不力。中国的商业银行在民营企业融资方面，无论是创业资本还是后续投资，所起的作用总的来说是有限的。二是资本市场为民营企业提供的融资渠道狭窄。中国资本市场的运行体系存在先天缺陷，民营企业难以通过资本市场融资。中国企业债券和公司债券的发行实行严格的规模指标和行业政策限制，民营企业难以进入；股票市场直接融资门槛高，政府把大部分的资本市场直接融资指标给了国有企业，而大部分民营企业要上市融资困难很大。三是其他融资方式，如票据融资、租赁融资等发展缓慢。票据融资尚未成熟，多家商业银行都建立了自己的票据专营机构，但是市场发展仍然比较缓慢，对民营企业限制较多；现阶段利用融资租赁方式筹资有着局限性，租赁公司量少专业性低，为民营企业提供的融资服务有限，还没有成为民营企业融资的主渠道。四是民营企业自身信用缺失。民营企业管理水平低下，规模较小，资产信用不足，企业逃废债务现象严重，造成了缺乏诚实守信的社会形象。

解决民营企业融资困难的途径何在？很多专家学者都提出了不同看法，归纳起来主要有以下几种主张：其一，深化金融体制改革，构建多层次的金融服务体系；其二，力促国有商业银行面向民营企业提供金融服务；其三，加快政策性民营金融机构的建立；其四，完善资本市场体系，拓宽民营企业直接融资渠道；其五，建立全社会统一的企业与个人信用评级体系；其六，民营企业要提高企业的整体素质，建立信用管理制度；其七，加快建设民营企业的信用担保体系，建立政府和民间两级专门服务于中小企业的担保机构。

为了进一步拓宽民营企业投融资渠道，完善民营企业服务网络，近年来，广东省先后出台了《关于加快广东省中小企业信用担保体系建设的意见》、《关于优化中小企业信用担保机构开展业务的政务环境的若干意见》、

第八章　影响广东民营经济模式转型的环境因素

《广东省中小企业信用担保机构登记备案管理办法》、《关于进一步加强中小企业信用担保体系建设的意见》等一系列政策文件，不断优化融资担保行业的发展环境。与香港交易所等部门联合主办了香港上市（广东）专题研讨会，与中国证监会广州证券监管办联合主办了"广东省民营企业国内上市座谈会"，向中小企业和民营企业传递了有关企业上市融资的最新政策信息。通过开展一系列活动，民营企业的融资渠道进一步拓宽，服务网络进一步完善。截至2007年底，广东省工商部门注册登记的担保机构有441家，比2002年18家增加了423家，其中运作正常且纳入备案管理的162家担保机构注册资本金达150亿元，平均注册资本达9270万元，是全国平均水平的2～3倍，累计为近5万户中小企业提供了1860多亿元融资担保，其中2007年为2.17万户中小企业提供730亿元融资担保，累计担保总额和2007年担保总额均占全国担保总额的1/7，有效缓解了广东省中小企业融资难问题。①

第三节　服务环境

新珠三角民营经济发展模式是在政府和市场两只手同时起作用的经济体制中运行的，既要防止政府过度干预的偏向，又要充分发挥政府作用为民营经济发展铺平道路，还要鼓励市场中介组织为民营企业服务，形成有利于民营经济成长的服务环境。因此，优化民营经济服务环境主要包括两方面，一是建立政府主导的面向民营经济的公共服务体系，二是建立由各类社会中介机构组成的社会化服务体系。

---

① 参见《广东省积极推进担保体系建设缓解中小企业融资难》，广州协作，http://www.gzxz.gov.cn/Article/ShowArticle.asp? ArticleID = 14866。

一、建设服务性政府，构建面向民营企业的政府公共服务体系

当前政府面向民营经济的公共服务体系建设严重滞后，在由管制型政府向服务型政府转型的过程中，政府率先构建公共服务体系的领域主要集中于城市中的国有企业和外资企业，民营企业尤其是中小型民营企业和农村民营企业基本被排斥在外。为了创建面向民营企业的政府公共服务体系，政府应该强化服务意识，大力创造便捷的服务环境，对民营企业多支持、多指导、多服务、多协调，做到寓管理于服务中。

首先，建设面向民营企业的政府公共服务体系，必须加强公共服务体系的完善并提高其运行效率。为此，要结束目前多头管理的局面，以确保政策实施的一致性和协调性，改多头管理为统一管理，成立统一的中小企业管理机构，例如广东省通过设立"民营企业投诉中心"、绍兴市通过"便民服务中心"等措施为民营企业提供快速而优质的服务；应当减少民营企业审批手续，简化办事程序，健全行政监督机制，坚决取缔"三乱"行为；完善公共信息、技术、投资和商务服务平台，引导民营企业创新技术、创立品牌、改革体制、规范管理。

其次，建设面向民营企业的政府公共服务体系，要特别重视在对民营企业的工商管理中强化服务观念，将管理寓于服务之中，规范服务行为，打造"服务型"工商。工商部门要切实转变职能，优化服务。按照省工商局《关于进一步规范窗口建设的意见》要求，狠抓服务窗口的形象建设。在加强硬件建设的同时，要特别注重抓服务质量和服务效率的提高；建立"三制"，即"首办负责任制"、"办事承诺制"、"过错责任追究制"，对前来办事人员做到回答问题"一口清"，受理材料"一次清"；推行引导服务、上门服务、跟踪服务、延时服务和预约服务等五项便民服务措施，积极探索网上注册、分类监管等，提高服务质量和工作效率；鼓励和支持民营企业参与国有企业的改制、改建和重组，对私营企业参与国企重组改制等热点、难点问题进行规范指导；通过举办培训班、召开座谈会、印发免

第八章　影响广东民营经济模式转型的环境因素

费学习资料、送法上门等形式,加强对企业的法律法规和政策宣传。这些措施有利于提高工商部门服务效能,进一步鼓励和促进个体私营经济的发展。对于港澳人士来粤申办个体工商户要同样提供各种便利条件。目前,广东工商部门已采取积极措施,实现了港澳人士在全省范围内申办个体工商户资格条件、身份核证、办理程序、提交材料、收费标准、办照时限的统一,并通过开设专办服务窗口,缩短办照时间等方式,为港澳人士提供快捷、便利、高效的服务。

二、放手发展各类市场中介组织,建立和健全民营企业社会化服务体系

除了政府为民营企业提供的服务职能,还需要重视发挥各类非政府的市场中介组织的作用,加快行业协会(商会)的发展,建立面向民营中小企业的信息平台,建设民营企业中介服务机构,为民营企业提供社会化、专业化和规范化的服务。

(一)加快行业协会(商会)的发展,发挥桥梁纽带作用

行业协会(商会)包括个体劳动者协会、私营企业者协会等群众组织对于企业与政府、企业与企业具有较强的桥梁纽带作用,例如:向企业宣传政策、法律、法规,引导企业守法经营;协调企业和政府部门的关系,为政府经济政策形成和制定提供咨询服务;帮助企业加强行业自律,维护行业信誉,通过协会内部自我约束、自我规范,理顺市场竞争秩序;为企业提供信息咨询服务。

但是,大部分行业协会基本上还处于运动员和教练员的角色上,对相对处于弱势的民营企业作用有限,因此要加快行业协会(商会)地改革与发展,就要着力从以下几方面寻找突破:

一是要努力规范和完善行业协会(商会)组织的运行机制。当前大多数行业协会运作不规范,有必要加强行业协会自身的规范化,建立高素质的协会专业化管理队伍。要逐步赋予行业协会(商会)制定行业规范和标准的职能,参与行业规划和资质审查,维护行业公平竞争和行业利益等。

二是广泛吸收民营企业入会,扩大行业协会(商会)的覆盖面和代表性。中国行业协会代表性差,平均覆盖率不足本行业的五分之一,很难真正发挥作用。尤其是真正独立于政府的民间协会数量较少,大部分行业协会属于政府管理体系,这些行业协会实际上就是"二政府",并不是真正的行业协会。

三是发挥民间性质的协会(商会)的作用。民间协会(商会)是一种自主、自治的民间组织,是真正独立于政府与市场之间的第三方力量。它主要通过以下形式发挥作用:组织和服务,如开展一些经贸活动,组织产品交流会、展销会等商务活动,帮助个体私营企业扩大影响,拓宽市场销路;指导和咨询:通过各种形式开展技术培训、信息交流,提供管理技术、融资、法律等方面的咨询服务;协调和管理,如协调内外关系,解决矛盾纠纷等问题;形成集体力量,参政议政等。

(二)建立面向民营中小企业的信息平台,提供全方位的信息服务

加快全省企业信息系统建设,整合分散在政府各部门和社会相关管理部门的企业信息。省信息产业厅应当会同有关部门进行全省企业信息系统的建设,建立通畅的企业信息收集和管理体系,完善企业信息依法披露制度,办好《广东中小企业服务网》、《广东中小企业信息网》和《广东民营经济信息》等媒介,及时把有关政策信息传递到有关部门和民营企业,形成能够快速交汇信息的共享网络。推进"民营经济联席会议制度",有效发挥联席会议在协调有关部门落实扶持政策方面的作用。

(三)发展民营企业中介服务机构,构建完善的社会化服务体系

各种官方、半官方或民间的中介服务机构,是民营企业特别是民营中小企业获取技术、信息、管理等各方面服务和援助的重要渠道。当今发达国家均设有这样的机构,如美国的"小企业发展中心",法国的"中小企业全国同盟"等。目前,在广东省,用以支持民营经济发展的技术服务、信息服务、中间服务、商贸服务、咨询服务等严重不足,有必要实施有力措施催生各类中介机构并支持其规范、有序、健康的快速发展。

第八章　影响广东民营经济模式转型的环境因素

这就要加快建立为民营企业服务的科技中心，使之成为培育中小企业适用技术的孵化器。鼓励和支持科研院所、大专院校与民营企业建立合作关系，为民营企业提供强有力的科技、知识和信息支撑。要加快建立产品流通中介服务机构，加强重点专业市场和拍卖、典当业的管理，推动社会服务业、零售与批发贸易业发展。要引导各类专业咨询中介机构为民营企业提供所需要的服务，如鼓励人才、管理、法律、财会等咨询中介机构为民营企业提供人才中介、商情预测、产品开发与销售、经营管理、政策法律、投资方向等多方面的咨询中介服务，引导民营企业将非核心业务外包给咨询中介机构，集中精力从事最擅长的业务。

第四节　社会文化环境

民营经济的发展有力地推动了社会和文化的发展，反过来，社会和文化环境也直接或者间接地影响民营经济的发展。对于一个区域的民营经济而言，最重要的是社会环境和文化环境深刻影响民营经济发展模式的选择和变迁。由于珠三角地区区域社会文化的性格会影响到该地区人们的经营观念、思维方式以及活动方式，区域社会文化对区域民营经济模式的选择具有长期潜在影响。

一、重视宣传和舆论导向作用，形成有利于民营经济发展的良好社会环境

民营经济的发展需要良好的社会舆论环境，形成这种社会舆论环境的前提是要让社会各界充分认识民营经济的重要地位和作用。中共广东省委、广东省人民政府在2003年在《关于加快民营经济发展的决定》中指出，"发展民营经济是进一步解放和发展生产力，实现富民强省的重要途径。民营经济是利用国内民间资本兴办，适合现阶段生产力发展水平，最具活力和生命力的经济。它同国有经济、集体经济一样，都是中国社会主义市场经济的重要组成部分。加快发展民营经济，对于进一步调整所有制结构，完善社会主义基本经济制度，培育新的经济增长点，增强我省综合实力和发展后劲，应对加入世贸组织后的新形势，扩大对外开放和提高对外开放水平，繁荣市场，增加就业和维护社会稳定，全面建设小康社会，加快率先基本实现社会主义现代化，具有重大而深远的意义。"①

同时，今后广东省在指导思想上要真正坚持以"三个代表"重要思想和中共的十六大精神为指导，解放思想，实事求是，与时俱进，努力消除一切妨碍民营经济发展的思想观念；真正坚持按照"政治平等、政策公平、法律保障、放手发展"的方针，对民营经济"不限发展比例、不限发展速度、不限经营方式、不限经营规模"，努力营造民营企业人员在社会上有地位、政治上有荣誉、经济上有实惠的良好发展氛围，在全省形成促进民营经济提速发展的社会大环境。

近几年来，广东各宣传机构和媒体不遗余力地对民营经济的地位、作用、意义和中共对民营经济的指导思想做了大量的正面宣传，起到了积极的舆论导向作用，应该说，广东省有利于民营经济发展的良好社会氛围正在日渐形成。

积极探索在民营企业内建立党、团和工会组织的有效途径。积极开展在民营企业中建立共产党组织和发展党员的工作，建立共青团等群众组织，健全和发挥工会组织在民营企业劳资关系中的协调作用。从民营企业的实际出发，解放思想，大胆探索，努力提高民营企业中共、团和工会组织工作的水平，为促进民营企业内部关系的和谐构建有效的协调机制。

二、弘扬珠三角文化传统，营造支持民营经济模式转型的文化氛围

从系统的观点来看，经济和文化都是两个相互独立的子系统，它们互

---

① 中共广东省委、广东省人民政府：《关于加快民营经济发展的决定》，粤发 [2003] 4 号文件，2003 年 3 月 19 日。

第八章　影响广东民营经济模式转型的环境因素

相依赖、互相制约。区域经济建设与区域文化建设在动态平衡中共生共长，只有珠三角的区域经济和区域文化有机结合，实现经济和文化的协调发展，构成一个良性互动关系，才有区域的和谐统一与全面进步。一方面，区域经济发展为文化建设提供有利的物质基础和经济环境，并且区域经济建设的迅速发展动态地改变着人们的思维方式和文化观念；另一方面，区域文化特点也为区域经济发展思路提供价值理念、选择标准和经营行为方式。现代经济学认为，社会文化是经济活动中的一个重要变量。广东近三十年的超常规发展及其民营经济发展模式（珠江模式）的形成除了归因于中央给予广东的优惠政策以及独一无二的区位优势以外，还与广东独特的区域文化因素所蕴涵的深刻价值观念和巨大精神支撑有密切联系，而广东的民营经济的发展模式的发展和转型，更是与广东的地方文化特色息息相关。

（一）珠江三角洲的文化传统

珠江三角洲属于岭南文化区，广州是岭南文化形成的中心。珠江三角洲社会政治的全面进步、经济的崛起与腾飞，一个重要的原因就在于该区域具有深厚而独特的文化底蕴、文化渊源和文化积累，也就是今天所说的岭南文化传统。"岭南，也称岭外、岭表、岭海等，泛指五岭以南地区范围包括今日广东、广西一部分和越南北部地区。后人也以岭南为广东的代称。"① 岭南文化传统可追溯到先秦，对它起重要影响作用的发展过程可大致勾画为三个阶段：②

在先秦时期，岭南文化形成雏形。在秦朝统一中国之前，地处南疆偏僻一角的岭南地区，远离中央政权和中原文化，形成了特殊的带有反映当地地理、气候、生产和生活方式的地方性文化。秦统一全国后，中央权力

---

① 叶汉明：《明代中后期岭南的地方社会与家族文化》[J]，《历史研究》，2000年第3期。
② 孔杰、曾维和：《区域文化的传统与现实：珠三角政府文化建设研究》[N]，《华南师范大学学报（社会科学版）》，2004年第5期。

的介入带来了北方的儒家文化，与本地文化融合成型，始称"岭南文化"。

明唐朝以后，岭南文化开始走向成熟。在明代中叶以后，与西方国家的经济和文化交往互动开始增加，一批外国基督教传教士（如利玛窦）进入岭南。岭南在海洋文化的影响之下，以开放、兼容、创新的姿态吸纳着海外西方文化的优秀成果，特别是自唐宋以后，岭南佛教开始兴盛，寺院广建，高僧辈出，中外佛教交流活动活跃，这时岭南文化又吸收了宗教的一些有益的因素。

到了近现代，岭南文化继续完善和发展。在唐宋之后中国封建社会由盛到衰的历史长河中，岭南文化作为一种地域文化，一方面保持了本土文化和中华民族文化的传统特色、主体意识而始终延续其基本精神理念，另一个方面，吸收海外文化中的有益元素且不断充实和更新其内涵。岭南文化正是按照自身的发展规律在总体构架上日趋走向完善而成为今天我们所熟知的区域文化性格。

（二）珠江三角洲的文化性格

区域文化性格，就是生活在一定的文化区域中的绝大多数人所共同具有的带倾向性的、稳定的心理特征。[1] 与文化传统相比，区域文化性格是一种更深层次的历史沉淀，它反映特定文化区域中的人们普遍性的、稳定的心理趋势和价值取向，构成该群体区别于其他文化区群体的鲜明特征。它形成于一定的区域文化传统背景之中，与特定的文化区紧密相连，同时受到地理环境、经济结构、政治制度和外来文化传播的影响。[2] 在特殊的区域地理环境、中原文化、海洋文化和宗教教化的影响之下，岭南地区经过长期的文化碰撞、整合与积淀，形成了自主、开放、重商、守义等特点的区域文化性格。

---

[1] 阎耀军：《论区域文化性格概念》[J]，《理论与现代化》，2002年第3期。
[2] 孔杰、曾维和：《区域文化的传统与现实：珠三角政府文化建设研究》[N]，《华南师范大学学报（社会科学版）》，2004年第5期。

第八章　影响广东民营经济模式转型的环境因素

岭南文化是一种土生土长的有较强自主性的地方文化，是一种相对独立、自成体系的区域文化。岭南背靠五岭，下临南海，居于中国南部，这种特殊的地缘塑造了岭南文化的特殊性。一方面，岭南在古代交通和通讯联络不便的情况下，接受正统思想的束缚较少，有较强的独立性，使岭南人文化带有较浓厚的个性，并在险恶的自然环境，逐渐形成了岭南人自强不息的生存意识。另一方面，随着西方文化传入，尤其是海洋文化中冒险、开拓的热情，激发着一代又一代珠三角人们背井离乡，远涉重洋，独立创业，使珠三角区域文化性格具有开拓创新和自觉参与竞争的特征。

岭南文化有兼融外来文化的开放性，它能以开放的态度吸纳多元文化。岭南背山面海，远通域外，率先吸收外部文化，置身在多种文化元素冲击之中，各种文化互相激荡，不仅没有影响岭南文化的独立发展，而且形成了岭南人易于接受新事物，吸收新思潮，敢于兼容不同文化的精神。洋人生活方式和粤人生活方式在这一区域完全可以共存。

自古以来，珠江三角洲就是中国东南部手工业、小工业城镇的聚集地，一直是中国东南沿海商品经济比较发达的区域，商业活动的频繁催生了与中原传统的重官抑商相抵触的商品意识，这就使得岭南文化具有较强的商业色彩。作为岭南文化的主要发源地，西方资本主义思潮的传入也先于内地其它地区，因此，珠三角较早地形成商品经济观念，有着提倡"重商"、"功利"的区域文化传统。

但珠江三角洲由于受近代革命文化传统和佛教文化的影响，并有效地吸收儒家文化传统的"仁义"思想，因而又具有了"重义"的元素。这样，"义"和"利"自然而然地有机结合起来，形成珠三角文化区中"义利兼顾"的区域文化性格，即具有重商、重义二者有机结合的价值取向。

（三）发挥岭南文化对广东民营经济发展模式演进的积极作用

区域文化对区域民营经济发展具有重要意义。社会文化影响人们的生活习惯从而改变消费结构，促进产业结构的优化，也影响产业布局的地理分布；文化思想渗透到企业经营管理中来，促进了有本地特色的企业管理风格和企业文化的形成；文化的传播提高了人们的文化素质，为经济发展提供精神动力和智力资源。

然而，区域文化对民营经济更重要的意义还是体现在它对民营经济发展模式的影响和引导方面，广东应当充分利用区域文化优势，发挥以岭南文化精髓"自主、开放、重商、守义"为核心的区域文化性格潜移默化的效应，塑造了广东人的性格气质，铸就了广东民营企业家的商业精神，推动广东民营经济发展模式的转型。

1、"自主"意识与广东内源性经济的培育

广东处在远离政治文化中心的岭南地区，长期被视为"南蛮"之区，与中原文化和经济的对流很少，逐渐形成了自主意识和竞争意识，这种自生自存的意识深刻影响了古往今来的广东人，但遗憾的是这种自主意识在改革开放的年代有所淡化。这主要归因于广东在有利的外部环境中极容易从周边地区（如港澳）获得资源，但却忽视了对内部资源的发掘，进而在经济增长理念上过于沉湎于依赖域外资本、技术和人力资源地输入，并因此而沾沾自喜，美其名曰"借鸡下蛋"、"借船下海"。进入新世纪以来，广东越来越认识到单纯依靠外源经济的局限性，注意力开始转移到挖掘内部潜力发展内源性经济上来。这就在文化上需要新的理念支撑，要大力弘扬岭南文化所内含的"自主"意识，驱动广东迈上内源性经济增长的轨道。

2、"开放"意识与广东外向性经济继续成长

自古以来，广东能够积极、主动地对待传统文化和外来文化，形成了能平等地与其他文化融合的特性。岭南文化的开放性和兼容性促使广东人形成放眼世界、宽容大度的文化心理，这使广东成为一个开放的社会，促进了广泛的商业往来和频繁的内外资源对流。多元化文化的频繁交流使岭南人具有更好的适应性，广东民营经济正是在这种开放文化的熏陶下，吸引外部资金和利用别人的技术发展自己，走外源性经济发展的路子。未来，在全球化趋势加速和中国对外开放不断深化的形势下，外源性经济无

第八章 影响广东民营经济模式转型的环境因素

疑仍然是广东民营经济的重要特性和依靠。所以,外向性的岭南文化将继续为广东民营经济提供有力的精神支柱,使广东商业者沐浴在开放社会的文化氛围中,具有更强的学习、模仿、转化和创新的能动性,更善于从外部大量借用资源投入到本地经济建设中来。

3、"重商"意识与民营企业自身综合素质提高

岭南文化的重商意识对广东民营企业发展起到了很大的推动作用。岭南文化的重商性、功利性、务实性,使广东人摒弃了北方人"耻言利"的传统意识,这使广东商人具备敢为天下先、不畏艰险的精神。但是,过分的求利渴望与实用主义使广东商家目光短浅、贪图小利,片面追求短期的利润最大化,忽视从长远的角度谋求企业的生存和发展,不愿意自主开发技术产品,主要靠模仿别人而存活于行业内,从而造成产品附加值低,企业缺乏竞争力。比如,广东企业常常与港澳商家建立前店后厂的来料加工模式,在这种模式中广东企业能够但也只能够赚取低额利润。于是,强调实用主义和注重财富的人文性格成为广东民营经济难以上规模、上档次,难以形成大企业集团的主要障碍。广东是全国最大的服装生产基地,世界上大多数著名服装品牌企业在广东都有加工厂,广东服装占全国市场三分之一,相当部分民营企业具有较强的技术能力和先进的设备,但他们并不愿意精心打造自己的品牌,只满足于为知名品牌做"贴牌",认为这样收益很不错,又无风险。然而,当今时代,企业的无形资产(如声誉、品牌、技术和知识)成为决定企业竞争胜负的关键,只顾眼前、不考虑长远利益的急功近利观念很难使企业获得持续生命力。因此,广东民营经济应当树立现代商业意识,高度重视企业的品牌塑造、市场声誉、顾客忠诚度、客户关系营销等现代经营和销售理念。

4、"守义"意识与规范民营企业治理制度与经营行为

传统的岭南社会具有反规范性的文化心理和社会基础,到了现代,善于应变的广东人更善于变通。广东有个著名的"灯论",即"绿灯来了跑步走,红灯来了绕着走,没有灯也要摸着走",它隐喻的是一种政治策

略,讲的是广东人善于利用和充分利用好中央给的政策来发展经济,体现的正是广东人灵活善变的性格特质。这种变通在一定程度上避免了市场经济发展初期由于制度安排滞后所导致的尴尬,有利于广东民营经济的发展。但是,随着市场的完善,善于变通的思维方式的隐患也越来越明显。过于变通会使长期处于这种变通状态的人们对任何制度——原有的或新建立的制度失去信心和兴趣,整个社会的刚性约束大为减弱,建立在公共管理制度基础上的道德认可也随之淡薄,最终,制约社会的长期进步。[①] 在市场经济秩序建立后,如果企业过于变通而不遵守"游戏规则",不仅会给其它市场交易主体带来危害,而且最终使企业自身被市场抛弃。

民营企业家受中国传统家庭伦理影响,对自己亲友非常重"义",实施家族式管理导致企业治理制度的不规范。在民营企业中,企业家不仅滥用亲属,还用血缘亲情和家庭伦理秩序代替规范的制度管理,对于亲友员工,即使违反企业制度也可以格外开恩免去处罚,纵容他们为所欲为,而对非亲友员工的管理则很苛刻。在制度面前持双重标准破坏了企业制度的规范性,动摇了企业制度的权威性和有效性。

但是,在企业经营行为方面,一些商人受利益动机驱使,对客户和合作伙伴就不太讲"义"了,各种商业交易中的欺诈现象严重泛滥,成为民营企业不规范经营行为的主要体现。对此,广东的民营企业家们应当清醒认识到不诚信经营行为的严重危害,要在经营行为中努力弘扬岭南文化中"守义"的优良文化传统。

---

① 梁绮惠:《岭南文化与广东民营经济的发展》[J],《佛山科学技术学院学报(社会科学版)》,2004年第6期。

第九章
推动广东民营经济模式变动的内部因素

广东民营经济模式转型除了受到外部环境因素的影响,从根本上讲亦是由民营经济自身内含的一些因素所决定的,这些因素中尤以企业制度建设、企业家和经理人素质开发、人力资源管理、战略管理等最为重要,这些因素对民营经济发展起着重大的推动作用。广东民营经济应当从这些方面磨砺内功,才能真正实现发展模式的大转型。

第一节 企业制度建设

制度建设是保证民营企业能够长期健康发展的重要条件。民营企业在初创时期,可能由于主客观条件的不完善,无法建立较规范的各项制度,但当民营企业发展到一定阶段,随着规模的扩大、经营范围的扩张和内外环境的复杂化,没有一套完善的制度则很难保证企业的长期发展。这一时期,民营企业必须摒弃创始初期凭经验进行管理的模式,建立和完善企业的各项规章制度。

一、加强制度创新必要性的认识

民营企业要想跳出"其兴也勃,其亡也忽"的循环周期,要想真正做大、做优、做强、做长,必须要有自我否定和自我超越的勇气。这就要求企业主和企业利益相关者必须加强企业制度创新必要性的认识。

首先,企业主应当充分认识到制度变革对于企业发展的重要意义。制度缺陷是民营企业继续发展的瓶颈,制度创新能为企业带来巨大的收益,通过变革企业制度可以从根本上解放生产力,打开民营企业前进的通道。当然,制度变革也需要克服各方面的阻力,付出代价,这就是制度变革成本。根据制度经济学派关于制度变革的分析方法,在企业发展壮大的过程中,当企业制度创新带来的边际收益等于边际成本的时候,就表明企业制度到了应该在治理结构和管理上进行创新的临界点。目前,许多民营企业正在由小规模发展到中等规模或由中等规模发展到大规模,制度创新的边际收益在显著递增,已经等于或超过制度变革的边际成本,可以说这些民营企业到了推进制度变革的临界点,企业主对此应当有清醒的认识,及时把企业导入脱胎换骨的制度创新之路。

第九章 推动广东民营经济模式变动的内部因素

企业要对自己企业制度的欠缺有深刻的认识,加强对制度创新战略性的认识,努力克服制度创新的各种制约因素,营造良好的制度创新环境,积极引导企业的制度创新。民营企业发展到一定规模、进入到一定生命周期时,就必须突破家族制管理模式的束缚,以个人资本去有效融合社会资本,与非家族成员共享企业的资产所有权、剩余索取权和经营控制权,从而完善家族制企业或从家族制企业向现代企业嬗变。

其次,还应当让利益相关者们也理解企业制度变革的必要性,否则,企业制度变革就有可能因不理解、不接受、不支持而遭遇挫折。现实当中,很多家族型民营企业主并不是不知道亲缘、血缘对企业所可能造成的危害,也并不是没有改革的想法,主要是企业制度变革有可能会损害家族成员的权益,改革遇到的阻力很大。例如家族舆论的反对,家族成员就业和生活的困难,尤其是开朝元老不但曾为企业的发展作出过巨大的贡献,而且还可能掌握了企业许多不能让外界知晓的秘密。由于受中国传统的亲情文化所影响以及难以承受住来自亲情关系圈的压力,企业主往往狠不下心拉不下脸,这就需要企业主不仅具有坚持改革的巨大勇气和魄力,而且要和关联利益人密切沟通,或召开家庭民主会或进行单独交谈,使他们认识到企业如不改变制度就会走向灭亡,大家的利益都会受损。沟通还有利于寻找多赢的改革方案,如运用发放"黄金降落伞"遣散费,支持家族成员单独创业等方法弥补某些成员的损失。既不伤害家族成员利益又能进行变革,这种两全其美的改制自然阻力最小,能够获得最大范围的支持。

二、引进现代公司治理机制

企业内部治理的内涵是指企业内部的一种制度安排(一组契约),它通过一套包括正式或非正式的机制来协调公司内部利害相关者之间的利益关系,以提高企业决策的科学性和企业各方利益的公平性。企业内部治理体系一般包括三个方面的内容:如何配置或行使责、权、利;如何监督和评价企业管理者和员工；如何设计与实施激励机制。①

民营企业在发展初期大多数采取家族制的治理形式，在其进一步成长、壮大的进程中，一边扬弃家族企业的劣势，不断吸收和引进科学的管理思想，逐渐转变经营机制和变革企业制度；一边发挥着自己独有的优势，继续沿着家族特色的道路发展。民营企业传统的家族治理机制在创业初期和进行资本原始积累这一特殊阶段是较为有效和实用的管理模式，但在企业具备一定规模寻求扩大发展时，在向现代化、国际化和集团化发展过程中，家长制管理模式越来越暴露出它的局限和不足，家族制管理已成为制约企业发展的"瓶颈"。

因此，民营企业要结合企业实际发展情况，引进现代企业制度的运作模式，将封闭的家长式企业逐步改变为开放的法治企业。按照所有权与经营权分离的原则，实行委托代理制，引进现代公司治理机制，向现代企业制度演进是上规模的民营企业的必经之路。要引进社会资本和职业经理人，改变传统的家族绝对控股和控制的模式，将夫妻店、父子兵、兄弟班等形式转变为新型现代企业。虽然可以仍然家庭控股，但一定要建立规范的"公司法人治理结构"，采取"委托代理制"的方法，聘请外面的能人来做经理，并主动吸引社会资本和接受社会监督。

所谓建立规范的"公司法人治理结构"，就是要完善企业三权制衡的组织机构及运行机制，依法建立股东会、董事会、监事会和经理班子，使企业的权力机构、决策机制、监督机构和执行机构既互相独立，相互制约，职责分明，又相互协调，相互督促，形成合力。这四种机构的权责、工作方法、工作程式要界定清楚，其中核心是要明确董事会作为企业决策中心的职能，确保经理拥有相对独立的经营权，发挥监事会的监督权。

所谓采取"委托代理制"，就是建立健全经理人员制度。面向市场引

---

① 罗斌，《伦理治理与标准治理：家族企业内部治理的双重机制及其优化》，经济学家，2006-04-14，http://www.jjxj.com.cn/articles/9952.html。

第九章　推动广东民营经济模式变动的内部因素

入职业经理人员是健全法人治理结构的必然要求,也是突破民营企业管理知识和能力瓶颈的重要手段。创业人大多缺乏专业知识,仅凭经验和直觉经营企业,当企业发展壮大以后,管理变得越来越复杂,因而特别需要聘请专业管理人员承担企业日常管理职能,这样在企业创业人(或企业主)与经理人之间就形成了"委托代理关系",前者是委托人,后者是代理人。随着委托代理制的实施,管理权和所有权发生了分离,改变了出资人既是所有者又是经营者,既是决策者又是执行者的状况,同时,它为原有家族式企业出资人员与经理人之间设置一道屏障,改变原有家族管理者的人情化和随意化,而经理人的职业化又为企业带来了规范化、专业化的管理,大大提高了企业管理效率。委托代理制成功的关键是建立有效的激励机制尽可能增加代理收益,构建有力的约束机制降低代理成本。代理收益是代理人利用自身专业知识努力经营所创造的效益,而代理成本则是因代理人经营不当、利己动机和"偷懒"行为等给企业造成的损失。现代企业高层经理人员的激励机制的发展方向是报酬激励的多元化、业绩导向化和长期化。企业赋予高层经理人的报酬通常包括工资收入、奖金、特殊福利、在职消费、风险收入、远期收入等。其中,奖金、风险收入通常是由董事会根据业绩来确定,有利于激励经理人提高企业短期经营业绩;远期收入主要通过股票赠予期股、期权形式让经理人员持有公司的股份,以一种产权制度的安排把所有者和经营者的利益"捆绑"起来,以激励经营者在长期内提高企业资产经营效益和资产质量,减少代理人的道德风险。而经理人的约束机制则主要由企业内部监督(如董事会、监事会对经理行为的监督)和企业外部约束构成(如经理的业绩会影响他本人在经理市场的个人价值,经理经营决策是否恰当会影响企业产品的市场价值和股票在资本市场的价格,这些都会对经理产生约束力)。

第二节 企业家和经理人素质开发

在市场经济条件下,企业家和经理人作为一种稀缺资源,为促进经济社会发展发挥着越来越重要的作用,在某些领域甚至成为主导力量。不少学者认为,广东的大部分民营企业规模小,产业升级慢,发展后劲不足,都与企业家和经理人素质有着直接关系。因此,各级各部门和社会各界要从战略和全局的高度,充分认识培养造就一支高素质企业家和经理人队伍的重要性和紧迫性,加强企业家和经理人队伍建设,营造有利于企业家和经理人成长的环境,构建能充分发挥他们作用的激励与约束机制。企业家和经理人也应当加强学习,努力克服自身弱点,顺应现代管理潮流,积极开阔视野,促进观念的更新与自身素质的提高。

一、广东民营企业家和经理人队伍存在的问题

中国民营企业家和经理人在经历长期的创业过程和市场经济体制的洗礼之后,对企业管理和市场规则都具有了比较深刻的看法,经营理念和实践逐渐走向成熟,自身素质正在不断提高,并且已经涌现出一批非常出色的企业家和经理人,但大部分民营企业家和经理人的自身调整仍然无法适应环境的变化。广东省工商业联合会、中共广东省委统战部经济处2009年发布的《广东省私营企业主状况调研报告》尖锐地指出了部分广东民企老板身上存在的问题:小富即安致使企业创新意识不强;文化素质不高致使企业文化淡薄、凝聚力不够;讷言寡语致使企业品牌宣传力度不够;单打

第九章　推动广东民营经济模式变动的内部因素

独闯致使抱团合作意识不强；埋头实干致使关心社会民生不够等。① 综合起来，广东民营企业家和经理人队伍存在的不足之处在以下几个方面尤其突出。

（一）个人修养欠缺

在现今民营企业家和经理人队伍中，不少人是二十世纪八九十年代开始搞个体户成长起来的，他们当中除了从机关、国企"下海"的这部分人文化水平较高以外，其他人的学历层次普遍偏低，没有接受过系统的高等教育和管理培训。

他们中一些人的个人品德修养也较欠缺。早期创业致富对个人的品德修养要求并不高，主要靠依赖政策支持，胆子大抓住了某次市场机遇而使企业获得了发展，现在很多人在企业扩大规模以后，仍然缺乏在企业内部建立个人权威所需的人格力量。

目光短视、缺乏远大的志向抱负也是不少民营企业家和经理人的致命弱点。曾有一个形象的比喻说中国民营企业是"兔子脑袋，恐龙身体"。现实当中，民营企业不一定有恐龙一样的身体——规模，但大多数私企老板的脑袋——企业战略意识和规划的能力非常欠缺，他们往往对企业自身的资源优势没有清醒的认识，对环境变化没有敏锐的认知洞察力和迅速的反应能力，当企业已经成长了或市场环境已经发生了重大变化，他们的思维仍然没有转变过来。民营企业家和经理人们沉湎于片面追求眼前利益，小富即安的心态较普遍。很多民营企业家和经理人急功近利，单纯追求利润的最大化，不考虑企业核心竞争力培育和持久竞争优势保持等战略问题，把赚多少钱定为目标，什么赚钱搞什么，什么热销做什么，目光再稍微远点的就是将企业有多少资产作为目标，这就必然导致企业的短期行

---

① 广东省工商业联合会、中共广东省委统战部经济处：《广东省私营企业主状况调研报告》，2009年4月29日，http://www.gdgcc.com/Articles/ArticleView.aspx?id=fb5cd941e25a4ceeb6e5a7cef52e41a9。

为，企业的寿命不长。

(二) 经营管理技能欠缺

早期起家的民营企业家和经理人们对系统的管理学、经济学知识了解不多，对管理技能掌握也很不够，在企业经营实践中以经验式管理为主，在推动企业发展中走的是粗放式增长的企业成长路子。全国工商联在国内21个城市进行的一次抽样调查显示，有70%左右的民营企业家和经理人竟然不懂财务报表，90%以上的民营企业主不懂英语和计算机，大多数企业主甚至不看书，不看报。[①] 面对快速变化和竞争激烈的市场，许多民营企业没有逐渐采用更为先进的管理方法、组织形式、经营机制等，缺乏有效的管理制度和健全的监管措施，组织内缺少明确的职务分工体系，岗位责权利经常不清楚。在实施目标管理和绩效评估时，平时不及时、客观地收集相关数据，到年终对目标和业绩考评时没有具体的数字支持，只好编造虚假数字，结果绩效管理仅仅是走过场的形式。很多民营企业家和经理人片面追求固定资产等有形资产，过分热衷于圈地盘、盖厂房、买机器，粗放式增长的结果容易造成固定资产盲目扩张，流动资金严重不足，生产不能正常进行，陷入债务危机的泥潭中。民营企业主们在经营当中习惯于靠简单模仿别人的技术、强化对员工剩余劳动的榨取以及低价买进和高价卖出等粗浅经营管理手法迅速发财致富。这种以粗放式增长为基础的思维定势使得民营企业难以转入集约式成长的轨道，深究其中根源就是由于大多数民营企业家和经理人囿于旧的经验式管理，没有学习现代经营管理知识的内在冲动。

(三) 独断专行的领导作风

在中国民营企业中，过分推崇个人的决定性作用，民营企业家和经理人个人英雄主义思想太严重，铁腕人物专制独裁、个人控制企业的现象很

---

① 符贵兴：《民营企业家的素质现状与提升路径》[J]，《现代企业教育》，2004年11期。

第九章 推动广东民营经济模式变动的内部因素

普遍,许多公司高管者不愿意向下级授权,他们在企业上规模以后依然事必躬亲,与当初个人创业时的作风无异。在企业初创时期以及经营环境高度不确定的情况下,集权式领导风格确实具有一定的优势,它可以缩短决策时间,有利于敏捷地把握市场机会,降低企业内部的决策成本。但当公司进入成长、成熟期后,个人英雄主义就会成为公司发展的障碍。市场竞争更为激烈,企业规模扩张使管理变得复杂化和专业化,管理层就特别需要依靠懂得现代管理科学的专家来从事企业的经营管理,组织更需要高效率的管理团队来运作,仅仅依赖于企业领导人的经验和直觉就远远不够了,"一言堂"式的个人拍板很容易导致决策失误,并因此给企业造成严重损失。在一次关于民营企业家和经理人监督约束制度的调查中,在问及民营企业家和经理人最容易出现的问题是什么时,57.7%的民营企业家和经理人将决策失误排在首位。① 这正反映了个人独断决策的危险性就连民营企业家和经理人也开始有所自省。

(四) 诚信意识不够

一般来说,民营企业创立快,破产也快。全国每年新生15万家民营企业,但同时每年又死亡近10万家;民营企业有60%在5年内破产,有85%在10年内死亡。② 中国的民营企业方生方死、寿命短暂的重要原因之一就是严重缺乏诚信。许多民营企业家和经理人在创业之初都或多或少地利用了当时市场经济体制、政府管理措施和社会监督体系的不完善。在中国体制转型阶段,一些创业者靠制假售假起家,靠利用某些优惠政策或者钻政策的空隙赚取第一桶金,建立起自己的企业,完成了原始资本积累。例如在苏南、温州等民营企业兴旺的地方,曾经制假贩假之风盛行,成为假冒伪劣产品的生产基地。虽然目前市场体制已经渐趋成熟,政府有关政

---

① 张锐:《中国民营企业家尚存十大内伤》[J],《经济管理文摘》,2003年第5期。

② 参见《中国民营企业家尚存十大内伤》[N],《中华工商时报》,2003年2月18日。

策有所完善,各种诚信监督机制(如工商部门监管、消费者协会维权活动、媒体报道等)也在健全,但是当初通过不诚信获得的原始资本积累仍然留下深深的烙印,过去的成功经验使他们很长一段时间内继续沿用旧的手法经营企业,依赖于在商业交易中采取欺骗手段来促进企业的发展。有的通过欺骗股民以达到上市圈钱的目的,如制造良好的企业数据编造经营业绩;有的通过欺诈行为榨取劳动者血汗,如大打虚假招聘广告骗取廉价劳动力;有的欺骗客户以牟取眼前暴利,如仿造名牌产品、偷工减料等行为盛行猖獗,严重损害顾客利益;有的偷税漏税,如伪造假票据从政府骗取出口退税。在社会上,私企和私企老板几乎成为了商业欺诈的代名词,严重败坏了民营企业及其企业家和经理人的社会形象。然而,当市场日益成熟起来以后,由消费者主权转变为生产者主权,由卖方市场转变为买方市场,市场的选择功能和淘汰功能成为发挥主导作用的力量,缺乏诚信的企业和企业家、经理人不会得到民众的认可,最终就会被淘汰出局。任何企业和企业家及经理人如果欺骗股东、员工、顾客、合作伙伴、政府、社区等利益相关者都必将被他们抛弃,尽管能获取短期高额利润,但是终究难逃灭亡的厄运。

二、广东民营经济模式转型对企业家和经理人素质的要求

广东省民营经济发展模式转型中,民营企业家和经理人是企业层面的当事人、策划者、推动者和执行者,因此,企业家和经理人的素质状况及其提升是直接关系到民营经济能否成功转型的最重要因素。

(一)企业家和经理人素质的内涵

企业家和经理人是善于敏锐地抓住市场机会进行创业的企业资产的经营者或所有者,被誉为"工业制度的灵魂"。建设一支高素质的民营企业家和经理人队伍是保证民营经济快速健康发展的前提,企业家和经理人的素质直接关系到企业的生死兴衰。据统计,世界上1000家破产倒闭的大企业中,有850家与企业家和经理人决策失误有关。美国研究企业倒闭问题

第九章　推动广东民营经济模式变动的内部因素

的学者阿乐德·曼曾指出,从 20 世纪 30 年代到 80 年代的日本企业倒闭的原因在管理者方面的占 90%。①

关于企业家和经理人素质的内涵历史上的经济学家们有不同的见解。康替龙认为企业家和经理人是自由市场体系的关键,是投机商,低价买进商品后高价卖出从而获利;奥地利学派的柯兹纳也持类似观点,他认为企业家和经理人是推动市场结构的主体,是中间商,在不均衡的世界中搜集信息,理解市场运行过程,敏锐地洞察市场获利机会——即能低价购入高价卖出的套利机会;萨伊认为企业家和经理人是企业的组织协调者,是生产过程的中心枢纽,收集信息,协调人、财、物、产、供、销;马歇尔则认为企业家和经理人是企业的领导者协调者,是生产要素卖主和买方的中介人,是把生产要素在企业中结合起来,使之转化为产品并送到消费者手中这一组织化过程的核心;罗纳德·科斯在《企业的性质》一文中提出企业家和经理人是"在一个竞争性体制中替代价格机制指挥资源的人或人们",企业家和经理人的企业管理活动代替市场交易活动,节约交易费用;奈特在《风险、不确定性和利润》一书中认为企业家和经理人是不确定性决策的承担者,如果决策正确,企业家和经理人得到剩余和纯利润,如果决策错误,企业家和经理人承担损失;卡森在《企业家和经理人、一个经济理论》一书中引入了"企业家和经理人判断"这一概念,企业家和经理人的职能是专门就稀缺资源做出判断性决策的人;熊彼特赋予企业家和经理人创新者和经济发展带头人的头衔,认为企业家和经理人的活动就是建立一种新的生产函数,把一种从未有过的生产要素和生产条件的新组合引入生产系统。这种创新活动包括五方面:引进新产品、引进新技术、开辟新市场、控制原材料新的供应来源,实现企业新的组织形式。②

---

① 符贵兴:《民营企业家的素质现状与提升路径》[J],《现代企业教育》,2004 年第 11 期。

② 转引自冯子标:《人力资本运营论》,山西财经大学出版社,2002 年版。

> 珠江模式及其
> 发展前景

当今时代,人们对企业家和经理人素质内涵又有了新的理解。中国内地富豪榜的开创者胡润,向全球发布"2003中国财富品质榜"中推出的财富品质分析报告认为企业家和经理人素质应该包括:诚信、把握机遇、创新、务实、终身学习、勤奋、领导才能、执着、直觉、冒险。其对中国内地100名顶级企业家和经理人的调查结果显示,中国企业家和经理人认为诚信是最主要的品质,把握机遇是第二重要,创新和务实也很重要,而领导才能则排在第七位。可见,企业家和经理人的素质中品德修养是比才能更重要的因素。美国普林斯顿大学提出企业家和经理人必须具备以下十大能力:创新能力、决策能力、指挥能力、控制能力、协调能力、组织能力、交际能力、表达能力、计划能力、学习能力。经济学家熊彼得则将企业家和经理人素质概括为:具有能完全胜任不胜其烦的会议和交涉的特殊的体力和魄力,善于说服他人并能获得支持及具有通过巧妙的交涉操纵他人的谋略和胆识等。最近,《财富》杂志评选出美国历史上最杰出的十大CEO,其评价标准包含以下四个方面:一是他留给企业的"遗产",即在他离开CEO职位多年后,公司仍能兴旺发展;二是他的"影响",即他在技术与经营方面的创新能力所产生的影响力已超出公司的范围;三是他的"恢复能力",即领导公司渡过危机和推进改革的能力;四是公司股票的长期收益程度。《财富》杂志强调,企业的持久增长能力才是衡量企业家和经理人是否成功的根本标准,并将这四项标准进一步作了阐发:一是培育企业的持久增长能力或核心竞争力比追求企业的短期利润更重要;二是创造一套系统的经营理念和管理模式比一味地增强自己的个人魅力和控制力更重要;三是关键时刻能力挽狂澜及具有打破旧框框的创新意识比四平八稳的经营风格更重要;四是善于学习并把企业变成学习型组织比老是沿着一条熟悉的路走更重要;五是信誉比利润更重要;六是人力资源是企业最重要的资源,激励员工的积极性是获得企业持久增长动力的源泉。

(二)适应珠三角模式转型要求的民营企业家和经理人素质特点

珠江三角洲民营经济要实现由旧珠江模式向新珠江模式转型,特别是

第九章　推动广东民营经济模式变动的内部因素

要由"外源性"经济向"内源性"经济转变、由"粗放式"增长向"内涵式"增长转变、从非持续性增长向可持续性增长转变，关键是民营企业家和经理人的素质要发生质的飞跃，形成与新珠江模式相适应的素质特点。我们认为这些素质特点主要包括以下几个方面：

其一、具有开阔的经营视野。企业要有持续发展的能力，关键是企业家和经理人在时间维度上要有长远的战略眼光。企业家和经理人要立足当前，着眼未来，在认真对发展环境扫描的基础上洞察行业变化动向，使企业更好地适应不断变化的环境，从全局上谋划企业的发展，科学制定企业的发展目标及达到这一目标的方法途径和措施，使企业始终沿着正确的方向前进。

民营企业家和经理人还要在空间维度上具备全球化的眼光。要善于从国际经济发展的大趋势和各国相互联系中探索企业的发展方向，从世界先进企业的发展经验中借鉴有益元素，找准企业在市场中的定位。今后，随着国内外两个市场逐渐接轨，那些在各个行业领先的大企业不仅努力在国内市场占有稳定的市场份额，以稳固后方的根基，而且在国外市场不断拓展发展空间、学习先进技术和管理经验、锤炼企业竞争力、树立企业品牌，坚持两条腿走路——从国内国际两个市场中寻找发展的机遇，稳定国内市场和开拓海外市场相结合。为此，民营企业要树立国际化的经营理念，拓宽思路，积极参与国际竞争，勇于走出去与国际化大公司竞争，或与它们结成合作伙伴。

其二、具有专业化的管理知识和技能。目前，新生代民营企业家和经理人正在取代上世纪八九十年代成长起来的老一代创业者，前者特别注意学习和应用新的经营管理方法，具备相当专业的管理学知识和高超的企业运营能力，基本上已抛弃了后者经验式的管理风格。现代企业家和经理人要具备的专业管理知识和技能很多，突出的有以下两个方面：一是概念技能，即树立现代管理理念，培养把握全局、多谋善断的能力。企业家和经理人要善于察觉企业内外条件的变化及时调整经营方向和策略。企业外部条件包括国际国内政治形势、宏观经济态势、产业状况、消费者需求及其变化等，企业的内部条件包括企业的组织结构、营销网络、财务状况、人力资源素质等。卓越的企业家和经理人总是能够对内外条件进行客观分析，及时发动企业经营理念与组织结构的变革。二是经营管理业务技能。企业家和经理人要努力掌握现代管理科学的知识体系，结合本企业特点运用现代经营管理技术形成自己的经营管理能力，包括科学决策的能力、应对复杂局面的能力、化解风险的能力、资本运营的能力、凝聚人心的能力等。具体体现在企业家和经理人应当着力健全企业业务流程和管理制度，强化组织的"执行力"，促进企业有序高效运行，建设学习型组织，促进组织适应环境能力的不断提升。

其三、具有以社会责任感为中心的人格品质。良好的个人品质是作为一名优秀企业家和经理人的基本前提，凭借企业家和经理人良好的个人品质才能建立起个人权威与协调机制，才能增强企业凝聚力、激发员工创造热情。企业家和经理人作为公众人物，应当加强自身修养，树立正确的世界观、人生观和价值观，始终坚持诚信经营，养成良好的道德品行和工作生活作风，遵纪守法，民主管理，关心下属，勇于改造和完善自己精神世界，在员工中发挥表率作用，以自身的模范行为树立企业的良好形象。

对于企业家和经理人而言，社会责任感是他们人格品质的核心。因为无论是外部还是内部，企业都将面临许多不同的利益相关者，包括股东、员工、合作伙伴、政府、社区等，协调这些利益主体如果仅仅通过完备的契约安排来解决是很困难的，或者说其成本会很高。由于契约的不完备性，通过企业家和经理人的社会责任感弥补契约的缺陷就显得十分必要。一个对各方利益主体高度负责的企业，虽然在短期内要承担一定的成本，但是在长期内能够拥有友好的生存环境，从而长久的存活并在长期内获得高效益。所以，惟利是图、渴求个人财富膨胀决不应是企业家和经理人的本性，为社会谋福利才是企业家和经理人的最高理想。作为企业家和经理人，不仅要始终对资本投入者负责，还要始终对国家负责，对社会负责，

第九章 推动广东民营经济模式变动的内部因素

对职工负责。

三、建设高素质的民营企业家和经理人队伍

各区域之间民营经济的竞争实质上是民营企业家和经理人才的竞争。广东省要完善市场化取向的民营企业家和经理人评价和聘用机制；激励企业家和经理人的经营动力并健全监督机制，激发他们的创业激情，规范他们的经营行为；探索培养企业家和经理人才开发新机制，努力培养高素质的企业家和经理人群体，促进企业家和经理人队伍不断发展壮大；大力加强对民营企业家和经理人队伍成长规律的研究，优化民营企业家和经理人成长环境，使广东省成为最具吸引力和最适宜创业的地区。

（一）进一步营造企业家和经理人成长的良好环境

企业家和经理人是广东的宝贵财富，支持企业家和经理人健康成长，共同营造良好的企业家和经理人发展环境是社会各界义不容辞的责任。要努力为企业发展创造良好的政策环境、服务环境、法治环境等，营造一个公平竞争的市场环境，平等对待国有企业、外资企业和民营企业，进一步拓展民营企业发展的领域，减少甚至取消市场壁垒，健全要素流动机制，鼓励资源向优秀民营企业家和经理人集中，使民营企业尽快壮大，民营企业家和经理人队伍快速成长。要提高民营企业家和经理人的社会地位，保护民营企业家和经理人的合法权益，在全社会形成关心、爱护、尊重和学习创业者的浓厚氛围。

新闻媒体要大力宣传企业家和经理人的创业精神、创业事迹和社会贡献，扩大他们的社会影响，提高他们的社会声望，形成良好的舆论环境，强化人民群众的创业意识，形成人人想创业并且大多数人能够成功创业、企业家和经理人不断涌现的良好局面。

要发挥企业家和经理人协会的作用。企业家和经理人协会作为企业家和经理人之间交流的平台能够为企业与企业之间寻求合作、企业与政府之间沟通交流发挥很好的作用，把更多的企业家和经理人联系起来，不断增

强凝聚力和活力。

（二）培育企业家和经理人才市场

企业家和经理人才选拔要坚持市场化的道路，市场机制在企业家和经理人选拔、配置中具有公开透明、公平竞争、激励约束力强等独特的优势。因此，要积极构建企业家和经理人市场，推动企业高层经营管理人才市场化，使企业家和经理人行为信息公开化，通过市场来评价企业家和经理人的价值，发挥经理人才市场对职业经理的筛选功能。建立有效的企业家和经理人才资源市场配置机制，促进其合理流动，形成通过市场机制进行配置的企业家和经理人群体。对于民营企业而言，一方面要密切收集外部经理人市场的人才供求信息，特别是了解他们的能力、业绩和诚信等方面的信息。另一方面，民营企业内部也要摈弃家族化的封闭用人观念，建立由业绩、品德、知识、能力、业绩等要素构成的企业经营管理者人才评价体系，客观公正地评价企业家和经理人的业绩，按公开、平等、竞争、择优的原则选择企业家和经理人，将组织选拔与市场选择有机结合起来，并逐步扩大市场选择的比重。政府引导优秀企业家和经理人向民营企业流动，建设开放的广东企业家和经理人才市场，拓宽企业家和经理人的挑选范围，通过省内外市场积极引进广东本地及外地的企业家和经理人，壮大企业家和经理人群体。

培育企业家和经理人才市场还必须努力推进企业家和经理人的职业化进程，形成职业经理阶层。职业经理人是以经营管理为长期职业，通过发挥自身创造性的经营管理能力获得相应报酬（包括薪酬、股份、在人才市场的个人价值提升、职业生涯成功）的专业人才。职业化是推动职业经理队伍成长与发展的关键，只有走职业化的道路，才能使企业家和经理人在本职工作中自觉地避免短期行为，促进他们经营管理素质的成熟，因为职业化以后，他们的任何行为对于自己在经理市场的长期信誉、个人薪酬及职业前景都会产生影响，这就促使他们从维护自身的市场价值和职业生涯发展的角度自觉约束自己的经营行为。为此，民营企业要抛弃企业创始人

第九章 推动广东民营经济模式变动的内部因素

一定是经营者的观念,大胆聘请有能力的专业管理者,明确经理人的职业身份。要建立经理人才库,加强经理人职业生涯管理,指导他们制定合理的职业发展规划,并支持他们努力实施这些规划。

(三) 加强民营企业家和经理人教育培训工作

虽然民营企业家和经理人的素质有些是先天的,如气质、身体素质等,但是有些则是后来通过学习获得的,如知识、修养、人际交往等。随着经济愈来愈走向市场化、全球一体化、信息化,企业外部环境的不确定性增强,企业内部的运营管理更加复杂,企业管理更加依赖于先进的经营管理知识、理念和手段,仅凭个人经验和直觉是不行了,掌握一定的现代管理知识对于企业管理者显得尤其重要。在国外,企业家和经理人队伍大都是专业队伍,只有5%的企业家和经理人没有接受过专业系统的训练,而国内的企业家和经理人只有5%接受过专业培训。

对民营企业家和经理人的培训包括知识培训和理念培训两方面。在知识方面,要对企业家和经理人们加强经济学、管理学、市场营销、人力资源、财务、有关政策法规以及国际国内政治经济形势等内容的培训,完善知识结构,大力造就一批懂经营、会管理、有头脑、了解市场和有关政策法规的具备良好综合素质的民营企业家和经理人队伍。在理念方面,培训应从提升企业经营者的思想观念入手,转变其经营管理理念,引导民营企业家和经理人的人生理念从养家、致富,转向产业报国上来。现在,很多企业家和经理人都在给自己"充电",有的参加管理培训班,有的读MBA或EMBA,有的抓紧业余时间自学。未来的趋势是企业家和经理人终身都要不断地学习,通过终身学习对管理素养持续地投入新元素。

尽管,接受管理教育是形成企业家和经理人素养的必要途径,但是,接受大量管理教育的人不一定就能成为企业家和经理人,而管理实践中的"干中学"是企业家和经理人锻炼经营能力的最重要方式,对企业家和经理人的生成起决定性的作用。生成的企业家和经理人要经历在管理实践中积累能力的过程,只有通过实际管理工作在"干中学"中逐渐得到磨砺和强化，才能够创造性地应对风险和利用机会取得良好的管理业绩。当他们具备良好的业绩、能力和声誉，经常有若干企业愿意聘用他们时，他们才算获得了经理人市场的认可，成为以经理为终生职业的人。①

第三节 人力资源建设

经过改革开放30年的迅速发展，广东民营企业人力资源呈现出与经济快速增长相适应的同步快速成长态势。首先，形成了规模庞大的存量，广东民营企业不仅从毗邻省（区）如四川、湖南、江西、湖北、广西等吸纳了大量劳动力（高中学历以下人员），而且吸引的人才（中专学历或初级职称以上人员）数量也快速增长。目前在广东省民营企业人才中，私营企业人才有110.3万人，其他三类民营企业：即有限责任公司、股份合作企业、其他联营企业合计才拥有人才41.2万人；其次，结构趋于合理，按学历分，目前广东民营企业中研究生2.8万人，占1.8%，大学本科30.5万人，占20.1%，大学专科50万人，占33%，中专68.2万人，占45.1%；按技术职称分，高级职称4.2万人，占2.8%，中级职称17.1万人，占11.3%，初级职称25.6万人，占16.9%；其三，层次日益提高，中专及以上学历人才数量约为151.5万人，占民营企业从业人员的30.3%。随着民营科技企业的快速发展，其人才队伍也迅速增长，经历了一个从不重视人才、人才匮乏到促进科技人才和智力的合理流动的过程，成为吸纳中、高级人才创业并发挥其专长的大舞台，成为高等学校毕业生以及归国留学生回国创业的主渠道。据麦可思研究院（MyCOS Institute）撰写的《2009

---

① 霍生平、吴启勇、苏学愚，《论职业经理人创新素养对企业发展的推动作用》，集团经济研究，2006-04，第88页。

第九章 推动广东民营经济模式变动的内部因素

年广东省大学毕业生就业报告》数据显示,民营和个体企业是广东省2008届大学毕业生就业最多的雇主类型,雇用了48%的本科毕业生以及60%的高职高专毕业生。①

民营企业难以做得长久的根本原因是企业缺乏一套合理的人才规划、开发、使用和激励机制,在制度上没有形成一套与企业竞争力发展相适应的人才管理体系。民营企业要把人的智力资源作为一项战略资产,建立把人的智慧变成财富的人才管理机制、架构和模式,以及与之相配套的新的管理规则与制度,实现人才队伍高素质、人才结构合理,人才资源使用高效率的目标,形成企业显著的人才竞争优势。

一、建立科学的人力资源管理战略规划

为减少对民营企业人才开发和管理的盲目性、随意性,应建立民营企业人才发展战略,制定出从选人、育人到用人、留人的人力资源管理的长远计划,从而使企业能够根据未来发展需要整体安排员工招聘、培训、薪酬管理、绩效管理和劳资关系等各项管理活动,从根本上保证企业发展目标的实现。

民营企业必须结合自身的发展战略来开展人力资源的开发和管理,在企业发展战略地指引下制定人力资源战略,把人力资源战略作为企业整体战略的核心子战略来实施。要在人力资源需求和人力资源供给分析基础上,提前制定行动计划规划好人才的储备、培养、激励、使用、保留等工作,有效吸引、留住和使用人才,让人才充分发挥作用,充分调动员工的积极性、创造性、挖掘潜能,为战略的执行提供人才保障。要建立企业人才信息库,将人才需求情况尤其是紧缺的急需人才情况进行全面调查,同时,也应对信息库中每个人才的能力、经验、素质建立数据库,准确掌握企业人力资源存量,还应建立民营经济管理者业绩档案,这些是企业制定

---

① 《09广东大学生就业报告:最大雇主为民营企业》,慧聪网转自腾讯网,2009年10月30日,http://info.edu.hc360.com/2009/10/300849193742-2.shtml。

人力资源战略规划的基础工作。此外,对于缺乏人力资源战略管理专业知识的中小型民营企业,可以聘请专业的人力资源咨询机构进行诊断,借用外部智囊制定相应的企业战略规划。

二、完善员工队伍稳定机制

在当前和今后一段时间里,民营企业要采取多种有效措施保持员工特别是骨干员工的相对稳定,主要应在以下几方面努力:

一是加强对关键岗位核心人才的长期激励,使完成第一次创业的核心人才继续为公司的二次创业作出贡献。核心人才流动的根本原因是工资福利、个人发展和人际关系。民营企业应赋予核心员工适当份额的股票期权,重视对他们的潜能开发、工作岗位的再设计、个人职业生涯规划等,满足员工自我发展的内在需求,实现使用与开发并重、企业发展与个人发展并重,并重视将家族企业的"家"的氛围涵盖家族员工和家族外的核心员工,形成充满温馨情谊的良好人际关系。二是增加劳保设施,改善劳动条件和劳动保护。许多民营企业在市场利润驱动下,完全不考虑劳动保护问题,不愿为改进工作环境而投资,致使相当一些企业劳动条件很差,劳动者失去健康和劳动、生存能力,伤残或病老之时被推向社会。员工不堪恶劣的劳动环境只好离开企业。民营企业要增加保护资金投入,添置生产设备,完善防护设施,减少和避免工伤事故的发生,爱惜雇工的身体健康。三是健全社会保障管理。虽然私营企业中职工工资待遇表面是比较高,但无法享受福利待遇,员工还没有永久性住房,造成实际收益比较低。私营企业工人工资水平与国营企业差不多,但是劳动时间平均而言是国营企业的1.2倍。雇工较少得到社会保险的机会,大约只有40%的企业给职工交医疗保险,交养老保险的不足50%,有的企业即使投保,也只涉及一些管理人员和技术骨干。[①] 由于到民营企业工作还存在一系列后顾之

---

① 方虹、牛晓燕:《构筑民营企业人才发展高地》,中国网,2005年2月7日,http://www.china.com.cn/chinese/zhuanti/rcbg/741232.htm。

第九章 推动广东民营经济模式变动的内部因素

忧，造成吸纳人才难，留住人才也难。民营企业要健全一系列配套制度，如养老保险、失业保险、工伤保险和医疗保险制度等，缩小与国有企业和外资企业的社会保障差距，对于稳定员工队伍使其不向其它类企业流失是非常必要的。四是树立"以人为本"的管理理念化解劳资矛盾。在民营企业劳资关系中存在着大量问题，如不认真解决，就有激化的可能性。部分民营企业缺乏人文主义关怀，劳资关系恶化，严重影响到劳动与资本合作关系的维系。许多民营企业家及其家族成员把高层管理人员与企业之间的人力资本与物质资本的合作简单地认为是劳动力的买卖关系，把他们的利益和人格尊严挤压到他们心理难以承受的程度。民营企业要努力营造尊重人的管理氛围，形成和谐的劳资合作关系，调动员工的工作热情，唤起员工的企业献身精神。

三、通过培训加强对员工的人力资本投资

从根本上讲，企业的人力资源能力是企业核心竞争力的根本构成要素，是企业竞争优势的持续性源泉。企业核心竞争力培育和竞争优势保持的过程实质上就是企业通过教育、培训等手段提高员工的关键能力、使现有他们的能力最大限度地发挥作用的过程。民营企业要重视人才培养，克服只用人不培养人的短期行为，加大人力资本投入，确保培训经费、培训场所和培训时间，建立科学的人才培养机制，形成与企业发展战略略相匹配的系统性、持续性的培训体系。

培训内容应以企业的长期需求为主，力求传授企业未来发展所需要的知识、技能；培训方法可以多样化，根据培训的具体对象和任务将讲授法、辅导法、情景模拟法、师徒"传帮带"法、换岗法、担任助理法、角色扮演法、参观法、研讨法等相互结合，这样可以取得更好的培训效果；选择合适的培训形式，主要包括岗前培训、在职培训、脱产培训三种基本形式，这要根据企业特点具体情况具体选择。目前，民营企业中脱产培训因与工作时间相冲突有一定困难而使用较少，主要是采取岗前培训和在职培训的形式。一份对广东省614家中小型民营企业的调查问卷显示，上岗前对员工进行培训的有324家，占52.7%；边干边学方式培训的有271家，占44.13%；仅有14家企业将员工送到学校培训，占2.28%。① 民营企业要加强对员工进行岗前培训和在职培训，让员工知识和技能能够紧跟本专业领域的前沿水平。要对员工强化继续教育，优秀的员工送到学院充电，推行"订单教育"，提倡终身教育，为人力资本积累和开发构建长效机制；要建立学习型企业，建立一个便于员工进行沟通的内部信息网，制定各种鼓励员工进行知识交流的政策，营造有利于员工生成和共享知识的企业内部环境。

四、建立有效的激励机制

民营企业要建立有效的激励机制，充分调动员工的积极性和创造性，就应当制定公正合理的绩效考评制度和报酬制度以做到赏罚分明，在企业里形成公平竞争的机制氛围，激励员工奋发图强。

首先，要构建一个良好的考核体系。应为员工和部门设定切实可行的工作目标，根据员工的各种表现和工作业绩定期进行考核评价，与初定目标进行对比，超额完成目标的给予奖励。积极引进一些科学的考核机制或考核软件，并大胆尝试一些新的考评方法，如360度考评、平衡记分卡、目标考评（MBO）以及关键指标考评（KPI）等。这里，重要的是考核要为战略服务，使所有人的行动为战略目标服务；考核要跟晋升和薪酬挂钩，使做出贡献的员工得到认可和奖励；考评工具的运用要结合企业实际，使先进的考评技术能够为员工理解和接受。

其次，要优化员工的报酬制度。工资和福利待遇等经济性报酬不仅是获得物质及休闲需要的谋生手段，更是一种人们实现自我价值的需要。由于中国大量剩余劳动力的存在，员工在劳动力市场上的弱势状况很难改

---

① 张三保、李锡元：《突破民营企业人力资源瓶颈的策略》[J]，《企业研究》，2006年第6期。

变，一些民营企业的员工劳动强度大，而劳动报酬非常低，有的老板还拖欠和克扣员工的工资。在民营企业收入分配结构中，全部职工工资和投资者资本回报部分的比例为1：1.8，企业主与工人收入差距为19.7倍。① 巨大的收入鸿沟使员工心理不平衡，感到被剥削得太厉害，于是携带在原企业积累的经验、技术、资金、关系和客户另开公司自己当老板，成为原企业的竞争对手。民营企业要跟踪市场工资水平给予员工有竞争力的薪酬福利，增加额外的保险与福利，提供良好的带薪休假等，顺应市场经济中按生产要素分配的要求，让高管人员和技术专家参与企业利润分享。

随着社会文明的进步和员工素质的提高，单一的薪酬体系已不能满足员工的多样化需求，未来的趋势是建立多元化的激励体系，也就是在提供员工物质激励的同时，重视对员工的精神激励。民营企业应为员工提供成就事业的有利平台，激发员工的进取心，形成员工个人目标与企业整体战略目标的和谐统一，培养和增强员工的组织归属感。

第四节　战略管理

很多企业家都把近期利润增长当作企业存在的根本原因和追求的首要目标，甚至认为"企业就是赚钱的工具"，这是很多民营企业不能走持续地长期发展的主要原因。企业"长寿"的根本在于战略问题，即企业为什么存在和如何存在的问题，包括企业的本质、使命、企业的愿景和目标、企业的市场和产品定位、企业的竞争策略等。只有有了正确的战略导向才能引导企业在市场竞争格局中找到适合自己的有利位置和保持持久优势的

---

① 方虹、牛晓燕：《构筑民营企业人才发展高地》，中国网，2005年2月7日，http：//www.china.com.cn/chinese/zhuanti/rcbg/741232.htm。

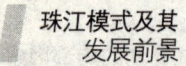
珠江模式及其
发展前景

竞争策略,从而立于不败之地走上可持续发展轨道。

总的看来,广东民营企业的竞争力与江浙等地相比近年有所下降,必须在战略取向上做出正确抉择才能从根本上扭转这种劣势,应当结合民营企业的发展特点和条件,重点调整和推进三种基本战略:多元化战略,品牌战略、国际化战略。这些战略对于民营企业发展模式由粗放式转变为集约式、由非持续性转变为可持续性、由外源型转变为内外源结合型将起着基础性和长期性的作用。

一、广东民营经济的竞争力状况

广东作为民营经济最早生根发芽的地方,民营企业发展快、规模大、底子较厚实,但是近年来存在一些令人担忧的现象,一个突出的问题是企业的市场竞争力不强,"大而不强",竞争力与规模不成正比,广东急需采取强有力的措施增强民营经济实力。

就我国民营经济最为发达的广东、江苏、浙江三省的主要数据进行对比分析来看,目前广东虽然在个体工商户、私营企业总户数、总从业人员数及增长速度方面还占有一定优势,但在企业规模效应、品牌建设等方面却相对落后,其核心竞争力还有待提高,广东的上规模民营科技企业的数量远不及江苏。据科技部、国家开发银行等部门联合组织的一项调查表明,全国基本符合深交所 2007 年上市条件的 2197 家科技型中小企业中,江苏企业最多,达到 525 家,占全部企业的 23.9%。另外,深圳证交所目前确定的重点追踪扶持的 722 家重点高科技企业中,江苏的企业达到 222 家,占全部的 30.7%。而浙江民营企业总量虽然不及广东,但在质量、规模等指标上却遥遥领先。如 2007 年浙江的私营企业户均注册资本比广东高 18.5%,私营企业户均吸纳就业人数 16.9 人,是广东的两倍;浙江上市企业多,其中多数是民营企业,截至 2007 年底,浙江在中小板上市公司数占中小板市场的 1/4 左右,目前浙江已进入辅导期的拟上市企业有 80 家左右,进行改制、准备上市的有 120 家左右,还有 100 余家准备上创业板;

第九章　推动广东民营经济模式变动的内部因素

2007年,浙江全省共有商品交易市场4096个,市场成交总额9325亿元,年成交额超亿元的市场574个,其中超10亿元的市场133个,超百亿元的市场15个,市场成交总额、单个市场成交额连续17年居全国第一;在增加值的所有制结构中,浙江个体私营经济已占近六成,比广东高10多个百分点。①

需力还有待浙江等省份,其核心浙江个体私营经济已占近六成,比粤苏同时,据广东统计局提供的最新数据显示,在广东2009年最大100家企业中,民营企业有6家,按主营业务收入排名,最高排第8。其它则分别排位第37、54、55、76、98。6家民营企业主营业务收入、资产合计和利润总额分别为1576.77亿元、1180.26亿元和96.59亿元,占100家企业的比重分别为4.9%、1.9%和5.2%。户均主管业务收入、资产合计、利润总额比100家企业低57.7%、38.6%和14.0%。② 可见,改革开放30年来,广东民营企业虽不断发展壮大,形成一批较有竞争力、较高知名度的企业,但其发展规模还不大、规模效益还不十分明显,民营经济整体竞争力亟需增强。制约民营企业竞争力提升的内部因素主要有:企业产权结构与治理结构不合理,创新能力不高,人才和人力资源短缺等。许多民营企业倾向于注重企业总资产规模和销售收入的迅速扩张,忽视企业盈利能力的提升,忽视效率的提高,不自觉地走了一条外延型、粗放式发展道路,正是这一发展模式严重妨碍企业竞争能力的提升。因此,民营企业做大之后如何使竞争力得到同步提升是其面临的突出问题。

二、大力实施品牌战略

品牌在今天变得日益重要,品牌已经成为赢得顾客忠诚和企业求得长

---

① 张长生:《粤苏浙三省民营经济2007年情况与2008年新举措比较》,2009年4月16日,http://www.gdgcc.com/Articles/ArticleView.aspx?id=edcb9679690c4a5a92e4459e6db76298。

② 参见《粤民营经济逆势增长　占省GDP四成》,香港文汇网,2010年3月29日,http://paper.wenweipo.com/009BU/?action-viewnews-itemid-1166。

期生存与成长的关键。消费者越来越倾向于购买产品的附加值,而不是商品本身的物质价值。品牌竞争力成为企业竞争力的商品化的表现,可以说企业的竞争力已经越来越多地和产品品牌的竞争力联系在了一起。品牌具有天然的所有权属性,它可以转变为企业的无形资产,而产品则不能,现代商务环境下,品牌已经成为一种必需品而不是奢侈品,只有具有强势品牌的企业才能生存下去。

目前,广东民营企业中已有一批在资金、技术、人才、市场、营销网络、服务以及企业管理等方面具有综合竞争优势的企业,这些企业将成为广东民营企业创国内甚至世界品牌的先头兵。如深圳华为,有成熟的生产技术和强大的研发能力,在国内有较大的生产基地和销售网络,承建了香港和记电信网、肯尼亚的国家智能网、泰国的移动智能网,在全球四十多个国家建立了市场分支机构,并在巴西和俄罗斯投资八千万美元,合资建立两个生产工厂,在中国已成为业内首屈一指的优势品牌。但是,广东民营企业的知名品牌还不多,应该特别注重强化品牌战略的制定和实施。现今,广州市已经提出在未来几年"要创造、培养与广州历史文化、城市现状相适应的民营企业品牌和民营企业家"。加入WTO后,随着外国知名品牌的进入,国内企业尤其是民营企业的品牌受到严重威胁,寿命周期将会大大缩短。大力实施名牌战略是21世纪民营经济发展的迫切要求,实施品牌战略对促进广东民营企业由非持续性发展走向持续性发展,由粗放式发展走向集约式发展无疑有深远的积极意义。

广东民营企业要增强现代品牌意识和观念,通过产品和服务质量来树立品牌的良好影响,通过技术创新来不断提高名牌的科技含量,通过管理的现代化来保证名牌战略的有效实施,通过自主知识产权来支持品牌。

(一)确保产品质量和服务效率

企业要把品牌的塑造重点放在产品的质量、服务的效率上,把卓越的质量和服务逐步转化为企业有形品牌上。事实上,绝大部分著名品牌都是通过向顾客提供绝对可靠的质量和服务,树立良好的口碑、信誉和形象,从而成为强势品牌的。海尔公司张瑞敏正是以"砸冰箱"的激烈行为向市场传达确保产品质量的信息和承诺,进而塑造了具有数百亿价值的享誉海内外的"海尔"品牌。

民营企业要始终把产品质量放在首位,建立全面质量管理体系,坚持专业化经营,在某一领域内实现精益制造,一定要清楚自己能做什么不能做什么,百年老店同仁堂、张裕葡萄酒发展的经验教训告诉我们,走专业化经营发展之路,是绝大多数中小企业增强品牌竞争力的惟一选择。其次,要始终以顾客满意为归宿,完善售后服务体系。顾客购买商品之后,企业的责任并没有结束,应当提供贯穿产品寿命终期的全面的消费服务,让顾客便捷、愉快的使用产品。这方面,海尔公司的"星级售后服务"值得其它民营企业学习。

(二)运用现代品牌管理方法

品牌管理是提升品牌竞争力的主要手段。对于民营企业而言,品牌管理理念的落后和管理经验的欠缺是阻碍中国企业品牌竞争力难以形成的关键。有些民营企业只顾短期利润而忽视品牌塑造,甚至认为品牌是一件"奢侈品"而非"必需品",更谈不上现代品牌管理理论和方法的运用。

民营企业首先要努力寻求适合自己的管理模式,重新建立一套新的企业品牌监管体系,包括改变企业的品牌观念,将企业品牌管理的重心从视觉转向核心主体,依据企业未来的发展战略界定企业品牌和专业品牌、事业品牌和产品品牌以及产品品牌之间的关系,从而在整合企业资源的基础上实现品牌资产价值的最大化;其次,要适应新的竞争形势重新选择品牌定位和品牌结构。不同品牌的相互竞争和挑战使得企业面临变化莫测、复杂多变的品牌生存环境,创立一个品牌不能靠广告,而要长期维持一个品牌的形象仅靠改进产品质量、降低成本也是不够的,只有凭借有效的品牌管理才能持续保持一个品牌的美誉度、影响力和客户忠诚。在品牌激烈竞争的市场条件下,现代企业品牌的一个显著特点就是企业不仅经常要面临品牌的再定位和二次品牌化,还要从单一的品牌架构向多元化转化。例如联想、海尔、TCL、科龙、海信、美的等，原有的品牌识别体系和管理体系都发生了相应的变革，已经从基于单一产品结构成长起来的品牌延伸到多元化的产品结构，形成了以母品牌为主体的品牌架构；其三，要处理好企业短期利益与长期利益之间的平衡关系。品牌竞争力是长期发展利益的源泉，但要以牺牲短期利益为代价。然而在所有权和经营权分离的企业体制中，经营者总是倾向于为获取短期利益的最大化而不惜牺牲企业的长远利益。所以，民营企业在品牌初创期间必须在短期和长期利益之间做出正确选择，要在保证企业品牌生存的前提下，谋取适度或较高的近期投资回报；其四，要强化品牌的法律保护。品牌作为一种独有的无形资产，具有特殊的附加值，隶属于一定的组织，并且有相应的专利和法律保护。民营企业应该着力强化品牌资产保护意识，强化知识产权和品牌资产保护，依法保护企业注册商标，有力打击冒牌产品，有效地运用法律手段保护品牌声誉，降低品牌资产风险，保持品牌的持久生命力。

（三）建立良好的客户关系

拥有客户才意味着拥有品牌，满足客户需求和维系客户关系的能力是衡量企业品牌竞争力的关键。品牌的竞争力最终取决于企业能否以满足客户需求为核心与客户建立稳固的信任和交易关系。品牌实际上是企业和客户在交易过程中建立起来的互信关系的物化媒介。品牌成为双方互信承载物需要经历这样一个过程：首先要让客户获得足够的信息能够充分地了解品牌；其次，要获得客户对品牌的好感和偏爱，和客户建立起友谊关系；最后，客户和企业之间形成牢固的长期交易或合作伙伴关系，客户对企业及其产品的面孔——品牌产生高度信赖感，即品牌忠诚。品牌管理的过程就是由客户认知品牌、喜爱品牌、信赖品牌的三个阶段构成的，而与客户培养和塑造感性的、富有个性色彩的品牌关系是整个品牌管理过程的中心。民营企业要借鉴西方管理经验，把客户的信息当作战略性资源来加以管理，客观评估客户持续的价值，准确定义和满足客户的期望，制定与客户的价值相匹配的发展战略，主动地管理客户的体验和感受，这样才能最大程度的满足客户需求，建立以品牌为中介的长久信赖关系。

（四）依靠自主创新打造品牌

技术创新能力的有力支持是铸造企业品牌的关键，成功品牌的背后是企业具备一批拥有自主知识产权的技术成果。民营企业产品技术含量低，自主创新能力和研发能力弱，缺乏具有自主知识产权的核心技术，这就很难树立起有竞争力的强势品牌。为了扭转这种局面，民营企业就一定要增强创新意识，增加技术投入，大力开展开发核心技术，形成自主创新成果和能力。目前，已经有一批民营企业开始认识到这一点，它们在研发上投入巨额资金并取得了初步成效，掌握了一定数量的专利技术。浙江的经验值得广东汲取，浙江省已经有越来越多的企业把目光投向了高品质、高技术含量的产品开发。2007年1~3季度，浙江将492.22亿元用于固定资产的投入，比上年同期增长4.55%；技术改造投入研发资金302.9亿元，比上年同期增长26.44%；新产品研发投入资金57.88亿元，同比增长10.19%。众多私营企业投入巨资进行技术改造和产品升级，企业竞争力增强，上半年浙江省私营企业开发新产品3193个，比上年同期增长10.45%。目前，浙江省私营企业拥有驰名商标196只，获得欧洲CE认证和通过ISO9000体系认证的私营企业，分别有1667家和6369家。[①]

三、推进民营企业的国际化经营战略

国际化经营是指为实现生产要素和资源的优化配置及利润最大化目标，进行跨国生产、销售、服务的经营行为，从中国经济开放趋势和世界一体化潮流来看，国际化经营已成为不可逆转的走向，这要求处于沿海地域的广东民营企业，必须拓宽国际化的视野，运用国际化的思维，抓住当前大好的发展机遇，积极走向国际市场来拓展自己的发展空间，增加产品出口和扩大海外投资，参与国际贸易和经济技术合作，加入国际经济分工

---

① 《浙江私企技改投入研发资金比上年同期增长26.44%》，搜狐网转自新华网，2007-11-22，http://business.sohu.com/20071122/n253421327.shtml。

和竞争，充分利用和发挥自身的比较优势，结合国内外市场竞争态势，灵活地选择有效的国际化经营模式以实现民营经济的持续增长。

(一) 民营企业国际化经营现存问题

尽管近年来，广东民营企业海外投资步伐明显加快，一批发展与壮大了的民营企业不断在国际市场上崭露头角，逐步成为跨国经营领域的一支重要力量，并涌现出不少成功开拓国际市场的典型，如华为、美的、TCL等已初步建立自己的全球生产和销售网络，开始具备了跨国公司雏形。但是，广东民营企业跨国经营尚处于起步阶段，还存在许多问题，总体上仍旧带有发展中国家企业国际化初级阶段的显著缺点，具体表现在：

其一，企业核心竞争力不足。成功的跨国公司通常是利用其独占的优势如技术、管理、品牌或市场以构建企业核心竞争力，实现超额利益和市场垄断地位，而广东多数民营企业通常仅拥有廉价的原材料和劳动力的优势，这些优势在国际化经营中容易激起异国反倾销报复。与国外跨国公司相比，广东民营企业跨国经营尚处于起步阶段，核心竞争力严重缺失，最显著的缺点有以下三个：

一是技术水平落后。民营企业大部分生产工艺设备过于落后，有的还以70年代以前的技术设备为主进行生产，对科研开发的热心程度不高，投入研发的费用很少。技术落后、研发水平低导致民营企业产品技术含量极低，即使在国内市场都很难有竞争力，到竞争激烈的国际市场就更难生存。

二是缺少强势品牌。由于缺乏核心技术，民营企业进军国际市场的常见方式是贴牌生产，很少创立自己的品牌，无法形成能影响国际市场的世界级品牌优势。缺少品牌效应使得广东企业和广东产品利润非常低，且难以树立良好的市场形象。

三是跨国管理水平低下。民营企业尚未建立完善的法人治理机制，管理体制不健全，导致企业缺乏跨国管理能力。不少民营企业在实施跨国经营决策时，缺乏风险意识和风险制约机制，在投资项目、环境分析、地点

第九章 推动广东民营经济模式变动的内部因素

选择、合作伙伴选择、经营策略的制定与执行等各方面,都缺乏足够的科学论证,因而往往造成重大决策失误。民营企业家管理素质尚存在欠缺,没有跨国经营经验,不熟悉国际市场规则,找不准自己的销售目标市场和准确投资方向。在实施本土化经营方面严重滞后,大多数民营企业没有开发出适应当地消费者的特色产品,不能将企业的生产和销售很好地融入当地社会生活之中,这就不能培育国外消费者对广东民营企业品牌和产品的认同感,有时还会引发偏激的民族主义者的抵触情绪。

其二,布局结构不合理。从境外投资企业的地区分布结构来看,尽管广东民营企业的境外投资已遍及世界各地,但是民营企业在地理选择上仍是以周边发展中国家和地区为主,跨国经营的地区分布仍相对集中在亚太经济区。在产业结构上,民营企业的跨国投资主要偏重于加工、制造等初级产品产业,而对高新技术产业的投资严重偏少。从规模结构来看,民营企业以中、小型为主。在当今经济全球化趋势下,国外跨国企业都以兼并或建立战略联盟作为发展手段以实现规模效应,但是广东民营企业在跨国兼并和联盟方面还只处于萌芽阶段,这就很难形成能与之抗衡的规模。从企业内部结构来看,广东民营企业下属子公司之间分散经营,缺乏横向的联系与合作,各子公司之间常常相互竞争和封锁信息,甚至会引发严重的内部过度竞争。而总公司作为投资母体与子公司之间缺乏纵向协调,在业务上难以进行有效的指导和调控,不能对资本、技术、人才、市场、信息等资源统筹安排以实现共享与互补。

其三,卷入日趋严峻的国际贸易摩擦。随着国际贸易保护主义抬头和中国出口增多,中国已进入贸易摩擦的高发期。中国出口产品屡屡受到反倾销调查和指控,被征收高额的税率。广东民营企业多以生产诸如小五金、小家电、居民日用消费品、纺织工艺品等产品为主,多属劳动密集型的传统制造业、手工业和服务业,进军国际市场时基本上都借助于廉价劳动力的优势,采取低价促销的营销策略。但是,这种策略不仅压缩了自己的利润空间,而且容易招致东道国的反倾销起诉,引起国际贸易摩擦。中国已连续 7 年成为世界头号反倾销目标国,而民营企业正是导致最近几年遭遇反倾销指控的主要对象。此外,一些发达国家还以质量、环保、技术、卫生标准等多种形式的非关税壁垒对进口实行限制,以劳动密集型产品为主的一些广东民营企业受到很大负面影响。

其四,行业协会发展滞后于民营企业国际化步伐。行业协会作为企业自愿设立、自主参加的民间非赢利性组织,对强化行业自律、规范和协调会员企业的跨国经营行为至关重要。但是,中国的行业协会大多由原来国家有关部委改制而成,成立历史过短,官办色彩浓厚,服务意识淡漠,运作机制效率低下等。行业协会没有明确的职能定位,行业协会发展的相关配套政策不完善。当前,落后的行业商会已远远不能满足民营企业跨国经营的需要。

行业协会对世贸组织的规则、程序了解不透,没有能力为企业提供跨国服务;跨地区的协会较少,会员数量有限,在行业内缺乏代表性和权威性,不能作为国内产业的代表发起反倾销、反补贴调查。尤其是行业自律能力欠缺,对业内价格协调力不大,民营企业在短期利益和局部利益的驱动下,往往各自为政,企业之间存在严重的恶性竞争现象,例如为争夺客户而逼近或越过成本底线盲目相互压价,甚至诋毁竞争对手,斗得两败俱伤,而不是去共同培育和拓展市场。中国摩托车企业 1999 年进入越南市场,起初还能赢得高利润,短短一年后就转变成企业之间的全面价格战,每台摩托的利润降为只有五十元;还有宗申、力帆、隆鑫等民营摩托车企业在伊朗也发生了残酷的价格战。

(二)民营企业国际化经营的对策

为了有效地成功地实现国际化经营,政府应提升对民营企业国际化经营的监管,并同时提升服务水平,民营企业应努力提高自身国际竞争力和增强技术开发能力,行业协会应充分发挥自律和协调功能。

其一,政府提升对民营企业国际化经营的监管与服务水平。

参与国际化竞争不仅需要民营企业自身发奋图强,更需要政府的大力

第九章 推动广东民营经济模式变动的内部因素

支持,为其营造一个民营经济国际化的发展环境,主要有以下三方面:

一是要加强政府的管理功能,创造良好的政务环境,这是民营企业国际化经营健康发展的保证。政府既要加强管理,又要防止政府过度干预,赋予民营企业跨国经营完全的微观自主决策权。要加强对民营企业国际化经营的总体规划和政策指导,明确发展目标和重点,定期选定和公布对外投资的鼓励行业,积极推进国际多边合作。改革投融资管理体制,为民营企业跨国经营提供有力的财税支持;要弱化政府在企业对外经济合作中的行政审批职能,下放对外投资审批权限,大幅度简化民营企业跨国经营投资审批程序,逐步启动企业登记注册的前置审批改革;推行电子政务,提供快速规范的网上多功能服务和"一站式"服务,推行网上并联审批,积极构建民营企业"办证快速通道",实行网上申报和各类批准证书网上发放。

二是健全对外经济合作的监督机制,规范经营秩序,维护中国民营企业的整体商誉和形象。这就要完善对外投资企业逃税的监督机制,完善相应的年检制度和统计制度,建立用户资料库;加快改革境外投资外汇管理体制,科学管理外汇的使用和回收,放松民营企业跨国经营外汇额度限制,做到既方便企业用汇,又有利于增加国家外汇储备;同时,加快构建社会信用体系,尽快组建"信用评估服务中心",建立企业信用公示平台,建立信用监督和失信惩戒制度,依法严惩制假售假、商业欺诈、逃废债务等违法失信行为。

三是加快建立对外投资的政府和社会公共服务体系。建立对外经济合作信息库并搭建信息交流交换平台,完善对外投资统计制度和海外企业信息披露制度,通过向公众提供政策、市场和项目等方面的信息服务,加强中外企业之间的互动,不断扩大经济合作的领域和方式。各有关部门要充分发挥自身优势,为民营企业提供国外投资环境、法律、法规和政策等信息;健全外贸出口预警和快速反应机制,定期收集、整理、发布国外市场的最新动态,尽快建立国家级的国际市场风险预警体系,事前为民营企业跨国经营提供政治、汇率、罢工、法律、恐怖主义、战争等风险预警服务，提供政治、经济、法律、道义上的支持与援助。

其二，增强民营企业综合实力。民营企业要在激烈的竞争中立于不败之地，就需要健全企业内部管理制度，组建强大的企业集团，并建立全球营运网络，需要做到以下三点：

一是以现代企业制度为目标，明晰民营企业法人产权，建立完善有利于民营企业跨国经营的法人治理结构。只有拥有科学的组织制度基础，民营企业跨国经营才拥有核心的制度保障。要遵循国际通行准则，完善公司信息披露制度，完善企业的治理结构，强化股东、董事会对经营、管理、投融资等重大事项的决策控制权，切实保证监事会和外部监事履行监督职能，健全企业内部的激励和约束机制。

二是要尽快形成一批具有市场竞争力的强大企业集团，增强与外国企业竞争的能力。积极引导民营企业调整产业组织结构，寻求最佳规模经济，不断增强龙头民营企业的核心竞争力。鼓励民营企业之间以及民营企业与其他类型企业以收购、兼并、联合、战略联盟等多种方式，实现低成本扩张，促进资产重组，优化资源配置效率，形成一批上规模、上水平、有实力的企业集团。鼓励民营企业通过内部积累或吸引外部资金的方式实现自我发展，推动优势民营企业在境内外上市，鼓励更多的实力型民营企业进行"强强联合"，着力培育一批有国际竞争力的优势企业集团和大公司。

三是搭建国际生产、销售和采购网络，加入国际产业分工和协作网络。在生产方面，民营企业要抓住新一轮全球生产要素优化重组和产业转移的机遇，以某方面的核心竞争力进入国际网络，通过贴牌生产等形式进行合作生产，将其产品通过网络销往世界，主动融入跨国公司国际生产和供应链之中。鼓励一批有雄厚实力的民营企业"走出去"，到境外主要产品销售国特别是发展中国家，充分利用当地人力、能源等优势，设立科研开发中心，开办生产性企业，实现就地研发，就地生产，形成自己的国际

第九章 推动广东民营经济模式变动的内部因素

生产网络，逐步向全球性的跨国企业转变；在销售方面，要通过采用代理制、连锁经营、特许专卖、统一配送等形式，在境内外设立大中小型销售网点，或组成战略联盟建立专业市场，形成以点带面、全面扩散的市场销售体系；在采购方面，民营企业应该主动融入国际采购链和价值链，通过连锁集团直接进入国际市场按照国际市场的规则采购产品，到其他国家或地区特别是资源丰富的发展中国家，进行原材料跨国采购，与境外企业建立起稳定的供销关系，保障资源尤其是紧缺资源的供给。

其三，加大科研开发力度。在日益激烈的国际市场竞争，民营企业只有大力推进技术创新，拥有自己的核心产品和核心技术才可能有生存的空间。

民营企业要转变原有以跟踪和模仿为主的发展思路，不断加大科研开发投入，大幅度提高研发费用在销售收入中的比重，引进先进设备和技术，持之以恒地进行产品、技术、工艺开发创新，在"专、精、特"上狠下工夫，积极打造和持续提升自身产品和技术的市场竞争力，采用先进适用技术改造提升五大传统产业，有重点地发展电子、生物、制药等新兴产业和高新技术产业。近年来，家电业涌现出来的海信、TCL、康佳等企业都是苦练企业核心技术才能在国际市场中立稳脚跟的。

要重视开发保护知识产权。在知识经济的时代，知识产权是国际竞争中的有力武器。政府要制定相关相配套政策，着手建立健全知识产权保护体系，有效预防和处理知识产权纠纷，选择一批外向型重点企业、高新技术企业和关键技术项目提供指导和支持；民营企业要开发具有自主知识产权的核心技术和拳头产品，提高企业专利申请率，努力成为研发和技术转移的主力，宣传普及知识产权知识，教育员工严格保守商业秘密，全面提升企业所有员工的知识产权保护意识。

要集中力量建设行业技术开发中心，积极构建公共技术平台。促进联合开发能支撑行业可持续发展的共性核心技术与配套技术，在行业内相互优惠使用彼此的专利技术，不断提升面向企业开展多样化科技服务的能力和水平。广东民营企业规模小，科研开发还很落后，单凭自身资源不足以构筑强大的技术力量，为此，现阶段可以积极寻找上下游企业高科技企业、科研机构、高等校院作为合作伙伴，通过"产、学、研"借助外脑提高研发水平和技术创新能力，取长补短，资源共享，并大幅节约研发营销费用，降低创新风险，缩短开发推广时间。

其四，积极发展外经贸行业商会。随着中国加入世贸组织和加快建立市场经济体制，大力推进行业协会的改革和发展已经刻不容缓，要做到以下四个方面：

一是按照市场经济的规律和要求，借鉴西方国家的成功经验，组建独立于政府的行业协会。减少政府对行业协会的行政干预，将政府部分服务性职能逐步转移到行业协会。行业协会承担政府和企业之间桥梁和纽带的作用，与政府保持密切的合作关系，代表本行业整体利益向政府提出建议，促使政府出台有利于本行业跨国经营发展的政策规章，确保会员企业利益。

二是加快行业协会发展。应按市场化原则规范和发展各类外经贸行业协会、商会，重点抓好行业协会的组建和规范运作，培育一批集研发、展示、信息、交流为一体的行业协会。抓紧制定《关于促进经济鉴证类社会中介机构规范与发展的若干意见》，大力扶持会计、人才、律师等经济鉴证类社会中介机构的发展，鼓励在重点产业的行业协会中建立行业性检测、研发、评估和培训中心，帮助各类中介机构准确定位和完善功能，使它们切实承担起为企业提供有效的融资、维权、信息、科技、培训五大服务职能。

三是通过行业协会的行业自律和协调，减少和避免行业间的不正当竞争。要在会员企业的共同努力下，不断增强跨国经营的行业服务、自律和协调能力，提高服务的质量，规范会员企业的国际市场竞争行为，协调会员企业在东道国的市场行为，推动民营企业跨国经营有序进展和利润的最大化。

第九章 推动广东民营经济模式变动的内部因素

四是行业协会要积极应对反倾销和贸易保护。要加强行业协会在反倾销、反补贴的发起和应诉的职能，积极提出倾销起诉和应诉他国的反倾销指控，以维护行业的利益。加强与国际同业组织的交流与合作，以促进中外之间相互谅解和协调，减少国际贸易中的摩擦。

第十章

广东民营经济发展前景展望

广东个体私营等民营经济的发展目前已经进入黄金时代,在未来的成长道路上,既有难得的历史性机遇,也将面临着严峻的挑战。在新的机遇和挑战下,广东如何构筑一幅辉煌而又现实的民营经济发展图景是我们当前要努力探索的课题。

珠江模式及其
发展前景

第一节 广东民营经济机遇

广东民营企业的发展在当今遇到最好的历史机遇，区域经济合作的加强、民营经济支持政策的落实、国际化趋势深化是推动广东民营经济大发展的三个外因。

一、区域经济合作拓宽了广东的发展空间

随着经济的全球化和区域经济的一体化，区域经济合作会出现新的局面，特别是以广州、深圳等为中心城市的小珠三角、以港澳为中心大珠三角以及与周边省市泛珠三角的合作，将进一步拓展广东民营经济的发展空间。

小珠江、大珠江三角洲和泛珠江三角洲三个层次的区域联动发展成为华南区域经济合作的重点共识，有利于促进资源配置优化和投资环境优化。小珠江已成为华南、全国乃至东南亚地区的经济增长极，珠三角经济社会发展进入快速发展扩张的新阶段，而覆盖9个省（区），加上香港和澳门两个特别行政区在内的"泛珠三角"地区更是区域经济合作范围达到空前高度的标志，这11个地区直接或间接地与广东的经济流向和文化有关，且在资源、产业、市场等方面有较强的互补，因此极大地扩张了广东的资源供给来源和市场需求量。

在CEPA推动下，充分发挥港澳优势，为广东发展成为全球最重要的制造业基地之一提供服务。珠江三角洲毗邻港澳，境内铁路、公路、水路交通非常方便，全区有华侨250多万人，港澳同胞278万人，这些独特的优势为广东吸收外来信息、技术、人才、设备、资金等提供了十分有利的条件。珠江三角洲了解国外信息，引进各种技术设备等也主要通过港澳地

第十章 广东民营经济发展前景展望

区;通过大量的经济往来、联办企业等为三角洲地区培训技术和管理人才、引进新技术设备:从引进外资的来源构成来看,港澳资本占绝大部分,小部分是华侨和国际资本。

二、民营经济支持政策推动广东民营经济蓬勃发展

随着市场经济体制的建立和完善,民营经济发展所必须的舆论、法制、政策等外部发展条件有了根本性的改善,民营经济正在走向与其他所有制经济平等竞争、竞相发展的轨道,私营企业开始由随处布点、遍地开花向规模化、园区化发展转变。

(一)社会对民营经济的歧视性思想观念将进一步解放和更新

由于非公有制经济对中国社会经济发展作出了不可否认的巨大贡献,即使是思想最保守的人也开始改变对民营经济的成见和歧视。伴随中国经济体制不断深化改革,多种所有制经济和谐发展的新局面正在形成,全社会也在解放思想,"企业成分论"逐渐被摒弃,多种所有制"平等待遇"、"和谐发展"将成为人们的共识,这消除了非公有制经济进一步发展所面临的思想困惑,提供了强大的精神动力,民营经济进一步发展的人文社会环境将进一步改进和优化。

(二)有关民营经济发展的法律将更加完善和优化

市场经济是法制经济,民营企业的产权需要法制来保障,经营行为需要法制来规范,法律制度的健全起到了为民营企业发展保驾护航的作用。1998年通过了宪法修正案第十六条,把宪法中原有的"私营经济是社会主义公有制经济的补充"修改为是"社会主义市场经济的重要组成部分"。随着新世纪的到来和改革的深化,许多中央和地方的操作性法律、法规中的歧视性内容将得到全面修改和摒弃。随着阻碍民营企业发展的法律内容及时被清理,法律对于民营企业私有财产所有权的保护条款将在实践中得到贯彻,对于民营企业的合法经营权和发展权的尊重也将会得以落实。

(三) 政府对民营经济发展的政策将更为有利

中共十五届四中全会提出了国有经济有所为，有所不为，国有企业有进有退的方针，在"十五"计划期间，国企从竞争性行业大规模退出，在"十一五"期间这种退出还将继续下去。这样，就会使市场形成一个"真空带"，这个"真空带"无疑为民营经济的大发展提供良好的机遇。

十六大的召开，为民营经济的发展进行了理论上的廓清，特别是《国务院关于鼓励支持和引导个体私营等非公有制经济发展的若干意见》的出台，在政策环境的实际改善方面为民营企业铺平了道路，展示了美好的前景。《国务院关于鼓励支持和引导个体私营等非公有制经济发展的若干意见》明确规定：放宽非公有制经济市场准入；允许非公有资本进入法律法规未禁入的行业和领域；允许外资进入的行业和领域，也允许国内非公有资本进入，并放宽股权比例限制等方面的条件；在投资核准、融资服务、财税政策、土地使用、对外贸易和经济技术合作等方面，对非公有制企业与其他所有制企业一视同仁，实行同等待遇。这些规定消除了影响非公有制经济发展的体制性障碍，确立了非公有制企业平等的市场主体地位，实现多种所有制公平竞争。

当然，除了上述外因所带来的机遇，广东民营经济未来发展最根本的是要充分发挥内部优势。迄今广东民企在技术水平、产业结构、资源条件等方面与大多数省份相比存在明显的优势，主要表现在：技术装备总体水平较高，以企业为主体的技术创新体系已初步形成，科技创新及成果市场化表现较突出；产业结构优势明显，支柱产业地位明确，结构高度化趋势渐强，产业集群发育良好，专业镇工业化模式具有特色；储蓄量大，吸引外资全国第一，资本资源供给相对充足，来自泛珠江区域和内地的劳动力资源非常丰富。这些内部优势将支持广东民营经济充分利用外部机遇获得空前的发展。

三、国际化给民营企业带来新机遇

随着全球化时代的到来和加入WTO，在对外经济关系方面，民营经济的外贸障碍减少，机会增加，国外投资环境得到改善；在提高内部素质方面，外来力量也将迫使民营企业加快培育自身竞争力的步伐。

（一）民营企业外贸的权利和机会逐步扩大

入世以来，对民营经济的所有制歧视政策进一步松动或者取消，国家经贸委起草的《中小企业促进法》通过和实施之后，凡对外放开的领域对民营企业也会进一步放开。民营企业对外经营权的限额审批制，会逐步被规定条件的资格审议登记制取代，这很有利于民企进一步扩大出口。

世贸组织的一项基本原则就是自由化原则，它要求所有世贸组织成员限制或取消关税和非关税壁垒，清除国际贸易中的歧视待遇，提高本国市场准入的程度。出口贸易壁垒地减少，将给中国民营企业出口带来更多更稳定的机会。数量限制取消对中国民营企业会是一个大的出口机遇；关税降低将使中国在100多个成员中享受代税率，将降低出口成本；新关税减让和改善后的市场准入，确保了市场准入的安全和稳定，将给中国民营企业提供更稳定的机会。

世贸组织的多边贸易体制关于最惠国待遇和国民待遇原则的共同遵守，为原材料、中间产品和服务的顺利进口创造了有利条件，大大简化了产品入境和进入国际商业渠道的手续，进而降低了民营企业进口产品的成本，有利于提高企业的竞争力。

（二）民营企业的国外投资条件将会有所改善

根据世贸组织与贸易有关的投资措施协议，入世后，中国企业在境外（WTO成员国）投资将享受国民待遇，像市场准入、投资环境、股权限制等各种国外投资壁垒将大大减弱。可以预见，国外投资壁垒的降低将使广东民营企业在境外投资环境得到改善，获得投资自由化的种种好处，有利于它们走出去投资办厂，进行国际化经营。一是投资地域不断扩大，将享受100多个世贸成员国投资自由化的好处；二是境外投资行业领域进一步扩大；三是市场准入的障碍减少，条件放宽，有利于境外投资建厂或进行并购；四是境外企业的经营环境将得到改善，享有所有国的国民待遇。

(三) 民营企业获得快速提高竞争力的外部推力

入世意味着中国经济进一步开放,进一步融入世界经济的大环境中,有利于促进企业将积极主动地面对统一的国内外市场,学习国外先进的经营手段和理念,根据本企业行业的竞争态势确定最优经营发展战略。

入世后,中国企业将面临着经济实力雄厚的外国大公司、大企业地挑战。国际市场的进一步开放,外资的进入,将为民营企业带来巨大的竞争压力,迫使它们倾力提高自身竞争力。入世后,民营企业纷纷加大技术引进力度,通过兼并重组进行产业结构调整,加快内部治理结构调整,改造家族经营制度,向现代企业制度转型,这些步骤地加快显然是入世以来外因影响的结果。

入世还将在长期内产生深远的积极影响,有利于政府深化政治经济体制改革,进一步确定民营企业的市场地位。加入世贸组织,客观上要求政府不能干预企业经营,这将有利于解决有些地区的政企不分问题,明晰政府社会管理和服务职能,保障企业的市场经营主体的权益。

第二节 广东民营经济面临的挑战

预计广东民营经济在良好机遇下总体保持快速、持续、健康发展态势的同时,随着经济形势的变化和市场竞争的激烈,也将面临发展环境尚待改善、竞争压力加大、民企先天缺陷的瓶颈制约等三大问题的严重制约,因而未来发展道路将会是不平坦的。

一、束缚民营经济发展的一些外部环境障碍在短期内难以完全消除

近年来,经过社会各界努力,虽然民营经济的生存和发展明显改善,但仍存在一系列问题,有待通过深化改革和加快发展去克服,需要企业自身和全社会共同解决。

（一）政府协调和服务功能尚待加强

现在和今后一段时间内，政府协调任务还很艰巨，如民营经济在一些地区和行业比重仍然偏小，各地民营经济发展很不平衡；所有制结构调整没有完全到位，民营经济与国有经济优势互补没有实现等等。

政策的支持在很多地方仍停留在表面层，还没完全形成一种公平竞争的环境，恐私的传统观念仍在束缚人们的手脚，使得民营企业在实际运营中阻力较大，如一些地方和主管部门对民营企业采取的市场准入限制较多，对民营企业征收税赋较高，服务意识不强，服务措施不到位。

（二）法律保护还未完全落到实处

尽管政府已出台一系列法规保护民营企业正当权益，但实现严格执法和法律完善尚需时日。现实中，侵犯企业合法权益的问题仍然存在，如私人财产和个人人身安全的保护有待加强，"三乱"（即乱收费、乱摊派、乱罚款）现象较普遍，一些行政执法部门执法水平偏低。

（三）融资难问题仍没有在根本上解决

中国的金融政策一直倾向于公有制企业，对民营企业政策不公平，民营企业无法有效融资。而资金不足是制约企业扩张的最大障碍，亦是阻碍民营中小企业发展的"罪魁祸首"。

目前，对民营中小企业信贷和投资政策还存在缺陷，没有一个完善的为民营企业发展服务的社会融资服务体系。私营企业的开办资金是自己通过民间渠道集资筹措而来，最主要来自于本人原来的劳动或经营积累、亲友借款，资金的来源相当有限。当企业进一步发展形成规模后，需要大量资金，这种筹资方式已不能满足需求，正常资金供应渠道的阻塞与不足迫使大量民营企业不得不转向利率高、风险大的地下资金市场，从而进一步引发了高成本高风险的问题。

要突破融资难题就要确立多元化的融资意识，走间接融资和直接融资相结合的路子，把主要依靠自身积累求发展转变为多元化的融资渠道，而民营中小企业要突破现有的发展瓶颈就离不开社会融资服务体系。

二、民营企业将受到国有企业和外资企业强大竞争优势的双重压力

随着国有企业改革的深化和中国加入世界贸易组织,民营企业将与国有企业和外资企业在技术、人才、质量、品牌、文化、信用等方面展开全面竞争,处在夹缝中的民营企业将为生存而苦斗,图谋发展尤属不易。

(一)国有企业改革之后竞争活力显著提高

近年来国有企业经过不断改革,活力大大增强,且大多在产业分工体系中占据产业链的高端,行业中的龙头国有企业拥有垄断地位,而民营企业存在整体上规模小、布局分散且区域发展不平衡、产业结构趋同、技术水平较低、经营模式落后(作坊式生产大量存在)等劣势,难与国有企业平等竞争,往往只能依附于国有企业产业链的低端为其生产初级的、附加值低的零配件。

(二)众多强大的跨国企业将对民营企业形成直接冲击

进入新世纪以来,外资经济非常活跃,大量汹涌而入的跨国公司严重抢占和挤压民营企业的生存空间。

国内投资壁垒的消失,投资环境的改善,将会使更多的外国公司来华投资,使国内民营企业承受更加激烈的竞争压力。外国企业将加大对重要行业、企业的投资力度,或通过设立合资企业、独资企业的方法,进入中国的重要行业,或通过合并收购国内有一定知名度、潜力较大的民营企业,并想方设法利用技术、资金、设备优势压低中方利益,掌握合资企业的经营控制权。

跨国公司成功的完成对外投资,一般都要树立自己在全球的品牌形象,它们来华投资时,总是选择知名度高、实力强、潜力大的民营企业进行合资,凭借自己的资金和技术优势,要求中方将商标转让给合资企业,再利用民营企业的经营渠道和市场将合资的品牌或自身打入中国市场,待合资产品或外资产品的品牌被市场接受后,再把中国商标打入冷宫,最终

第十章　广东民营经济发展前景展望

垄断中国市场,使民营企业的品牌退出市场。

三、民营企业的素质劣势将面临严峻考验

与日益激烈的竞争形势相对照的是,民营企业自身素质的劣势十分明显,这些劣势主要表现在:

(一) 企业规模和效益低下

与国外公司特别是跨国公司相比,广东大多数民营企业受"小富即安"的思想影响较为普遍,大型民营企业较少,缺乏规模经济的优势,产业集中度低,资金和技术投入分散。

相当一部分民营企业的经济效益不高,能耗、产品质量、产品附加值低等经济技术指标落后,这主要是由于民营企业生产工艺落后,技术装备水平低,关键技术的自主创新意识和能力不强,企业研发投入不足,无法提供满足市场需求且具有竞争能力的产品,发展后劲不足,能带来高额和持久利润的企业核心竞争能力尚未形成。

(二) 企业管理水平不高

很多民营企业内部管理不严,浪费严重,质量管理不到位,不能保证产品和服务的质量,竞争力不足;战略决策管理水平低下,盲目投资,不能根据市场环境和企业自身条件对企业发展作出科学策划与安排,忽视实施品牌战略,创立知名品牌;营销管理水平低下,忽视市场调研,不注重适应消费者的需求,有计划地组织企业的整体市场营销活动。有些民营企业依靠制假造假、偷税漏税、不正当竞争等手段获取眼前的短期利益,其结果是企业难以"长寿",短短几年辉煌之后就陷入困境甚至破产。

传统家族制经营是民营企业的先天性缺陷,导致产权结构不合理、管理制度被随意破坏、监督约束机制缺位、外部融资困难等诸多缺陷,决策权集中在一个人手中的家长制无法保证企业决策的正确性,某些时候也许老板的一念之差或偶患疾恙便可毁了企业。

(三) 企业人力资源管理积弊甚重

民营中小企业大多采取的是"唯亲式"人事管理，基本上是以血缘、亲缘、地缘为纽带进行人员聘用和管理，企业的重要岗位都由亲戚担任，这是家族式管理的显著特征，严重挫伤"三缘"以外其他员工的积极性，限制了优秀人才的加入。

由于高素质人才供给不足，吸引人才的环境有待改善，民营企业专业人才缺乏，包括适应国际竞争要求的科技人员、营销人员、法律人员、复合型人才等，尤其高级技工和研发人员严重短缺，这已经成为民营企业进一步发展的瓶颈。一些民营企业违反劳动法，侵害员工权益，劳资关系不协调等问题时有发生。

同时，民营企业的管理人才，特别是高级管理人才也非常缺乏。由于企业的管理干部、职业经理人或高级管理人才掌握了企业内部技术秘密或商业秘密，有些人在跳槽或被高薪挖走时往往把这些技术、商业秘密甚至客户关系带走。也由于信息不对称，可能导致内部人控制问题，一些管理人员采取损害企业利益的经营措施甚至卷款潜逃。这些缺少诚信的行为使得企业必须严格控制内部高级管理人员对于企业的忠诚度，防止他们外逃将企业内幕泄露出去，或出现内部人控制企业，也使得企业认为还是使用家族内部人有可信度和安全感，陷入人力资源封闭式内循环的圈子中。

(四) 弱势产业将受到严重威胁

经济全球化使广东弱势行业中的民营企业将受到较大冲击。例如在物流行业，入世后中国将在规定的期限内基本开放国内经营和进出口经营权，逐步取消对外资设立分销企业的地域、数量及股权比例限制，开放流通领域，外国大型商业企业将会大量涌入国内市场，建立大型连锁超市、仓储式综合市场，这对国内批发及中小零售民营企业会造成冲击，受到的竞争压力增大，争夺它们的市场占有率，削弱它们的竞争地位。

加入WTO后，中国关税减让与非关税壁垒的取消，将会使大量进口产品涌入国内市场，对许多行业的民营企业带来较大的冲击和影响，某些缺乏竞争能力的行业,如汽车及零部件和部分化工品等将承受较大的压力;其次,减少和取消配额许可证等非关税措施,将使竞争力弱的产品失去保护,失去非关税措施保护后,国外产品将大量涌入,将对国内这些产品的生产企业形成较大冲击。①

第三节 广东民营经济未来预测

目前,广东民营经济实力相当雄厚,已逐步形成不同层次、不同规模的梯次结构:一部分中小民营企业仍处于艰苦而漫长的原始积累阶段;一部分民营企业完成了原始积累,顺利跨入自由竞争阶段;一部分民营企业进入原始积累后期、开始在竞争中处于优势地位,发展呈"冲刺"态势;少数民营企业,依靠自己强大的实力走出国门,跻身于世界市场竞争的行列。在社会贡献上,民营经济在整个国民经济中占的比重逐步提高,将继续作为推动中国经济持续增长的最活跃的动力。按照民营经济现今的实力、发展态势和未来面临的良好机遇,全省上下对其发展抱有强烈信心。基于广东内外条件,我们预测广东民营经济未来发展将呈现以下新趋势。

一、部分优势民营企业向具有先进管理模式的现代大型企业迈进

大多数民营企业在经营管理上将由小作坊式的家庭经营向具有现代经营特点的大型企业转变。

民营企业的经营机制得到创新和再造,企业制度日臻完善,现代管理方法和手段广泛运用,信息管理体系逐步建立,企业主与雇员之间的关系趋于规范化,转向协调和融洽。随着现代企业制度的建立和经营业绩的持

---

① 蔡晓兰:《民营中小企业面临的问题与发展路径的选择》[J],《科技情报开发与经济》,2005年第11期。

续提高，民营企业的上市户数会进一步增加，其股市份额也会进一步扩大；随着民营高科技企业的不断发展，二板市场的上市公司必将以民营企业为主体。

一些民营企业完成原始积累后，由小到大、由分散到集中、由量的扩张向质的提高转变，涌现出一批经营规模大、经济实力强、品牌优势明显的私营企业集团。民营企业通过参股、控股国有企业以及民企兼并国企进一步发展，私营企业与国有企业、集体企业及其他所有制企业实行以资本为纽带的多种形式的联合得到加强，由此形成了由私营企业参与的多样化的混合所有制企业。在这个过程中，经济规模扩张最快的必将是民营经济，大中型的民营企业将会超常规地发展起来。

二、加速产业升级进入现代行业领域

民营企业在行业领域上，将由传统农业、加工业、商贸业、饮食服务业向现代农业、制造业、高科技和服务业转移升级。[①]

广东通过整合农业项目和生产资源，推动大宗农产品向优势产区集中，促进区域特色产品和优势产业培育形成，农业龙头民营企业发展壮大，实现珠江三角洲农业现代化整体推进，现代农业和农产品加工流通业方兴未艾。

广东民营企业将在石化、汽车及装备工业等现代制造业中取得长足发展。粤西、粤东石油化工基地进一步发展，形成沿海石化产业带。以广州、深圳、佛山为中心，充分发挥临港优势，珠三角地区加快发展装备制造业，特别是精密制造业。对广东各城市的经济发展，不应该一般性地提三次产业的比例要求，应根据不同层次的城市提出不同的产业政策。在今后一段时期，广东城市发展的产业政策总方针宜为："快三稳一，二三并重"，在稳定发展第一产业基础上，国际城市应优先发展第三产业，主要

---

① 参见《加速产业升级 解读广东民营经济发展突破与机遇》[N]，《民营经济报》，2005年6月3日。

是生产性的服务业（如金融、贸易、物流、通讯、信息、咨询等）和高新技术的研发；区域中心城市重点是二三产业的平衡发展和综合配套，侧重第三产业，主要功能是对周边地区经济的带动和对周边地区产业的服务；产业中心城市和优长专业镇，主要发展第二产业，发展侧重点是产业的聚集和产业规模，城市的部分服务功能应该由邻近的区域中心城市去完成。①

广东民营企业将在交通运输、旅游、房地产、金融、批发和零售业等五个有比较优势的服务业中保持高增长性，特别是商务服务、物流、会展等三个生产服务业迅速成长，如连锁经营、电子商务、现代物流、中高级批发市场等新的流通业将会蓬勃发展。

广东民营企业还将由劳动密集型产业向技术密集型产业拓展，由科技含量低的产业向高科技产业调整，高新技术产业持续快速发展，其中电子信息、生物工程、新材料、光机电一体化四大高新技术产业持续保持全国领先地位。

三、山区和东西两翼加快发展

广东山区指广东北部地区，包括韶关、河源、梅州、清远、肇庆、云浮6个山区市，东翼指广东的东部地区，包括汕头、汕尾、揭阳、潮州4市，西翼指广东的西部地区，包括阳江、湛江、茂名3市。

广东山区和东西两翼地区具有显著的发展优势：一是区位优势。广东山区和东西两翼位于泛珠三角和中国东盟自由贸易区的前沿位置，区域合作潜力巨大。二是基础设施日臻完善。覆盖全省的高速公路网建成后，山区和东西两翼与珠三角地区将处于3小时经济圈，东西两翼的汕头和湛江拥有深水良港，随着港珠澳大桥的兴建，更拉近东西两翼与珠三角的时空距离。三是资源丰富。山区生态环境优美，农、林、矿、水力、旅游等资

---

① 广东省社会科学院宏观经济研究所课题组：《置身于珠三角区域经济带中的广东经济发展战略选择》，中国网，2004 - 04 - 22，http：//www.china.com.cn/chinese/zhuanti/qy/550785.htm。

> 珠江模式及其
> 发展前景

源较丰富。东翼拥有独特的商贸传统和悠久的侨史，陶瓷、服装、特色农业发展较早，民营经济较活跃。西翼亚热带农业资源优势突出，拥有临海型重化工业的基础。东西两翼的海洋资源均比较丰富。四是投资成本较低。山区和东西两翼用地价格只有珠三角地区的三分之一至三分之二；劳动力价格仅为珠江三角洲地区的三分之二；电力充裕，电价普遍低于全省平均水平。

可以预见，山区林产工业和森林旅游业将成为新的经济增长点，资源优势得到发挥。通过积极招商引资承接发达地区产业转移，山区工业化进程加快。鼓励山区发展特色产业，支持有条件的地方建设大型电力、能源和其他重大工业项目，推进社会主义新农村建设、实施"千村扶贫工程"、开展农村危房改造、推动农村饮水工程等将促进山区摆脱贫困，生产生活条件大为改善。

东西两翼发展将迈出新步伐。两翼的临海区位优势和资源优势得到充分发挥，海洋资源综合开发加快、建设成为现代渔港经济区，大力发展临海型、资源型工业和特色经济。粤东信用体系建设进一步推进，投资软环境继续改善，电子、医药、陶瓷、服装、农产品深加工为主的民营经济快速发展。粤西招商引资工作扎实开展，一批大型项目相继落户，带动地方经济迅速发展。

四、逐渐走上集约型和环境友好型发展轨道

鉴于过去粗放型增长造成资源紧缺、环境污染、生态破坏的教训，广东民营经济未来将在政府引导下自觉走集约型和环境友好型发展的路子。

得益于政府严格实施环保规划，重视环境综合治理，大气污染、固体废物和噪声污染等将得到综合治理，重点流域、区域、近海海域的环境得到重点整治，如珠江治污保洁工程初见成效，环保基础设施建设初步完善，环保类民营经济得以快速培育和发展。

民营企业将大力开发研究资源节约和综合利用新技术、新工艺和新设

第十章 广东民营经济发展前景展望

备,发展"绿色技术",如废物资源化技术、清洁生产技术、生态产业链技术、环境工程技术等,推行清洁生产;调整能源结构,大量使用清洁能源和再生能源等,如水电、风电、核电。

生态产业(包括生态工业、农业和服务业)将成为广东支柱产业。通过组织实施林业生态省建设规划和生态公益林体系建设,将建成一批林业生态县,林地、林木、野生动植物和湿地资源得到保护,建成若干块生态示范园区,而民营企业将在开发生态产业中发挥重要作用。

五、广东民营经济与香港等境外经济的联动和合作将更加密切,粤港澳合作水平提升

认真落实CEPA,加强粤港澳物流、分销、金融、会计、会展、中介服务等现代服务业合作。推进粤港澳高新技术产业合作,提升制造业合作水平。鼓励广东企业到港澳投资发展。联合港澳到发达国家推介大珠三角。落实泛珠三角区域合作框架协议。参与第二届泛珠三角区域合作与发展论坛、经贸合作洽谈会的筹备工作。

按照"前瞻、全局、务实、互利"原则和"讲政治、讲大局,清醒坚定有作为"的工作方针,积极落实中央关于港澳工作的部署和内地与香港、澳门关于建立更紧密经贸关系的安排,大力推进粤港澳交流与合作,促进香港、澳门的繁荣稳定。成功召开粤港合作联席会议第六次会议和粤澳合作联席会议,建立起粤港澳合作新机制,拓展了合作总体思路,确定了近期合作的重点项目。为港澳服务业进入广东提供便利,推进了三地物流、运输、商业零售和法律服务等方面的合作。试办广州、深圳等8个市居民个人赴港澳旅游,发出个人赴港澳游证件150万个。深港西部通道、珠澳跨境工业区等项目动工建设,港珠澳大桥、广深港高速铁路前期工作加紧进行。注重粤港澳三地优势互补重点推动家电、纺织、农业等行业"走出去",要鼓励、支持民企到香港、澳门投资创业。建议省政府在推动CEPA实践中,大力鼓励民企开拓国际市场。一是联合港澳政府到民企集中的地区举行投资环境专题推介会；二是加快粤港澳三地经济信息交流和政策对接，指定政策指引和项目指引；三是鼓励、支持民企参与横琴岛的开发；四是充分发挥三地商会的积极作用。在巩固对港澳台等地区招商引资的积极引导外资投向高新技术产业、支柱产业和服务业。企业等到我省设立地区总部、研发中心、采购中心。加大以侨引资力度。办好一批骨干园区，提高产业、企业集聚能力。

六、民营企业自觉"走出去"开拓国际市场

从世界经济发展潮流来看，跨国经营已成为一股不可逆转的趋势，这在客观上要求广东民营企业积极走向国际市场来拓展自己的发展空间。民营企业以自身核心竞争能力进入国际产业分工和协作网络，进行合作生产，或使自己产品通过连锁集团和跨国公司的采购系统直接进入国际市场。例如，格兰仕公司利用自身一流的生产能力与全球两百多家跨国公司在资金、技术、管理、品牌、营销网络等方面进行全面合作，使企业竞争力得到全面提升，生产的微波炉在国际市场占有率已达到三分之一。又如TCL集团近年加快了向海外投资拓展的步伐，除已在越南、印度等国家建立多家海外工厂直接生产经营外，2003年11月3日，与国际知名企业法国汤姆逊集团签订了"关于电视业务全面合并重组的战略合作意向书"，双方将在香港成立合资公司，TCL拥有合资公司的控股权，合资公司将具有彩电年销售量全球第一的规模，这是中国企业首次在主流产业领域经济规模位居世界第一的合作项目。

虽然广东尚无世界知名产品，但预期不久将有一批知名民营企业昂首走出国门成为世界品牌。这些企业以出口贸易、直接投资、技术合作、战略联盟等方式广泛参与国际经济技术合作，充分利用和发挥自身的比较优势，结合自身的特点以及国内外市场环境，灵活地选择有效的跨国经营模式，以实现企业在全球的快速增长。目前，广东已有一批拥有大型生产基地、广泛销售网络、强大研发能力和良好品牌信誉等多方面具有综合竞争

第十章 广东民营经济发展前景展望

优势的企业,中国未来知名世界级品牌有望从它们中产生。例如志高空调股份有限公司,在成功打进欧洲共同体市场后,又将产品销售网络扩展到土耳其等地中海周边区域国家和地区,现与全球 200 多个国家和地区的销售业建立了比较完善的网络关系,为打造国际知名品牌而不懈努力。又如深圳华为,承建了香港和记电信网、肯尼亚的国家智能网、泰国的移动智能网,在全球 40 多个国家建立了市场分支机构,并在巴西和俄罗斯投资八千万美元,合资建立两个生产工厂。

要看重家电、纺织、农业等行业将率先进入并与广东具有互补性的国家和地区。一是东盟地区,该地区华侨众多,与广东经贸往来密切;二是非洲地区,非洲国家自然资源丰富是广东省民企理想的投资地,广东省的电子、电器等产业在非洲现今正处于培育阶段,无论技术开发还是行业规模,都有优势;三是南美地区,这里是新兴的市场,是民企到海外投资的合适选择;四是一些经济强国,它们设立一些工业园区,吸引中国企业去投资。

参考文献

蔡晓兰:《民营中小企业面临的问题与发展路径的选择》[J],《科技情报开发与经济》,2005年第11期。

陈大斌:《推动力——台州民营经济快速崛起的观察与思考》[M],人民出版社,2004年版。

陈明淑、王元京,《民营经济:发展的新机制、新动力和新机遇》[M],云南人民出版社,2004年版。

陈乃醒:《中国中小企业发展与预测》[M],民主与建设出版社,2000年版。

陈乃醒、傅贤治:《中国中小企业发展与预测—民营经济发展、制度、结构、管理科技》[M],中国财政经济出版社,2005年版。

陈桂明:《东莞民营经济发展的现状、问题和对策》,广东省经济和信息化委员会网站，http：//210.76.65.61/zwgk/jmzk/gdjm/201003/201003/t20100326_100610.html。

储小平：《家族企业研究：一个具有现代意义的话题》[J]，《中国社会科学》，2005年第5期。

储小平：《职业经理与家族企业的成长》[J]，《管理世界》，2002年第4期。

储小平、李怀祖：《信任与家族企业的成长》[J]，《管理世界》，2003年第6期。

储小平、刘清兵：《心理所有权理论——对职业经理职务侵占行为的一个解释》[J]，《管理世界》，2005年第7期。

储小平、王宣喻：《私营家族企业融资渠道结构及其演变》[J]，《中国软科学》，2004年第1期。

陈支农：《民营企业多元化博弈：是非成败转头皆成空》[N]，《中华工商时报》，2005年1月18日。

道格拉斯·诺思：《交易成本、制度和经济史》载《新制度经济学》，上海财经大学出版社，1998年版。

邓波：《民营经济前沿问题的研究》[M]，中国时代经济出版社，2003年版。

丁冰：《现代西方经济学说》[M]，中国经济出版社，1995年版。

董辅礽：《温州模式与中国民营经济的发展》[J]，《宏观经济研究》，2002年第9期。

戴园晨：《中国经济的奇迹——民营经济的崛起》[M]，人民出版社，2005年版。

《2008年佛山市顺德区国民经济和社会发展统计公报》，南方网，2009年4月30日，http://fs.southcn.com/xwss/sz/content/2009-04/30/content_5113603_3.htm。

方虹、牛晓燕：《构筑民营企业人才发展高地》，中国网，2005年2月

7 日，http：//www.china.com.cn/chinese/zhuanti/rcbg/741232.htm。

樊江春：《中国微观组织中的"家族主义"》[J]，《新华文摘》，1992年第 5 期。

范佳凤：《民营企业核心竞争力理论研究述评》[J]，《商业时代》，2006 年第 18 期。

费孝通：《江村农民生活及其变迁》[M]，敦煌文艺出版社，1997年版。

费孝通：《小城镇四记》[M]，新华出版社，1985 年版。

冯曲、张涛：《权威、权威组织与效率》[J]，《世界经济文汇》，2002年第 5 期。

冯兴元：《市场化——地方模式的演进道路》[J]，《中国农村观察》，2001 年第 1 期。

冯怡驹：《专家"支招"助佛山民营经济再腾飞》[N]，《佛山日报》，2004 年 8 月 7 日。

冯子标：《人力资本运营论》，山西财经大学出版社，2002 年版。

符贵兴：《民营企业家的素质现状与提升路径》[J]，《现代企业教育》，2004 年第 11 期。

甘德安：《中国家族企业研究》[M]，中国社会科学出版社，2002年版。

顾元勋、孙林岩：《试诊断民营企业并探讨其发展对策》[N]，《四川行政学院学报》，2000 年第 1 期。

广东省工商行政管理局、广东省社会科学院、广东省私营企业协会编：《广东私营企业发展蓝皮书》，广东经济出版社，2003 年版。

广东省统计局：《2008 年以来广东民营经济发展情况分析》，2009 年 6月 9 日，http：//www.stats.gov.cn/tjfx/dfxx/t20090608_402564032.htm。

《广东个体工商户数居全国第一》，南方网。http：//www.sznews.com/zhuanti/content/2007 - 04/24/content_ 1073231.ht。

《广东私营企业户数首次突破80万》[N],《深圳商报》,2009年11月20日,http://szsb.sznews.com/html/2009-11/20/content_856622.htm。

广东省工商行政管理局,《2009年广东省第三季度市场主体情况及分析》,http://gzzz.c-gec.cn/news_view.asp?id=252。

《广东民办高校达44所》[N],《深圳商报》,2009年7月31日。

《广东民营企业成境外投资主力军》[N],《信息时报》,2007年8月13日。

《民营企业是广东"走出去"新兴力量》,金羊网,2007年5月18日,http://www.ycwb.com/myjjb/2007-05/18/content_1483056.htm。

广东省统计信息网:《2008年广东国民经济和社会发展统计公报》,2009年2月25日,http://www.gdstats.gov.cn/tjgb/t20090225_64670.htm。

广东省经济贸易委员会综合处:《2009年上半年广东省中小企业和民营经济企稳回升》,http://www.smets.gov.cn/news/fgjj/2009/927/099278479I79DJ343C0EK0CA7CKCC.html。

《广东私营企业数量超过企业户数2/3,公司制成发展主流》,广东信息,http://www.njzq.com.cn/njzq/xwzx/xwzq_template.jsp?docId=165299。

广东省统计局:《改革开放30年广东民营经济取得迅猛发展》,2008年12月23日,http://www.stats.gov.cn/tjfx/dfxx/t20081222_402527965.htm。

广东省工商业联合会、中共广东省委统战部经济处:《广东省私营企业主状况调研报告》,http://www.gdgcc.com/Articles/ArticleView.aspx?id=fb5cd941e25a4ceeb6e5a7cef52e41a9。

《广东民营企业人才发展问题与对策研究》,广东社会科学网,http://www1.gzbio.net/career_info.php?id=3899&flag=3。

广东省工商局:《广东个体私营经济发展势头强劲》,2006年8月10日,http://www.gdgs.gov.cn/news/gsglxx/show_content.asp?id=3803。

黄敬宝、林勇:《加入WTO与广东民营企业的发展》[J],《南方经济》,2001年第3期。

黄文夫：《对民营经济性质与概念的界定》[J]，《管理世界》，1999年第6期。

黄少雄：《继续解放思想，推动广东民营经济科学发展》[J]，《广东经济》，2008年4期。

《华为2009年销售收入1491亿 净利润183亿》，第一财经日报，2010年3月31日，http://forum.home.news.cn/detail/74851132/1.html。

何志毅：《中国企业管理案例库丛书（民营企业案例）》，北京大学出版社，2003年版。

吴晓波、胡宏伟：《温州悬念》，浙江人民出版社，2002年版。

霍生平、吴启勇、苏学愚著：《职业经理人创新素养对企业的推动作用》，集团经济研究，2006年第4期。

洪银兴、陈宝敏：《苏南模式的新发展》[J]，《宏观经济研究》，2001年第7期。

洪银兴、袁国良：《乡镇企业高效率的产权解释—与国有企业的比较研究》[J]，《管理世界》，1997年第4期。

贺志锋：《论家族企业的定义》[J]，《当代财经》，2004年第6期。

姜长云：《乡镇企业产权改革的逻辑》[J]，《经济研究》，2000年第10期。

剧锦文、韩晓芳：《民营经济、民间资本与经济政策》[M]，中国财政经济出版社，2004年版。

克林·盖尔西克等：《家族企业的繁衍——家族企业的生命周期》[M]，经济日报出版社，1998年版。

柯武刚、史漫飞著，韩朝华译：《制度经济学》[M]，商务印书馆，2000年版。

梁绮惠：《岭南文化与广东民营经济的发展》[J]，《佛山科学技术学院学报（社会科学版）》，2004年第6期。

李稻葵：《转轨经济中的"模糊产权"》，经济研究，1995年第3期。

李华刚：《民营企业为何难长大》［M］，民主与建设出版社，2004年版。

李新春：《信任、忠诚与家族主义困境》［J］，《管理世界》，2002年第6期。

李新春：《经理人市场失灵与家族企业治理》［J］，《管理世界》，2003年第4期。

李新春、任丽霞：《民营企业的家族意图与家族治理行为研究》［J］，《中山大学学报（社会科学版）》，2004年第6期。

李新春、胡骥：《企业成长的控制权约束——对企业家控制的企业的研究》［J］，《南开管理评论》，2000年第3期。

李秀潭、胡修干主编：《中国私营经济研究报告》［M］，浙江人民出版社，2004年版。

李维安等：《公司治理结构》［M］，南开大学出版社，2001年版。

厉以宁：《股份制与现代市场经济》［M］，江苏人民出版社，1994年版。

刘海虹：《民营经济发展与金融支持》［J］，《经济评论》，1999年第5期。

刘丽洁、冉建中：《民营经济：现实与未来》［J］，《市场与发展》，2000年第5期。

刘茂平：《广东民营企业发展的现状、问题和对策》［J］，《深圳职业技术学院学报》，2003年第4期。

刘琼：《自主创新能力：核心竞争力的关键》［N］，《光明日报》，2005年12月12日。

刘培峰：《私营企业主——财富积累的轨迹》［M］，社会科学文献出版社，2005年版。

刘亭、钱建新、张国云、张善坤：《温台经济模式的调查与启迪》，浙江经济，2000年第9期。

刘易斯著，叶静宜译：《发展经济学》[M]，中国人民大学出版社，1998年版。

刘友金：《论集群式创新的组织模式》[J]，《中国软科学》，2002年第2期。

刘迎秋：《民营企业如何走出去》[N]，《经济参考报》，2003年3月20日。

刘迎秋、徐志祥主编：《中国民营企业竞争力报告》[M]，社会科学文献出版社，2004年版。

罗斌：《伦理治理与标准治理：家族企业内部治理的双重机制及其优化》，经济学家，2006年4月14日。

罗剑宏：《基于核心能力共享的民营企业扩张模式研究（博士论文）》[D]，中南大学，2003-06。

罗纳德·科斯：《社会成本问题》[J]，《法律与经济学杂志》，1960年第10期。

《马克斯恩格斯选集》（第一卷）[M]，人民出版社，1972年版。

马经：《加快金融创新，突破融资瓶颈》[J]，《南方金融》，2003年第3期。

马俊海等：《工业结构、工业竞争力与民营科技企业发展》[M]，科学出版社，2004年版。

缪尔达尔著，方福前译：《亚洲的戏剧：南亚国家贫困问题研究》[M]，首都经济贸易大学出版社，2001年版。

M·韦伯，于晓等译：《新教伦理与资本主义精神》[M]，三联书店，1987年版。

《民营企业：推进经济发展的重要动力之一》[N]，《北京周报》，2008年8月14日。

南存辉：《正泰的竞争优势在于创新》[J]，《电力建设》，2003年第2期。

《南海区民营经济发展历程及现状分析》，佛山市政府网，2009 年 12 月 24 日，http://www.foshan.gov.cn/xxgk/ztjs/zxzllxx/llyt/xzgyth/200912/t20091224_1437329.htm。

《"南海模式"的新内涵》，南海中小企业网，2007 年 4 月 13 日，http://www.nhsme.gov.cn/cyjq_show.asp?id=3。

潘石：《中国私营资本原始积累》[M]，清华大学出版社，2005 年版，第 25 - 26 页。

钱德勒著，重武译：《看得见的手——美国企业的管理革命》[M]，商务印书馆，1987 年版。

青目昌彦、钱颖一：《转轨经济中的公司治理结构》[M]，中国经济出版社，1995 年版。

丘剑华：《民营经济发展滞后原因何在》[N]，《南方日报》，2003 年 1 月 13 日。

邵国良、张仁寿等：《广东民营经济发展的贡献、不足及对策》[J]，《南方经济》，2004 年第 12 期。

盛洪等：《中国的过渡经济学》[M]，上海三联出版社，1994 年版。

史全生主编：《中华民国经济史》[M]，江苏人民出版社，2000 年版。

苏波：《中国民营经济产业发展报告》[M]，机械工业出版社，2004 年版。

苏启林，郑海天：《中美家族企业比较》，中国经济网，2004 年 9 月 2 日，http://www.ce.cn/new_hgjj/hongguanzl/200410/18/t20041018_2016135.shtml。

苏小和：《过坎——对 11 名中国民营企业家的现场分析》[M]，浙江人民出版社，2004 年版。

孙早、鲁政委：《从政府到企业：关于中国民营企业研究文献的综述》[J]，《经济研究》，2003 年第 4 期。

孙治本：《台湾家族企业的内部整合及其领导风格》[J]，《战略与管理》，1996年第5期。

舒元、王珺：《开放条件下企业发展的制度建设研究》[M]，中山大学出版社，2005年版。

汤顺利：《私营企业——批判》[M]，中国时代经济出版社，2003年版。

田国强：《中国乡镇企业的产权结构及其改革》[J]，《经济研究》，1995年第3期。

万解秋：《苏南模式面临的挑战与选择》[J]，《经济研究》，1987年第4期。

王恢：《浅析广东民营经济存在的问题与对策》[J]，《商业经济》，2004年第5期。

王缉慈等：《创新的空间》[M]，北京大学出版社，2001年版。

王林生、范黎波：《跨国经营理论与战略》[M]，对外经济贸易大学出版社，2003年版。

王维澄、李连仲：《社会主义市场经济教程》[M]，北京大学出版社，1995年版。

王子雄：《中国民营企业失败原因分析》[M]，中国工人出版社，2004年版。

王志荣：《中国私营经济发展研究》[M]，广东大学出版社，2004年版。

王宣喻、储小平：《信息披露机制对私营企业融资决策的影响》[J]，《经济研究》，2002年第10期。

王宣喻、储小平：《私营企业内部治理结构演变治理模式研究》[J]，《经济科学》，2002年第3期。

王宣喻、储小平：《资本市场的层级结构与信息不对称下的私营企业融资决策》[J]，上海经济研究，2002年第4期。

魏守华、石碧华：《论企业集群的竞争优势》[J]，《中国工业经济》，

2002 第 1 期。

魏守华：《集群竞争力的动力机制以及实证分析》［J］，《中国工业经济》，2002 年第 10 期。

魏宇辉、李海全、焦义斌、付启生：《民营经济与民营企业管理丛书》（第一卷）［M］，郑州大学出版社，2004 年版。

吴成丰：《企业伦理》［M］，中国人民大学出版社，2004 年版。

吴敬琏、周小川等：《中国经济改革的整体设计》［M］，中国展望出版社，1988 年版。

吴易风、刘凤良、吴汉洪：《西方经济学》［M］，中国人民大学出版社，1998 年版。

晓亮：《民营经济发展的五种模式》［N］，《中国经济时报》，2003 年 5 月 21 日。

新望、刘奇洪：《三大模式 何去何从》［J］，《中国经济快讯周刊》，2001 年第 29 期。

谢建：《民营经济发展模式比较》［J］，《中国工业经济》，2002 年第 10 期。

徐泰玲：《解惑家族制》［J］，《董事会》，2005 年第 8 期。

《新增市级民营科技企业 66 家》，东莞网，2007 年 9 月 4 日，http：//www.dg.gd.cn/dgnews/view.asp？ID=13241F8597C0F2HC01S4D6Q8。

杨纲：《中国民营经济的现状与发展》，乡镇企业、民营经济，2000 -01

阳小华：《民营经济内涵问题探析》［J］，《江汉论坛》，2000 年第 5 期。

阎耀军：《论区域文化性格概念》［J］，《理论与现代化》，2002 年第 3 期。

杨瑞龙：《中国制度变迁的三阶段论》［M］，《经济研究》，1998 年第 1 期。

叶汉明：《明代中后期岭南的地方社会与家族文化》[J]，《历史研究》，2000年第3期。

姚斌华：《昆山VS顺德："外企"战胜"民企"？》，人民网，2005年9月23日，http：//unn.people.com.cn/GB/22220/39486/39492/3721617.html。

应焕红：《家族制与民营企业的制度创新》[N]，《经济参考报》，2004年9月22日。

约瑟夫·E·斯蒂格利茨：《社会主义向何处去——经济体制转型的理论与证据》（中译本），吉林人民出版社，1998年版。

《引进博士后构建顺德人才高地》，佛山市政府网，2008年8月8日，http：//www.foshan.gov.cn/xxgk/zwdt/wqdt/sdzw/200808/t20080808_1026074.html。

斯蒂格勒：《信息经济学》载于《政治经济学期刊》，1961年版。

《顺德工商户日增50家》，奥一网，2009年7月23日，http：//fs.oeeee.com/a/20090723/755852.html。

《顺德专利申请领跑全国县级区域》，中国顺德总商会网，2009年11月2日，http：//www.shundegcc.com/GccContent.aspx？ID=1269。

《顺德专利申请总量突破二万》，《珠江商报》，2008年1月8日。

舒华：《南海区民营经济发展历程及现状分析》，佛山市政府网，2009年12月24日，http：//www.foshan.gov.cn/xxgk/ztjs/zxzllxx/llyt/xzgyth/200912/t20091224_1437329.html。

余鹏翼、江丕寅：《广东可持续发展的资源承载能力、环境容量的分析框架》[J]，《当代经济管理》，2005年第3期。

游宁丰：《广东省民营经济发展情况分析》[J]，《广东经济》，2004年第10期。

张炳申、罗明忠：《中小企业发展的产业组织分析——以广东中小企业产业组织的发育为例》[J]，《暨南学报（哲学社会科学）》，2003年第1期。

张厚义、明立志、梁传远：《中国私营企业发展报告》[M]，社会科学文献出版社，2003年版。

张锐：《中国民营企业家尚存十大内伤》[J]，《经济管理文摘》，2003年第5期。

张三保、李锡元：《突破民营企业人力资源瓶颈的策略》[J]，《企业研究》，2006年第6期。

张圣平、魏学坤、赵北亭、余斌：《民营及中小企业发展》[M]，经济科学出版社，2004年版。

张维迎：《地方政府间的竞争和国有企业的民营化》[J]，《经济研究》，1998年第3期。

孔杰、曾维和：《区域文化的传统与现实，珠三角政府文化建设研究》[J]，《华南师范大学学报（社会科学版）》2004年第5期。

郑海峰：《从＜国富论＞到佛山的民营经济》[N]，《珠江时报》，2004年9月26日。

郑磊：《打破家族企业再发展的坚冰》，慧聪网，2004年2月12日。

中共广东省委组织部：《人才强国战略和人才队伍建设》[M]，中国人事出版社，2001年版。

朱晓明：《民营经济法律保障制度研究》[J]，《理论月刊》，2003年第5期。

周琦光：《用科学发展观引导家族企业可持续发展》[J]，《今日科技》，2006年第4期。